TURKEY

터키에

먹으려

가자

정남희 저

J&*jj* 제이앤
제이제이
www.jnjj.co.kr

Contents

테마★로 만나는 인문학 여행 ②

터키에 먹으러 가자

| 만든 사람들 |

기획 인문·예술기획부 | **진행** 한윤지 | **집필** 정남희 | **편집·표지디자인** 김진, 신정은

| 책 내용 문의 |

도서 내용에 대해 궁금한 사항이 있으시면
저자의 홈페이지나 디지털북스 홈페이지의 게시판을 통해서 해결하실 수 있습니다.

디지털북스 홈페이지 www.digitalbooks.co.kr
디지털북스 페이스북 www.facebook.com/ithinkbook
디지털북스 카페 cafe.naver.com/digitalbooks1999
디지털북스 이메일 digital@digitalbooks.co.kr
저자 이메일 ewmistanbul@gmail.com
저자 블로그 eatwithmeistanbul.com

| 각종 문의 |

영업관련 hi@digitalbooks.co.kr
기획관련 digital@digitalbooks.co.kr
전화번호 (02) 447-3157~8

프롤로그
Prologue

소아시아, 비잔틴 제국, 콘스탄티노플, 실크로드 등 학창시절 교과서에서 자주 접하는 단어들이다. 그 역사의 중심에 있었던 땅, 그리고 역사 최초의 기독교 도시, 성스러운 콘스탄티노플에서 현재의 이스탄불이 탄생하기까지의 약 1600년의 공백을 채워나가는 것은 상상할 수 없는 모험이자 도전이다.

유럽에서는 막연하게 호기심의 대상이었던 동양 세계가 13세기에 마르코 폴로의 '동방견문록'과 그가 가져온 종이 화폐, 실크 등 새로운 문물을 통해 입증 되면서 실크로드 무역은 전성기를 맞이한다. 그 실크로드 선상에 놓였던 아나톨리아, 즉 지금의 터키 땅은 동서 문화를 연결하는 다리 역할을 하며 흥망을 거듭했다. 교류의 바람은 서에서 동으로만 분 것은 아니다. 동양에서도 서양에 대한 갈망과 야심으로 서쪽으로 진출을 시도했고, 그 중심에는 종교가 자리하고 있었다. 7세기 아랍의 세계 정복을 계기로 세력을 확장하던 이슬람에 의해 쇠약해가던 비잔틴 제국은 신성로마제국의 거듭된 십자군 원정으로 무너져가고, 결국 1453년에 오스만에 의해 콘스탄티노플이 함락당하는 역사적 사건을 맞이한다. 이를 계기로 이슬람 세계를 경쟁의 대상으로 생각하지 않았던 유럽은 큰 자극과 충격을 받게 되고, 유럽의 역사는 르네상스를 시작으로 새로운 장을 맞이하게 된다.

불행인지 다행인지, 지금의 터키는 수천 년간 그리스와 로마, 기독교와 이슬람, 그 외에 동서양의 모든 문명이 지나쳤고 그래서 한번 보아서는 이해할 수 없을뿐더러, 수십 번을 보아도 그 감흥이 매번 새롭고, 보면 볼수록 더 보고 싶은 특별한 매력이 있는 나라이다. 터키에서 생활한지 3년이 지난 지금, 터키는 나에게 아시아 문화에도, 유럽 문화에도 끼지 못하는 어정쩡한 위치에 놓여 정체성을 찾지 못하고, 그리스 역사의 그늘에 가려 항상 비교의 대상이 되는 한 맺힌 나라이기도 하다. 터키 민족은 몽골족과 뿌리가 같은 조상을 가졌다. 물리적 · 지리적으로 멀어 차이가 생긴 것에는 고개가 끄덕여지지만, 그럼에도 불구하고 현재의 차이에는 그것만으로는 풀리지 않는 수수께끼가 더 깊숙이 숨겨져 있다고 느끼게 된다.

1889년 6월 1일에 파리에서 이스탄불까지 직통으로 연결하는 오리엔트 특급행이 처음으로 개통되었고, 콘스탄티노플은 점점 더 서유럽과 가까워지고 동양과 멀어졌다. 동양 세계, 그리고 이슬람 세계와 직접적인 접촉을 할 수 있게 되었던 유럽인들 사이에서는 그들과 대조되는 문화를 신비로움으로 찬양을 하고 받아들이면서 소위 오리엔탈리즘이 생겨났다. 혹자는 오리엔탈리즘이 서양 강대국들이 식민지 나라들의 문화를 왜곡하는 계기가 되었다 부정적으로 보는 면이 없지는 않지만, 그러한 정치적 해석을 떠나서 유럽세계에 동양 문화가 미친 영향을 무시할 수는 없다. 천만 년이 넘는 역사를 통해 다른 종교와 사상을 받아들이고 또 전 세계에 퍼뜨린 터키 땅의 조상들이 남긴 업적은 건축물뿐 만 아니라 일상 곳곳에 남아있다. 비엔나 커피, 크루아상, 모차르트의 '터키 행진곡', 네덜란드의 '튤립 파동', 그리고 일명 똥 바지라고 부르는 오스만 궁녀 하렘 바지 등 당시 터키 문화가 서유럽에 끼친 영향은 문화 곳곳에서 찾아볼 수가 있다.

19세기 유럽 귀족층을 매료시켰던 이스탄불, 그리고 한국인에게는 기독교의 발생지로서의 성지순례 목적으로 일부 계층에만 알려진 나라로서의 터키가 지금 다시 뜨고 있다.

불행히도 한국인들 중에는 위에 나열한 사실들을 잘 알지 못하는 사람들이 많다. 한국과 터키가 21세기 들어 서로의 존재를 제대로 알게 된 것은 2002년의 월드컵 때이다. 물론, 한국 전쟁에 수많은 터키 군인들이 한국을 위해 싸웠지만 그 역사도 냉전이라는 그늘에 가려진 채 한국 가요 속에서 그들의 흔적을 느껴보는 게 고작이다. 지난해 '꽃보다 누나' 프로그램이 방영되면서 터키에 대한 한국인의 관심도가 갑자기 높아지고 터키 여행자 수도 급증하였다. 이 바람은 한국에만 부는 것이 아니라 서양인들에게도 불고 있고, 2014년에는 '트립 어드바이저'가 선정한 최고의 여행지로 선택되기도 했다. 이것을 '신 오리엔탈리즘'이라고 불러도 될까? 이를 통해서 세계인이 가지고 있던 '터키는 미지의 나라'라는 의식이 점점 사라지고 있고, 터키에 몸을 담고 있는 나로서는 반가운 소식이다. 평소에 터키가 어디에 있는지 조차도 관심이 없던 가족들이, 내가 그토록 오라고 해도 "터키에서 뭐 볼게 있다고 가니?" 하면서 뿌리쳤던 사람들이 하루아침에 터키에 여행을 간다고 연락을 하기 시작했다. 그때 방송과 네이버의 위력을 다시 한 번 절실히 느꼈다. 그러면서 여행자들이 역사 유적지에서 보이는 터키를 벗어나서, 여행 가이드 책들이 말해주지 않는 터키를 보여주고 싶은 생각이 들었다. 그렇다. 터키를 안에서 밖으로 바라보는 것이다.

터키의 어디를 가느냐, 무엇을 보느냐에 따라서 여행 소감은 사람마다 천차만별로 다르다. 그리고 터키라는 나라는 묘하게도 여행을 하고나면 의문이 더 생기는 나라이다. 그만큼 우리가 몰랐던 사실들, 그리고 잘못 알고 있었던 사실들이 많다는 것을 증명하는 것일지도 모른다. 내가 이 책을 통해서 의도하는 바는, 고대 동서양의 역사가 공존하는 신비의 나라 또는 기독교의 탄생지의 신성한 땅으로서의 터키를 소개한다거나, '터키가 이런 나라이다'라고 일반화를 시키려는 것도 아니다. 서양과 동양의 두 문화에서 살아본 한 사람으로서 3년이란 시간을 터키에서 보내면서 겪은 실제 생활담과 여행자로서 경험하기 힘든 21세기 진짜 터키의 모습을 함께 나누고자 한다. 나의 경험이 누군가에게는 터키가 어떠한 나라인지 상상을 해보는 계기가 될 수도 있고, 이미 터키를 다녀온 이들에게는 추억을 되새겨 보고 터키에 대해 가졌던 의문들에 대해 조금이라도 해답을 줄 수 있기를 바란다.

PART 01

우리가 몰랐던
터키의 역사와 문화

한 발 유럽에, 한 발 아시아에

Turkey

내가 태평양에서의 생활에 마침표를 찍고 지중해로 향하게 된 이유는 오로지 음식 때문이었다. 이민자의 국가인 호주에 오랫동안 살면서 다양한 나라의 요리를 접하고 음식에 대한 관심이 커가게 되면서 시간을 내어 틈틈이 푸드 블로깅을 하기 시작했다. 그러다가 급기야는 직장에서 일을 하면서도 계속 "집에 빨리 가서 요리를 하고, 사진 찍어 블로그에 올리자."는 생각만 하는 스스로를 느꼈을 때, "아, 내 이 음식 집착 병을 치료해야겠구나."하는 생각이 들었다. 음식에 관심이 많은 사람들은 내 증상에 쉽게 공감할 것이다. 다양한 국적의 레시피를 시도해 보고 맛보면서 정말 이탈리아 정통 음식은 어떨까? 지중해의 그 풍족하고 신선한 재료로 요리를 하니 과연 다르겠지? 프랑스인들은 소위 미식가라고 불리는데, 정말 그들은 평소에 무엇을 먹을까? 등 많은 질문이 머릿속에 생겨났다. 유럽 요리의 원조를 찾아 그 맛을 느껴보고 싶은 강렬한 욕구 때문에 2007년, 최초로 유럽 대륙으로 미식 여행을 떠났고, 2010년에는 유럽 중 가장 마음에 들었던 프랑스 보르도로 다시 떠나게 되었다. 무슨 콜럼버스의 신대륙 발견인 마냥 수선을 떠냐고? 이 여행은 나에게 있어서 신대륙 발견보다 더 큰 것을 발견한 인생에 중요한 사건이기 때문에 이렇게 열광적으로 이야기를 하는 것이니 이해해 주길 바라면서, 자세한 이야기는 글 속에서 천천히 풀어 나가고 여기에서는 일단 그렇게 묻어두기로 하자.

갑자기 내가 프랑스에서 터키에 오게 된 이유가 궁금해지기 시작했을 것이다. 치즈만 먹다가 질려서 매콤한 고향의 맛이 그리워서였을까, 아니면 와인에 절어가는 간을 위한 디톡스(Detox) 다이어트가 필요해서였을까? 어떤 이유에서인지 모르겠지만 잠시 휴식과 입맛에 변화를 주기 위해서, 그리고 파리에서 처음 먹고 반했던 매운 하리사(harissa)소스와 타진(tajine)의 원조를 맛보기 위해 모로코 여행을 계획했다. 그런데 그 여행이 아무 이유 없이 무산이 되고 비자 때문에 프랑스 밖을 나아야했던 나는 할 수 없이 계획에는 전혀 없었던 이스탄불에 떨어졌다. 이슬람 국가인데 걱정이 되지 않았냐고? 이제는 음식을 통해 여행을 하면 좋은 사람을 많이 만난다는 것을 알기에 여행 준비를 하지 않아도 걱정이 안 된다. 언어가 통하지 않는 외국인과도 음식을 주제로 이야기가 시작되면, 다들 할 말이 많고 또 대화의 화제가 끊이지 않는다는 것을 경험해 본 사람들은 다 알 것이다. 예를 들어, 해외에서 어학연수를 해 본 사람이면 누구나 공감을 하겠지만, 토론 시간에 음식 주제만큼 모든 학생들의 입을 열게 하는 주제가 어디 있으랴! 내가 불어와 터키어를 금방 습득할 수 있었던 것도 틈만 나면 요리책을 읽어서 자연스럽게 언어에 익숙해졌기 때문일 것이다. 일단, 여행지의 요리를 그 나라 말로 몇 가지 알고 있으면 여행 중 경험하게 될 고충 중 가장 큰 것이 해결된다. 아무리 여행지가 좋아도 제대로 먹지 못하고 배를 곯으면 체력이 떨어지기 마련인데다, 음식이 입에 안 맞으면 이를 통해 얻을 수 있는 큰 재미와 소중한 경험들을 못하게 될 확률이 커진다.

"음식은 언어의 장벽을 뛰어넘는 최고의 의사소통 수단이고, 또한 사랑을 표현하는 원초적인 방식이다."

지금도 가끔 내가 왜 터키에 오게 되었는지 고민할 때마다 뿌리칠 수 없는 생각이 있다. 호주에서 살 때 이란인 친구에게서 우연히 이슬람 수피파의 최고의 성자인 루미(Rumi)의 시집을 받아 읽게 되었는데, 그것이 무의식적으로 나의 길을 이곳으로 인도한 것이 아닐까하는 것이다. 이란과 터키가 무슨 관련이 있냐고? 시를 통해 정신수양을 하는 신비주의 종파를 창건한 그가 정주하고 묻힌 곳이 터키의 코냐(Konya)이기 때문이다. 하지만 당시에는 와인에 관심이 많아서 쉬라즈 포도종의 원산지인 이란의 도시 Shriaz를 가보고 싶다는 등 이란에 대한 환상이 있었을 뿐, 터키는 전혀 상상도 하지 않았다.

항공기 안에서 이스탄불에 가까워 올 때쯤 창밖을 내다보니 신기하게도 밤하늘에 초승달과 그 옆에 금성(Venus)이 보였다. 터키 국기다. 참 묘한 기분이 들었다. 운세나 미신 같은 것을 믿는 편은 아니지만, 그래도 이런 예기치 않은 작은 우연에 의미를 담을 때 갖게 되는 순간의 기쁨과 설렘은 좋은 일이 생기도록 기운을 불어넣기도 하기에…… 유성을 보고 소원을 빌 때 소원이 이루어지는 것보다 소원을 빌었다는 것에 의미를 두고 보물 상자처럼 마음속에 간직하는 것처럼 말이다.

그 설렘과 함께 드디어 아타튀르크(Ataturk) 공항에 도착했다. 공항버스를 타고 시내로 들어선 후 유럽과 아시아를 잇는 첫 다리였던 보스포루스 다리를 건너는데 창밖으로 불이 밝혀진 이스탄불 밤경치가 보였다. 이곳이 진정 버지니아 울프 소설의 '올란도'가 사랑의 배신을 당한 후 터키 대사로 와서 여자로 변신한 그 신비한 곳, 그리고 아가사 크리스티가 이혼의 충격 후 오리엔트 특급열차를 타고 훌쩍 와서는 '오리엔트 특급열차 살인사건'을 썼던 그곳인가? 갑자기 흥분과 기대감이 고조되기 시작했다. 혹시 영화 '올란도'를 보지 않았다면 꼭 한번 보기를 권한다. 나는 그 영화를 셀 수 없이 여러 번 보았는데도, 볼 때마다 감흥이 새롭고 최면술에 걸린 것처럼 빨려든다. 그 영화는 영국 엘리자베스 여왕이 오스만 술탄 무라트 1세와 친밀한 외교를 펼쳤을 때를 배경으로 하고 있는데, 그때 처음으로 오스만 제국 정부를 지칭하는 수블림 포르트 (Sublime Porte)가 언급된다. 당시에 오스만 제국이 불어로 '숭고한 문' 또는 그냥 짧게 '문'이라고 불렸으며, 유럽에 외교적으로 상의할 일이 있으면 '문으로 가자!'라고 외쳤을 정도로 세력이 강했다. 술탄 아흐멧 광장으로 올라가는 길목에 있는 이 건물의 화려하게 장식된 문은 사람들의 눈길을 사로잡는다.

❖ 보스포루스 다리 위 풍경

그리고 보니, 당시 터키에 대해서는 동로마 제국의 수도 콘스탄티노플, 터키군의 한국 전쟁 참전, 그리고 음식으로는 피데와 케밥 밖에는 아는 것이 없었다. 호주에서 축제 때마다 터키의 빈대떡이라고 불리는 괴즐레메(gözleme)를 보았으나, 그것도 그리스 괴즐레메로 알고 있었다. 왜 그랬을까? 지금은 그 이유가 하나씩 분명해지고는 있다. 3년을 살고 나니 이제 조금 알 것 같은데, 20년, 30년을 터키에 산 외국인들도 아직 이해를 못하는데 내가 터키 사회를 이해한다고 하면 상당히 건방진 태도일 것이다. 단지 현지인들과 어울려 살면서 터키 사회의 여러 모습을 경험하고, 또 다른 시각으로 쓰인 다방면의 책들을 접하면서 깨달은 것은, 서양 기독교 중심의 세계사 교육이 우리가 터키를 바라보는 시각에 상당한 영향을 미쳤다는 것이다. 나 또한 그로 인해 이슬람 국가들에 대한 부정적인 이미지와 편견을 갖고 있었다. 그래서였을까, 공항버스에서 내려 약속 장소에서 밤 11시에 캐리어를 들고 혼자 앉아 호스트를 기다리고 있을 때, 턱수염이 덥수룩한 남자들이 지나갈 때마다 가슴이 덜컹거렸다.

다음 날 드디어 처음으로 진짜 이스탄불을 보게 되었다. 식상한 표현이긴 하지만 유럽과 아시아 두 대륙에 걸쳐 있는 유일한 국가라는 의미가 무엇인지 알 것 같았다. 하늘을 찌르는 이슬람 사원의 미나렛(minaret)만 빼면 거리의 풍경들이 겉으로 보기에 이탈리아, 스페인, 헝가리 등 여느 유럽 도시와 별 다를 바가 없다고 느껴졌다. 특히나, 하얀 피부에 금발머리와 푸른 눈을 가진 사람들이 너무나 많고, 사람들이 일반적으로 생각하는 이슬람 국가의 사람들처럼 스카프를 쓰거나 거뭇거뭇한 수염을 한 사람들은 거의 눈에 띄지 않았다. 왜냐면 터키인들은 1000년 전부터 발칸반도의 백인들과 많이 섞였고, 지난 100년 동안은 종교가 정치에서 분리되었기 때문이다. 그렇다고 해도 단순한 머리로 이해하기에는 사람들이 너무 가지각색으로 생겨서 딱히 특징을 잡을 수가 없었다. 만약에 내가 터키인들을 터키 밖에서 만난다면 그들을 구별하지 못할 것이다. 지금은 코가 크면 흑해 지방, 피부가 하얗고 머리색이 금발이면 북동부, 어두운 피부에 큰 눈과 검은 머리를 가지면 동부 지방이라고 대충 혼자 추측놀이를 해보지만, 그래도 맞출 확률은 60프로 정도 밖에 안 된다고 할까? 하지만 나를 비롯한 외국인의 눈에는 그들의 복잡한 혈연관계 또한 아주 흥미로운 것 중의 하나이다.

비록 생긴 모습은 다를지라도, 일단 사람들에게 말을 걸어보면, 그들은 하나같이 따뜻하고 친절하다는 느낌을 바로 받게 된다. 그리고 그때 비로소 그들이 유럽인들과는 사뭇 다르다는 것을 확인하게 된다. 터키인들은 다른 나라 사람들과는 달리 관광객을 보면, 사진을 찍으라고 알아서 포즈도 잘 취해주었다. 요즘은 유럽 나라들이 외부인들이 사진 찍는 것에 대해서 상당히 민감하다는 것을 느낀다. 프랑스에 있었을 때 빵집이나 꽃집에서 사진을 찍을 때면 검지를 공중에 살래살래 저으면서 '노노'하면서 다가오는 주인이나 종업원들을 자주 접했다. 그럴 때 마다 전 세계인이 점점 '규칙 편집증'의 노예가 되어가는 것이 아닌가 하는 씁쓸함을 느끼곤 했다. 그런데 터키에 와서 완전히 대조되는 경험을 하게 되었다. 특히나 아시아인 관광객들은 보통 패키지 관광버스 투어를 해서인지 길거리에서 보이는 일이 드물다 보니, 혼자 다니는 나에게 더욱 관심을 갖는 듯 보였다. 일본과 한국 관광객들을 지나치다 싶을 정도로 환영을 할 때도 있는데, 가끔씩은 사진을 찍을 의양이 없는데도 압박감에 사진을 찍어야하는 경우도 있어 난감하기까지 했다. 사진을 찍은 후에는 "사진 찍었으니까 5리라 줘."라는 농담까지 하는데, 가끔은 그들의 연기력이 너무 뛰어나서 진담으로 착각할 때도 있다.

길을 걷다보면 특히 여성에게 시선이 많이 돌아갔다. 일반적으로는 이성에게 눈길이 가야하는데 유독 터키에서는 남자보다는 여성들에게 더 관심이 갔던 것도 조금 의아한 일이었다. 여성들이 남성에 비해 훨씬 예뻐서였을까? 실제로 터키 민족들은 하얀 피부와 파란 눈, 가장 매력적인 신체적 특성으로 유명한 코카서스 산맥 주변 국가들과 많이 융합된 덕분에 동양인과는 전혀 다른 이목구비를 가지고 있다. 하지만 이 관심은 외모보다는 이슬람 국가의 여성에 대한 호기심 때문이 아닐까 싶다. 몸이 상당히 노출된 옷을 입은 여성이 머리에 스카프를 두른 여성과 팔짱을 끼고 걸어가거나 카페에서 웃으면서 자연스럽게 대화를 나누는 모습을 볼 때마다 신기함에 자꾸 곁눈질을 하게 된다. 스카프를 쓰고 담배를 입에 물고 있는 여성들, 남성보다 더 당당하고 강해보이는 여성들 모두 내가 가지고 있던 무슬림 여성의 이미지를 한순간에 와르르 무너뜨렸다. 이렇게 터키의 이중적이고 다면적인 문화를 체험하면서 내가 가지고 있는 이슬람이란 종교에 대한 편협한 지식도 되짚어보게 되었다. 아마도 유럽인이 처음에 콘스탄티노플에 왔을 때 받은 문화 충격과 내가 이스탄불에서 받은 문화 충격이 비교가 되지 않을까 싶다. 긴 세월이 지난 지금도 터키는 여전히 터키를 찾는 관광객들에게 충격을 주고 있고, 나 또한 아직도 매일같이 새로운 충격을 받으며 살고 있다. 더욱이 정치적으로 혼란한 요즘은, 터키가 다가오는 미래에는 세계에 어떤 식으로 충격을 줄지 긴장감을 가지고 지켜보고 있기도 하다. 하지만 정작 터키인들은 우리가 목격한 시위와 중동 국가와의 국경에서 일어나는 일들에 동요하는 것 같지 않았다. 우리가 북한과 관련된 뉴스를 접할 때 아무런 느낌이 없는 것과 비슷한 것 같다. 외국인들이 터키인들에게 "만약 터키가 중동과 전쟁을 한다면, 어떻게 할 거니?"라고 물으면 "당연히 내 나라를 위해서 싸워야지."라는 대답을 듣게 된다. 북한과 전쟁이 나면 70프로 이상의 남자가 다른 나라로 도망을 가겠다고 하는 한국과 너무 대조가 되기도 한다. 이들의 불타오르는 애국심도 터키의 현대 역사를 공부하다 보니 이해가 되었고, 지금은 초창기 때 "터키인들 너무 지나치게 국가주의적인 거 아니야?"라고 생각했던 것이 사그라졌다.

❖ 터키인들

터키 생활 초창기 때, 오랫동안 영어권 국가에서 살면서 잠시 잊고 있었던 동양적인 정서를 되찾았다는 점에서 터키는 나에게 보통의 여행지들과는 다른 의미로 다가온다. 사물을 서양과 동양으로 구분하는 것이 내키지는 않지만, 두 문화에 살아본 경험은 동양과 서양의 관습과 가치관의 차이에 대해서 깊이 생각하게 만들었다. 아마도 나를 비롯한 많은 외국인들이 터키에서 발길을 떼지 못하는 이유는 개인 공간을 중요시하는 문화에서 하지 못하는 신선한 경험들 때문일 것이다. 아직 가족 중심의 전통문화가 중시되는 터키에서는 연인들끼리 또는 또래 친구들끼리 시간을 보낼 법한 공원에서 대가족 전체가 야외 식탁에 옹기종기 둘러앉아 피크닉을 즐기는 모습을 쉽게 볼 수 있다.

오래 전에 보스포루스 크루즈를 했을 때, 흑해 입구의 마을 아나돌루 카바이(Anadolu Kavagi)를 들렀는데, 거기에 해안가에서 바비큐를 하는 터키인들이 많았다. 내가 여느 여행자처럼 처음으로 보는 터키식 바비큐가 신기해서 사진을 찍고 있으니, 아저씨가 굽고 있던 닭 꼬치를 하나 건네주셨다. 아직도 그때 먹었던 그 숯불 닭 꼬치 맛을 잊을 수가 없다. 왜 음식 맛에 대한 기억은 오랜 시간이 흘러도 잊히지 않는 걸까? 이렇게 맛을 보라고 음식을 건네주는 사람들을 터키에서는 쉽게 만날 수 있다. 단지 한 가지 문제는, 워낙 마음이 후하고 손이 커서 맛을 보라고 줄 때 너무 많이 주는 것이다. 터키에서는 시장이나 슈퍼마켓에서 치즈 등의 유제품을 비롯해서 과일 등도 사기 전에 시식을 할 수가 있다. 포장이 된 것도 서슴지 않고 뜯어서 맛을 보라고 건네준다. 그런데 그 양이 상당히 많아서 받고도 미안할 정도이다. 그래서 먹는 척을 하고 손에 쥐고 있는 경우가 있는데, 말도 안 했는데 시식을 하라고 다른 것을 주면, 두 손에 가득히 쥐고 있는 음식 때문에 손을 내밀 수도 없는 난처한 상황에 부딪히게 된다. 신기하게도 이들은 이러한 마음을 잘 읽는다. 그래서 알아서 "줘, 내가 버릴게."이러면서 손짓을 한다. 그럴 때면 얼마나 고마운 마음이 드는지 모른다. 터키인들은 영어를 잘 못하는 것으로 잘 알려져 있는데, 언어가 통하지 않아도 문제 없고, 또 마음이 편한 곳이 터키이기도 하다. 이런 경험을 할 수 있는 나라가 과연 몇 군데나 될까? 당연히 친절한 사람들은 어느 나라에든 있기 마련이다. 하지만 남의 마음을 상하지 않기 위해 의무감에서 친절을 베푸는 것과 마음에서 우러나와 친절을 베푸는 것은 피부로 그 차이를 느낄 수 있다. 남의 일도 자기 일처럼 관심을 가져주는 사람들이 있고, 내가 어렸을 때 자라면서 느꼈던, 하지만 점점 사라지는 한국 시골 인심을 낯선 땅에서 다시 찾으면서 분출구를 찾지 못해 꽁꽁 닫혀 있었던 마음 한 구석이 뚫리는 느낌이 들었다. 마치 집처럼 편했다.

'갈라타 다리'를 사이에 두고

❖ 19세기 갈라타 다리

이스탄불의 상징 중 하나인 '갈라타 다리(Galata Bridge)'는 여행자들에게 낚시꾼들이 즐비하고 가장 유동인구가 많고 북적북적한 항구 에미뇌뉴와 맞은 편 카라쾨이를 연결하는 다리로 알려져 있다. 하지만 이 다리가 역사적으로 갖는 의미와 변천사를 알면 겉으로 단순해 보이는 이 다리가 우리가 생각하는 것보다 훨씬 더 흥미롭다는 것을 알 수 있다. 우연히 80년대의 갈라타 다리를 흑백 사진과 비디오로 보면서 지금의 모습으로는 상상 할 수 없을 정도로 한산한 모습에 놀랐었다. 그리고 1800년대부터 1912년에 현대식으로 지어지기 까지 수차례에 걸쳐서 화재 또는 지진에 의해서 훼손될 때마다 새로운 모습으로 재단장을 했던 모습들을 보는 것도 흥미로웠다. 특히나 검은 부르카(burqa, 이슬람 여성의 외출복)를 입은 여성들의 모습을 보면서, 오스만 시절 사람들의 생활상이 지금과 얼마나 대조적인지를 알고 놀랐다.

나는 개인적으로 '페라 박물관'에 가서 오스만 시절에 콘스탄티노플에서 생활했던 유럽인 외교관, 장교, 예술가들이 당시의 모습을 그린 그림들을 보았던 것이 기억에 많이 남는다. 술탄 아흐멧 유적지 부근을 돌아다니면서 상상하려 해도 잘 안 되던 당시의 생활상들이, 그곳에 있는 그림들을 보면서 훨씬 더 추측하기가 수월해졌다. 역시 한 장의 그림이 수백 마디의 가치가 있다는 것을 입증하는 순간이었다. 다른 사람들에게 콘스탄티노플은 어떤 느낌으로 다가오는지 모르겠지만 나에게 콘스탄티노플은 로맨틱하고 신비스러운 도시였다. 그림 한 장 한 장마다 담겨있는 콘스탄티노플의 모습은 너무나 아름다웠다.

❖ 옛 콘스탄티노플 그림. 페라 박물관

비잔틴 시절에 골든 호른(Golden Horn)을 연결하는 다리는 지금의 예윱에 있었다고 한다. 그러다가 1453년에 오스만이 골든 호른 앞 바다가 쇠사슬로 봉쇄되어 비잔틴 성벽을 뚫을 수가 없자 100척이 넘는 배에 기름칠한 통나무를 연결해서 '갈라타 언덕'을 넘어갔던 기가 막힌 역사적 사실도 있다. 그때 군사를 이동시키기 위해 일시적으로 배를 연결해서 다리로 이용했다고 한다. 1500년대 초에 최초로 지금의 자리에 다리를 짓는 계획이 세워졌고, 레오나르도 다빈치가 술탄 바예지드(Bayezid II)를 위해 당시 전례가 없는 최고의 건축 방식과 디자인을 동원해서 길이 240미터와 넓이 24미터의 야심찬 설계를 바쳤으나 술탄은 이를 거절했다. 그 이유인즉슨, 술탄이 그 설계가 불가능하다고 믿었기 때문이란다. 오스만 술탄들을 그 자신들 스스로가 수학과 건축에 능했는데 다빈치의 설계가 시대를 너무 앞서간 걸까, 아니면 술탄이 시대에 뒤떨어진 걸까, 아니면 다빈치가 카톨릭 예술가여서 그랬을까 등등 다른 여러 가지 질문을 던져본다. 결국 다빈치의 설계도는 2001년 노르웨이에 원래 디자인보다 약간 작

❖ 다빈치의 설계로 본 가상의 갈라타 다리

은 규모의 다리를 건설하는데서 최초로 빛을 보게
되었다고 한다. 만약 그 설계도가 통과되었다면
당시 세계에서 가장 길고 멋진 다리가 되었을지
도 모른다. 지금 전 세계인들이 파리의 '노트르담
다리'에 보내는 찬사보다 열 배 더한 찬사를 받았
을지도 모른다. 그냥 상상 할 수밖에 없으니 안타
깝기만 하다. 지금은 그냥 평범한 다리로 보이는
데, 특이한 점이 있다면 중간에 계단을 통해서 다
리 아래로 내려갈 수가 있고, 생선 식당들로 가득
한 그 공간을 호객 행위를 하는 종업원들을 뿌리
칠 수 있는 대범함과 참을성만 있으면 걸어서 지
나갈 수 있다는 것이다.

　구시가지를 등에 지고 골든 호른(Golden Horn)을 가로지르는 갈라타 다리를 건
너가면 카라쾨이(Karaköy)가 나온다. 참고로, 술탄 바예지드는 당시 스페인 종교재
판으로 쫓겨났던 유대인들을 모두 받아들여 바로 이 카라쾨이에 정착시켰다. 그러면
서 경제에 쓸모가 많은 유대인들을 쫓아낸 스페인 왕과 왕비, 페르니난도와 이자벨

의 비합리적인 결정을 비웃었다고 한다. 이 카라쾨이 지역부터를 신시가지라고 부르는데, 구시가지와 같은 오랜 역사를 지니고 있으면서도 여행자들에게 잘 알려지지 않고 '시간이 있으면 들르는 곳' 정도로 알려져 있다. 하지만 나는 신시가지를 돌아다니는 것이 훨씬 더 흥미롭다. 솔직히 구시가지는 '술탄 아흐멧(SultanAhmet)' 유적지를 방문하는 관광객들과 그들과 공생하는 현지 소상인들 빼고는 현지인들은 잘 가지 않는다. 그래서 박물관이 문을 닫은 이후에는 인적이 드물고 할 것도 별로 없을 뿐만 아니라, 유적지이다 보니 맛집도 없고, 비싸기만 하다. 호텔 방도 오래되어 작고 지저분하며, 큰 식당을 제외하고는 가게에서 술도 판매하지 않아서 조금 지루할 수도 있다. 그래서 나는 여행자들에게 하루 경유를 하거나 시간적인 제한이 있는 경우를 제외하고는 구시가지에 숙소 잡는 것을 권하지 않는다. 저녁에 잠깐 들러서 아름답게 조명이 밝혀진 아야소피아 성당과 블루 모스크를 감상하거나 관광객이 빠져나간 고요한 술탄 아흐멧 광장에서 사색을 즐기는 것은 상관없지만, 돌아다니면서 문화 경험을 하기엔 적합하지 않다. 그에 비해 신시가지는 시대의 변화와 함께 숨을 쉬는 곳으로 과거와 현재가 동시에 존재하는 곳이자 여러 문화가 섞여있어 현지인들과 여행자들의 오감을 동시에 만족시킨다.

카라쾨이는 오스만 시절에는 일명 '오스만 월스트릿' 금융가로, 웅장한 전 세계 은행 건물들이 밀집해 있던 곳이었다. 그 이전 비잔틴 시절에는 이 지역이 단지 콘스탄티노플 반대편에 있는 다른 그리스 정착지여서 그냥 '반대편 동네' 또는 '무화과 밭'이

란 뜻에서 '페라(Pera)'라고 불렸다. 유스티니아누스 황제 때 비잔틴 제국에 포함되면서 제노아와 베네치아 상인들이 이곳에 거주하며 상업을 했고, 1204년 4차 십자군 원정 때, 비잔틴 제국이 베네치아 공화국을 중심으로 한 라틴 로마 제국에 넘어가 약 60년간 라틴 제국하에 있었던 불행한 시절, 베네치아 상인들이 무역을 장악하며 살았다. 그러다가 다시 1261년에 비잔틴이 제노아인과 손을 잡고 베네치아인을 몰아냈고, 그에 대한 보상으로 제노아인에게 카라쾨이가 할당되면서 본격적인 이탈리아 도시의 모습을 띄게 되었다. 이곳의 스카이라인에 보이는 고깔모자 모양의 '갈라타 탑'이 바로 제노아인의 흔적을 보여준다. 오스만 시절에는 갈라타 다리를 경계로 구시가지에는 터키인들이 살고, 신시가지에는 유럽인들이 살았기 때문에 오락 및 밤 문화는 신시가지에만 있었다. 오스만 말기에 근대화가 이루어지던 시기에는 오스만 부유층 여성들이 극장이나 밤 문화를 즐기기 위해서 서양 의복으로 갈아입고 통행료를 내고 갈라타 다리를 건너야했다고 한다. 갈라타 지역은 아시아의 유럽으로, 그리스인들이 운영하는 술집도 많고 사창가도 집중되어있었는데, 특이한 사실은 당시 창녀들이 사실은 젊고 예쁘장하게 생긴 남자들이었다는 것이다. 그것은 오스만 여성들은 가정에서 보호를 받았기 때문에 문밖출입이 자유롭지가 않았던 까닭이다. 유흥가 여성들은 대부분 불법으로 매매가 되어 온 발칸 반도 여성들이었고, 그런 인신매매도 성행했다고 하는데, 그래서 당시에는 히잡이나 스카프를 쓰는 것이 하나의 보호막 역할을 한 것으로 해석된다. 한 가지 짚고 넘어가고 싶은 것은, 오스만 시절 귀족 여성들은 한국의 조선시대와 마찬가지로 남성과 구분된 생활을 하고 책을 읽고 예절 교육을 받는 등 집안에서 생활을 했지만, 억압을 받은 것은 아니라는 점이다. 조선시대에 양반가의 여식들이 외출을 할 때 쓰개치마를 썼던 것과 같은 맥락에서 이해하면 될 것이다.

갈라타 탑 위 혹은 그 주위의 옥상 카페에 서면, 옛 콘스탄티노플, 성스러운 도시의 상징인 '일곱 개의 언덕의 도시'의 아름다움이 선명히 드러난다. 특히나 나에게 톱카프 궁전과 아야소피아가 있는 첫 번째 언덕은 두 제국의 흔적이 맞물려 있어서인지 복잡한 감정을 불러일으키는 것 같다. 비록 아야소피아 성당이 네 개의 첨탑(미라넷 Miranet)을 달고는 있지만, 이슬람 사원이라고 하기엔 어디를 보아도 그 자태에서 풍기는 느낌이 다른 이슬람 사원과는 확연히 다르다. 어쩌면 극히 나의 주관적이고 낭만적인 해석일지도 모른다. 하지만, 실제로 그 언덕을 멀리서 바라보면 아야소피아 성당밖에 눈에 들어오지 않는다.

블루 모스크는 600년 앞서 지어진 아야소피아 성당의 웅장함에 기를 펴지 못하는 느낌을 받는다. 아야소피아 성당은 수십 번을 가봤지만 갈 때마다 그 아름다움에 아찔해진다. 처음 내부에 발을 들여놓는 순간, 180도 시야에 들어오는 압도적인 장대함에 머리끝부터 발끝까지 전류가 흐르는 것을 체험했다. 거대한 돔 아래에 있는 원형 디스크에 무릎을 꿇고 대관식을 했을 황제들의 모습을 상상하며 360도 돌아가며 천장을 바라보면, 정말 1500년 전에 어떻게 이렇게 역대 최대 그리고 최고의 걸작을 지을 수 있었을지, 아직도 그 기술력에 감탄을 금할 수가 없다. 하지만 2년 전부터 보수공사를 시작해 내가 느꼈던 그 웅장한 아름다움을 100% 즐길 수 없어 아쉽다. 언제 그 가려진 모습이 다시 사람들 앞에 개봉될지는 미지수이다. 솔직히 공화정 수립 후부터는 박물관으로 불리지만 이곳은 왠지 성당이란 이름이 더 잘 어울리는 것 같아, 박물관으로 부르면서도 마음 한 구석이 찜찜하다.

그 유명한 블루 모스크 보다도 오히려 아야소피아 성당과 비슷한 비상함과 우아함을 과시하는 것은, 세 번째 언덕 위에 멋진 자태로 우뚝 서있는 '쉴레이만 모스크(Süleymaniye Mosque)'라는 것이 눈에 확연히 들어온다. 어느 사진에나 피할 수 없이 들어오는 이 쉴레이만 모스크는 블루 모스크보다 더 역사가 오래됐지만 블루 모스크의 명성에 가려서 관광객들의 발길이 잘 닿지 않는 곳인데, 어쩌면 그래서 그 순수함을 간직하고 있는지도 모른다. 나는 처음에 블루 모스크 내부를 보고 크게 실망했다. 입구에서 노출된 몸을 가리라고 스카프를 건네주는 직원의 거만한 태도도 갈 때마다 거슬렸었다. 소위 가이드용 멘트로 많은 사람들이 알고 있는 이야기인 '블루 모스크의 6개의 미라넷'에 얽힌 사연은 근거가 없는데도 관광객들의 관심과 어이없는 웃음을 자아내고는 있다. 그 사연이란, 당시 술탄 아흐메트가 위력을 과시하려고 사원의 탑인 미라넷을 금으로 만들라고 했는데, 신하들이 재정상의 타격과 민심의 동요를 우려해서 그 말을 잘못 들은 척하고 미라넷을 여섯 개를 지었다는 것이다. 왜냐고? 터키어로 금이 '알튼'이고 숫자 6이 '알트'이기 때문이다. 솔직히 미라넷이 지어지는 것을 두 눈으로 뻔히 볼 수 있는데 술탄이 금이 아닌 것을 가만히 두었을 리가 없다. 하지만 그만큼 술탄이 신과도 같은 존재임을 강조하는 것일 터이다. 당시 메카에 있는 모스크도 미라넷이 4개 밖에 없었는데, 블루 모스크 때문에 2개를 더 지었다고 한다. 아무런 업적이 없어서 권력을 과시하고 이름이라도 남기려고 한 술탄 아흐메트가 지은 것이 블루 모스크이기 때문에 나에게 감흥을 주지 않는 것일 수도 있다. 예술성과 성스러움을 동시에 담으려고 했던 오스만의 위대한 건축가 '미마르 시난(Mimar Sinan)'이 자신을 제2의 솔로몬이라고 부른 쉴레이만 대왕의 지시하에 지은 걸작인 쉴레이만 모스크에 나는 감흥을 받는다.

그 사원 안에 앉아 있으면, 무슬림이 아니어도 평온함이 느껴져서 좋고, 그래서 영감을 얻기 위해서 가끔 향하는 곳이기도 하다. 이슬람 문화 속에서 살다보면 가끔씩 단조롭고 반복되는 미(美)에 식상해지기도 한다. 자연의 형태를 추상적이고 대칭적인 패턴으로 표현해 상상력을 자극하는 이슬람 예술은, 화려함과 완벽함을 강조하는 서양 예술과는 달리 마음에 쉽게 와 닿지 않았다. 하지만 쉴레이만 모스크를 방문하고 이슬람 예술을 이해하기 시작했고, 아야소피아 성당에서 느꼈던 그 성스러움도 느낄 수 있었기 때문에 이곳은 나에게 특별한 장소로 기억된다.

이스탄불에 현존하는 모든 위대한 모스크를 건축한 '오스만의 다빈치', 미마르 시난의 이름을 딴 '미마르 예술대학'은 카라쾨이 '이스탄불 모던' 갤러리 옆에 있으며, 그 주변으로 자연스럽게 새로운 예술과 여가를 위한 젊은이들의 공간이 생겨나면서 전파상과 공구상들로 가득했던 좁은 골목길 사이사이를 현대식 카페와 화랑들이 메우기 시작했다. 그 골목들을 걷다보면 말 그대로 'old와 new'가 공존하는 한국의 삼청동이나 북촌 같은 느낌을 받게 된다. 도심의 소음과 번잡함에서 탈출해 시간의 흐름을 잊을 수 있는 공간들이 숨어있어서 현지들이 많이 찾는다. 이곳에는 괜찮은 식당들도 많은데, 특히나 갈라타 타워로 향하는 작은 골목길은 그냥 생각 없이 거닐면서 끌리는 상점마다 들어가서 구경을 하고 건축물 구경도 할 수 있어 마치 '야외 미술관' 같은 느낌이 든다.

❖ 카라쾨이 카페

❖ 갈라타 Salt에서 바라본 골목 풍경

    사실 한국 관광객들에게 카라쾨이와 갈라타 다리가 유명한 이유는 위에 언급한 사실들과 전혀 관계가 없다. 한국 관광객이 갈라타 다리를 찾는건 바로 '고등어 케밥'의 달인 에민 아저씨 때문이다. 달인이라는 단어를 썼는데, 왠지 장인이란 단어를 써야 할 것 같다는 생각이 든다. 달인은 누구나 노력을 하면 되는 것, 즉, 본능만 있으면 되는 것이고, 장인은 자기가 하는 일에 진정한 열정이 있어야한다고 생각한다. 내가 에민 아저씨를 몇 년간 쭉 지켜본 결과 받은 인상은 장인의 그것이다. 내가 처음 이스탄불에 왔을 때는 에민 아저씨의 고등어 케밥에 대해 몰랐다. 어느 순간 모든 한국 여행객들이 고등어 케밥 이야기를 하기 시작했다. 당연히 그 전에 그 아저씨에게서는 아니지만 먹은 적이 있었고, 그다지 맛있다고 느낀 기억이 없는데, 왜 고등어 케밥이 유독 한국인에게만 인기가 있는지 너무 궁금해지기 시작했다. "현지인들은 먹지도 않는 이 음식을 도대체 왜 이렇게 찾는 거야?" 하고 궁금해서 하루는 찾아가 보았다. 솔직히 다른 나라 관광객들은 잘 먹질 않는다. 대부분 노르웨이산 냉동 고등어를 써 현지 식이라 하기도 애매하고, 한 입 베어 먹고 버리는 사람들도 많이 있다. 그런데 왜 유독 한국 관광객에게만 고등어 케밥이 인기가 있는가? 그리고 왜 에민 아저씨 마차에만 가는가? 이 점에 대해서 곰곰이 생각해 보았고, 어느 순간 에민 아저씨 마차에만 한국인이 줄 서 있는 것이 부끄럽게 느껴지기 시작했다. 그 주변에 고등어 케밥을 파는 마차가 10개 이상은 더 있는데도 불구하고 그곳에서만 먹겠다고 추운 겨울에도 줄을 서서 기다리는 한국인의 집념은 대단했다. 그럼 정말 에민 아저씨 고등어 케밥이 다른 것과 차이가 있는가?

❖ 에민 고등어 케밥

에민 고등어 케밥이 유명해진 이유는 그 분이 장인 정신으로 볼품없는 음식을 고급화했기 때문이다. 보통 다른 곳에서는 양파 몇 개와 상추 조금 넣어주는 것이 고작이어서 비린내가 많이 나는 것에 비해, 에민 아저씨는 생선 가시를 정성스럽게 바르고 매운 고추와 채소 샐러드를 넣고 석류 소스와 고춧가루 등 양념을 듬뿍 넣어 만든다. 당연히 맛있을 수밖에 없는데, 한 가지 단점은 정성을 들이다 보니 하나를 만드는데 시간이 너무 오래 걸린다는 것이다. 재촉을 해도 아랑곳하지 않고 느긋하게 만드신다. 그래서 친구와 함께 가면 친구가 다 먹고 나면 내 것이 완성될 정도다. 그 아저씨의 인기 때문에 주변에 고등어 케밥 마차가 몰려들기 시작했는데, 주변의 젊은 사람들이 하는 마차에서 뚝딱뚝딱 빨리 만들어 내는 것과는 다소 비교된다.(이 '따라하기'는 터키인의 습성을 그대로 보여주는 예인데, 터키인들은 한 사람이 장사를 시작해서 잘 되면 모두 따라하고, 그래서 다 같이 망하는 경향이 있다고 한다.)

에민 아저씨는 한국인이 많이 찾아오게 되자 한국인 입맛에 맞게 만드는 건 물론, 다른 곳과 차별화되게 또띠아 빵을 사용하신다. 그냥 맛이 궁금해서 사먹는 관광객의 마음을 포착하고 두 명이 가면 알아서 반으로 뚝 잘라 주는 '장인다운 센스'를 보여주기도 한다. 하루는 에민 아저씨 케밥을 먹으러 갔다가 놀란 적이 있다. 마차가 온갖 종류의 고추와 마늘로 장식 되어있고 사람들이 많이 모여 있었기 때문이다. 알고 보니 방송 촬영을 하고 있었는데 낯익은 얼굴이 눈에 들어왔다. '여행남녀'의 박상면 편을 촬영하고 있는 중이었다는 것을 나중에야 알게 되었다. 주 방송사까지 와서 촬영을 할 정도로 그 분의 인기가 대단해졌다는 것을 실감했다. 아쉬운 점이 있다면, 에민 아저씨를 볼 수 있는 것은 개인의 운에 달렸다는 것이다. 인기가 높아지면서 도우미 아저씨를 한 분 쓰기 시작했는데, 요즘은 그 아저씨가 더 자주 보이는 것 같았다. 그런데 그 분은 에민 아저씨처럼 장인 정신으로 만들지 않기 때문에 맛이 없고, 바쁘면 짜증을 내서 별로 맘에 들지 않는다.

비잔틴 성벽 걷기

Turkey

신구 문화가 공존하는 이스탄불은 빈(貧)과 부(富)가 교차하는 도시이기도 하다. 독특한 사회구조와 종교적인 차이로 인해서 기독교인과 이슬람교도들의 생활공간이 분리되어 있었기 때문에 각 동네가 주는 느낌이 다르다. 오스만 중산층들은 보통 비잔 틴 성 안 중심부에 살았는데 지금은 정복자라는 뜻의 파티(Fatih)라고 부르는 곳이다. 그래서 한때 오스만 시절의 '진짜 이스탄불'을 보기 위해서는 최고의 장소였다. 하지만 현재는 꼭 그렇지만도 않다. 60년대 이후로 지방 빈민층들이 생계를 위해 대거 이주 하면서 이곳에 거주하던 대부분의 중산층들은 아시아 지구로 이주를 했다. 현재 '파티 모스크'가 있는 곳은 이스탄불에서 가장 종교적으로 보수적인 현지인 노동자층들이 살 고 있어서 옛날처럼 '진짜 이스탄불'이라고 부르기는 어렵지만, 베일에 가려진 터키인 들의 생활상을 엿볼 수 있어 흥미로운 볼거리를 제공할 수는 있다.

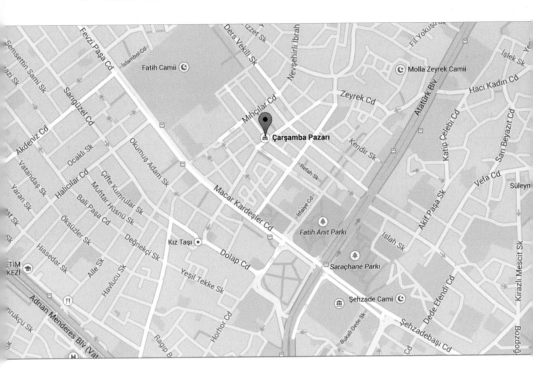

특히 지도에 표시된 차르샴바 파자르 (Çarşamba Pazarı)는 '수요일 시장'이란 뜻으로 매주 수요일에 이스탄불에서 제일 큰 재래시장이 열리는데 현지 시장을 체험 하면서 기념품을 싸게 사고자 하는 사람들 에게는 그랜드 바자르 보다 훨씬 좋은 장소 이다. 이스탄불은 도시 전체에 매일 다른 동네에서 크고 작은 장이 서기 때문에 이곳 을 놓친다면 월요일에 아시아 지구의 괴즈

테페(Göztepe)나, 화요일에 카드쾨이(Kadiköy)에서 열리는 장도 규모가 크면서 덜 복잡해 시장 음식을 맛보면서 현지 체험을 하기에 좋다. 그냥 넋을 잃고 거의 무너져 가는 집들과 검은 차도르(Chador) 쓴 여인들, 그리고 맨발로 뛰노는 아이들 사이를 지나 내리막길을 걷다보면, 비잔틴 시대의 발렌스 수도교(Valens Aqueduct)가 눈 에 들어온다. 술탄 아흐멧에 있는 예레바탄 저수지의 물이 이를 통해 공급되었다고 한 다. 서기 300년대에 어떻게 이렇게 어마어마한 수로를 건설할 수가 있었는지도 정말 놀랍다. 도시가 커지면서 확장을 한 수로의 총 길이가 410km에 달했다고 하니 감탄사 가 저절로 나온다. 이스탄불의 외곽으로 차를 타고 가다보면 물 공급원이었던 벨그라 드(Belgrade) 숲이 나오는데 그곳에서도 이와 같은 수로교가 남아있어서 그 길이를 짐작해 볼 수가 있다.

2013년, 미국 여성 사진작가의 불미스러운 사망 사건이 대낮에 일어났다. 나중에 언급하겠지만, 이스탄불은 다른 유럽 도시에 비해서 상당히 안전한 도시이다. 하지만 간혹 이와 같은 예기치 못한 불상사가 생길 수 있으니 현지 상황을 잘 알고 적절히 계 획을 세우는 것도 중요하다고 본다. 문제의 장소는, 정확히 말하면 쿰카프(Kumkapı) 와 예니카프(Yenikapı) 사이의 지역이다.

오스만 시절에 그리스인, 아르메니아인, 유대인 등의 기독교인들은 대부분 성벽 바로 안쪽에 마을을 형성하고 살았으나, 지금은 이들이 떠난 후 버려진 집들에 시골 이주자들과 집시들이 합법적 혹은 불법적으로 거주해 오고 있다. 우리가 잘 알다시피, 비잔틴 제국이 1000년 넘게 수많은 외세의 침략을 견딜 수 있었던 이유는 도시 전체 를 둘러싼 데오토시우스(Theodosius) 황제가 지은 튼튼한 성벽, '콘스탄티노플 성벽'

덕분이다. 이 성벽을 따라 수십 개의 크고 작은 성문들, 즉 카프(kapı)들이 있는데, 성벽 근처의 동네들은 오랫동안 방치되어 훼손된 집들이 많다. 비록 지금은 허물어져서 볼품이 없고 거의 빈민가의 모습을 띄고 있지만 옛 콘스탄티노플의 생활상을 들여다볼 수가 있다는 점에서 사진작가나 건축가들의 관심을 끌고 있다. 모험심이 강한 여행자들이라면(그리고 충분히 조심한다면) 성벽을 따라 걸어보는 것도 이스탄불이라는 도시를 다른 시각으로 바라볼 수 있는 색다른 경험이 될 것이다. 특히나 나처럼 사진에 취미가 있는 사람들에게는 특별한 사진들을 담기에 이보다 좋은 장소가 없다. 이스탄불에 왔던 첫 해에 나도 두 차례 용기를 내어 쿰카프 동네에 갔었는데, 철길을 건넌 후부터 여기 저기 작은 골목에서 얼굴을 갑자기 쑥 내밀고 뛰어다니는 아이들의 모습과 무표정으로 빤히 쳐다보는 어르신들의 시선들이 왠지 모르게 불안감을 주는 바람에 더 이상 구경을 하지 못하고 그냥 발걸음을 돌렸었다. 더구나 그때는, 리어카에서 파는 체리를 한 봉지 사려다 바가지를 써서 기분마저 상했던 터라, 더 이상 모험을 하고 싶지 않았다. 시간이 많이 흐른 지금도 이들이 외국인에 대한 호기심으로 쳐다봤던 건지, 스카프를 쓰지 않은 내가 못마땅해 쳐다봤는지 감을 잡을 수가 없다.

참고로, 콘스탄티노플 성벽 중에서도 도시 왼쪽 끝 마르마르 해안에 있는 7개의 탑의 예디쿨레(Yedikule)에서 에디르네카프(Edirnekapı)를 지나 골든 호른(Golden Horn)에 있는 아이반사라이(Ayvansaraykapı) 성문까지 6.5km에 이르는 성벽은 폭 55m 가량의 이중 성벽이다. 워낙 성벽의 위력과 방어 태세가 강해 5세기 서유럽과 발칸 반도를 두려움에 떨게 했고, 페르시아까지 공격했던 훈제국의 왕 아틸라(Attila)도 콘스탄티노플을 공격할 엄두도 내지 못하고 그냥 물러섰다고 한다.

4~5세기에 지어져 난공불락을 자랑하던 이 성벽은 단 한 번, 1453년 오스만이 총력을 기울여 개발한 대포로 가장 약한 부분에 6주간 포화를 퍼부은 끝에 무너졌었다. 이

렇게 튼튼한 성벽을 어떻게 무너뜨릴 수 있었는지, 그 거대한 대포의 위력과 오스만의 끈질긴 집념과 비잔틴의 좌절과 두려움을 동시에 온몸으로 느낄 수가 있을 것만 같았다.

　　나는 성벽 타는 것을 좋아해서 서울 성곽 걷기 스탬프 투어도 했었는데, 정말 좋았던 기억이 있다. 한번은 이스탄불-경주 엑스포 취재팀을 이끌고 함께 거의 90도에 가까운 가파른 계단을 등반했던 적이 있다. 비록 올라가는 것은 큰 도전이었지만 두려움을 극복하고 올라갔을 때 우리는 360도의 멋진 경치와 뿌듯함으로 보상을 받았다. 무엇보다도 이스탄불은 정말 컬러풀한 도시라는 것이 눈에 확연히 들어왔다. 유럽 도시에서 내려다본 균일하고 정돈된 모습과 달리, 같은 빨간 지붕이어도 각자의 색채가 있다는 것이 큰 차이점이었다. 천년이 넘는 역사를 가진 건물들 사이에 우뚝 솟은 현대 고층 빌딩들, 수많은 모스크 사이사이에 보이는 그리스와 카톨릭 교회들을 보면서 수세기 동안 다른 민족과 종교를 배척하지 않고 끌어안아왔던 이스탄불만의 독특함을 실감할 수가 있었다. 또 하나, 도시의 규모에 새삼 놀라게 되었다. 면적이 런던의 약 3배 그리고 서울의 8배고 하니 그 규모가 어마어마하고, 7천만 터키 인구 중 거의 2천만이 이 한 도시에 집중적으로 분포되어 있으니 얼마나 복잡할지는 아마 상상이 될 것이다.

성벽을 따라 다시 골든 혼른으로 내려와서 옛 유대인 마을로서 문화재로 지정된 발랏(Balat)이라는, 한때 부유했지만 지금은 가난한 동네의 생활 모습을 구경하는 것도 색다른 경험이었다. 건물 사이에는 대가족들의 빨래가 휘날리고 골목에서 아이들은 공을 차고 놀고 가난하지만 모두들 표정들이 밝고 활기가 넘쳐서 좋았다. 정말 쿰카프와는 너무나 대조적인 느낌의 동네였다. 이 동네는 카리에 박물관을 찾는 관광객들이 종종 지나치는 코스이기 때문에 주변에 사람들이 항상 눈에 띄어서 혼자 걸어도 크게 위험하지는 않다는 장점도 있다. 이 동네에는 빨간 벽돌로 지어진, 마치 거대한 궁전을 연상케 하는 그리스 고등학교가 있는데, 이 건물은 보는 이를 제압하는 뭔지 모를 기운이 감돈다. 지금은 터키 공립 고등학교로 운영되고 있지만 정문에 새겨진 그리스어가 역사를 말해준다. 이 학교 앞에 서서 당시에 이곳에 다녔던 아이들의 모습도 한번 상상을 해 보았다. 혹시 운이 좋아서 일요일에 이곳에 오게 되면 큰 장이 열리는 것을 만날 수가 있으니 그것도 알아두면 유용할 것이다.

STORY 04

동물 사랑 -
이스탄불 유기견들 왜 이렇게 많아?

터키 여행책이나 블로그를 보다보면 빠지지 않고 등장하는 것이 바로 평화롭게 길에서 자고 있는 유기견들이다. 그 개들을 자세히 살펴보면, 귀에 붙어있는 번호표가 보일 것이다. 유일하게 유기견을 국가적 차원에서 관리하는 나라가 터키일 정도로 터키인과 동물은 특별한 관계를 가지고 있다. 길

을 가다보면 개, 고양이, 새 등 모든 동물들과 친구처럼 이야기를 나누는 사람들도 자주 눈에 띈다. 동네에는 동물병원도 많고, 대부분의 상점에서는 동물먹이를 팔기 때문에 동물이 주변에 보이면 언제든지 사서 먹일 수가 있다. 해변 산책로나 광장에서 비닐봉투에 가득 든 빵을 갈매기나 비둘기에게 나눠주는 사람들도 항상 볼 수 있다.

터키인들의 동물에 대한 지나친 집착은, 가끔씩은 나로 하여금 그들이 특이한 정신학적 문제가 있는 사람들이 아닐까 의심을 하게까지 했다. 그런데, 이렇게 동물을 사랑하는데 왜 이스탄불에는 유기견이 많을까? 전통적으로 이슬람 문화에서는 개를 다른 동물과 마찬가지로 생명이 있는 동물로 존중을 하고 해치지는 않았지만 더러운 동물로 취급하고 만지거나 집 안에서 키우는 것은 좋지 않다고 여겼다. 같은 이슬람 문화지만 이웃 이슬람 국가를 방문해보면 개를 무서워하고 피하는 사람들을 많이 볼 수 있을 것이다. 실제로, 내가 조금 보수적인 동네에 살았을 때에 나의 귀여운 리트리버와 산책을 할 때 사람들의 반응은 두 가지였다. 한 부류는 무서워서 피하고 다른 한 부류는, 보통 아이들 또는 젊은이들인데, 개가 무는지 물어본 후에 물지 않는다고 말하면 귀엽다고 쓰다듬는다. 그런데 내 개를 보고 무서워하던 사람들이 동네 유기견을 보고는 반가워하며 쓰다듬는 모습을 보고 무척 황당했다. 친구들에게 물어보니, 남의 개는 주인만 따르고, 가끔 주인을 보호하려고 자기를 공격할 수 있으니 조심해야하고, 유기견은 시민들이 먹이를 주니 모든 시민들을 주인으로 여기고 따른다는 것이었다. 정말 기가 막힌 일이 아닐 수 없다. 그러고 보니, 다른 부류가 또 있구나. 처음에 개를 보고 "개다!" 하며 놀라다가 나를 보고서는 "앗! 중국인이다!"라고 소리를 지르고 뒤를 따라오는 아이들이다. 동네에서 개를 산책시키는 사람들도 거의 없었지만, 외국인,

그것도 동양인은 내가 유일했기 때문이다. 개를 산책시키면서 동네 아이들한테서 터키어도 배우고 꽤나 친해졌고 호기심 많은 아이들에게 목줄을 주면서 같이 놀게도 했던 추억이 생각난다. 그러다가 다른 동네로 이사를 갔을 때는 동네 빵집 앞을 영역으로 삼고 지내던 검은 개 두 마리가 내 개를 공격을 했다. 그 바람에 나까지 겁에 질려서 그날 이후로는 그 주변을 가지 않게 되었다. 그러다 어느 날 그 개들이 동네 개들을 공격을 해서 결국은 유기견 보호소로 보내졌다고 듣고 안도의 한숨을 내쉬었다.

터키는 고양이들의 천국이기도 하다. 특히 내가 살고 있는 동네 공원에는 고양이들이 왕국을 형성하며 살고 있고 새끼 고양이들도 너무 많다. 공원에 놀러오는 사람들은 쓰다듬고 사진 찍고 먹이를 주면서 너무나 예뻐한다. 가끔은 입구에 있는 고양이 떼들이 공원을 지키는 경비원들 같다는 생각도 든다. 골목 구석에 또는 대문 밖에는 고양이들을 위한 물 접시들이 많이 놓여있다. 종종 출퇴근길에 주머니에서 고양이에게 먹이를 주고 쓰다듬고 난 후 갈 길을 계속 가는 사람들을 목격하기도 한다. 개와는 달리 정부 차원에서 아직은 관리를 하지 않기 때문에 고양이 숫자가 매년 기하급수적으로 늘어나고 있지만, 그래도 주민들은 마치 자기 고양이처럼 먹이를 주고 관리한다. 이렇게 동물을 사랑하는 터키인들을 보면 소박함과 인간미를 느낌과 동시에, 삭막해져가는 현대 사회에 아직도 이런 여유를 갖고 사는 사람들이 있다는 것에 신선한 감흥을 얻기도 한다. 그리고 이런 광경들을 일상처럼 목격하다 보니, 왠지 나의 못된(?) 성격까지 온화해지는 것 같은 느낌이 들 때도 있다.

그렇지만 시간이 지나면서, 터키인들의 동물에 대한 애착은 우리가 일반적으로 생각하는 젊은 세대들의 유행처럼 애완 동물을 사랑하는 것과는 다른 뭔가 특별한 사연이 있다고 느끼기 시작했다. 왜냐하면, 전 국민들이 예외 없이 개, 고양이, 새 등 모든 동물들에게 관심을 보이고, 버려지는 고양이와 강아지를 수거하는 개인 단체들도 많아 보였기 때문이다. 카페와 식당들도 대부분 동물 출입이 허용되는 것도 신기했다. 또한 때때로 노년층이 보이는 동물에 대한 애정이 더 커 보인다고 느끼기도 했다.

Salut de l'Orient.   Les chiens de rue.

터키인과 유기견에 대한 이 풀리지 않는 수수께끼를 풀기 위해 자료를 찾는 중에, 박식한 변호사 친구 메흐메트에게서 '오스만 제국의 동물과 사람'이라는 책을 전해 받았다. 그 책 속에서 생각하지도 못했던 사실들을 발견하고 신선한 충격을 받았다. 이스탄불의 유기견 역사는 오스만이 콘스탄티노플에 왔을 때부터 시작되고, 그때부터 수백 년간 민족의 일부로서 함께 살았다는 사실에 놀랐다. 그래서 마크 트웨인의 '순진한 이방인' 뿐만 아니라, 18, 19세기에 유럽 작가들이 쓴 여행기들이 모두 이스탄불의 유기견에 대해서 이야기를 하는 것이었다. 그중에는 다른 나라에서는 볼 수 없는 극히 특이한 현상을 긍정적으로 보는 사람들도 있고, 부정적인 사람들도 있었다. 긍정적으로 보는 사람들의 입장은 근대화와 발전만을 추구하면서 자연과 동물이 희생당하는 유럽 사회를 비난하면서 터키가 동물과 어울려서 사는 것을 찬양했다. 반면 부정적으로 보는 사람들은 보통 위생 문제와 소음 공해를 들어 터키 사회가 근대화에 뒤떨어졌다고 비난하였다. 또한 관공서에서 경호원과 같은 직책의 사람들이 큰 무리의 개들에게 먹이를 주는 모습을 목격하고 경이감을 표현하는 여행자들도 꽤 많았다고 한다.

터키 땅에 살았던 민족들은 기독교와 이슬람이 시작되기 훨씬 이전부터 샤머니즘, 주술과 심령사상에 바탕을 둔 민속신앙이 인류 최초의 종교인 조로아스터교와 섞인 독특한 신앙을 믿고 있었다. 이들은 인류를 창조한 '신'을 숭배하고 육체와 영혼이 분리가 가능하며, 인간의 영혼이 동물의 몸을 빌려서 나타날 수가 있다고 믿었기 때문에, 동물을 인간의 영혼처럼 대했다고 한다. 조로아스터교에서도 개를 신성시하고 돌보았으며, 개의 눈이 악귀를 쫓는다고 믿어서 장례식 때 개가 고인을 쳐다보도록 하고 음식을 먹였던 관례까지 있었다고 한다. 중동지역의 많은 민족들은 문명이 시작됨과 동시에 동물과 삶을 공유했고 동물은 인간의 생존에 상당히 중요한 역할을 했다. 터키인들을 예로 들면, 이들은 기마 민족으로 말과 항상 생활을 함께 했고, 그들의 정복을 가능케 한 말의 중요성을 아주 높이 샀다. 교통수단이 되어주는 낙타와 당나귀, 농사에 쓰이는 소, 그리고 음식과 옷을 제공하는 양과 염소 등 동물이 인간에게 주는 이득이 많다고 믿었다. 초기 이슬람교에서도 이러한 동물을 성스럽게 여긴 관습은 계속 이어졌다. 정복자 술탄 메흐메트가 콘스탄티노플에 데려왔던 캉갈(Kangal)은 크기가 78cm, 무게가 약 60kg 정도로 덩치가 크고 늑대까지 잡아먹는 개로 터키의 국견이다. 가족과 가축, 특히 양떼를 적으로부터 보호해주는 개의 용맹스러움과 충성스러움이 터키인들의 사기를 높이는데 중요한 역할을 한다고 믿었던 오스만들은 개를 그들의 수호자로 더욱 아끼고 보살폈다고 한다. 그래서인지 길거리 개를 '유기견', 즉, 버려진 동물로 취급하지 않았으며, 개들에게 먹이와 물그릇을 챙겨주는 직책이 있었고, 동물에게 해를 가하는 사람은 처벌까지 받았다. 이들은 개들이 음식 쓰레기를 처리해 주므로 오히려 도시를 깨끗하게 유지하는데 도움이 된다고 믿었다. 실제로 흑사병 때문에 유럽인구의 절반이 죽음을 당했을 때, 오스만 터키인들은 흑사병의 타격을 크게 받지 않은 이유도 고양이와 새 등이 병균을 옮기는 쥐와 기생충 등을 잡아먹어 병균의 확산을 방지했기 때문이라는 설도 있다. 그럼에도 불구하고, 오스만들이 유럽인과 접촉을 시작하며 뜻밖에도 그들의 오랜 유기견 전통에 위기를 맞게 된다. 유럽인들은 낮에는 길에 돌아다니거나 잠만 자고, 밤에 짖어대어 잠을 방해하는 개들을 싫어했고, 그래서 당시 갈라타 다리 맞은편에 거주하던 유럽인들(당시에는 그리스와 아르마니아인들)이 밖에 놓인 먹이 그릇에 일부러 독을 타기 시작했단다. 충격적인 사실들이 이제부터 밝혀진다.

유럽의 근대 문화가 밀려와 고상함과 청결함을 강조하게 되면서 포크를 사용하는 등 관습에 변화가 오기는 했지만, 오스만 터키인들은 인간의 삶에서 동물을 떼어낸다는 것에 대해서 두려워했고 그것을 받아들이기는 거부했다고 한다. 하지만 거듭되는 압박에 결국은 유기견들을 죽일 수는 없으니 가까운 '프린스 섬'으로 추방을 했다. 당시 유기견의 숫자가 15만 마리가 넘었다고 하는데, 그 개들의 울음소리가 밤이면 멀리까지 들릴 정도여서, 그것을 견디지 못한 터키인들의 반발로 다시 개를 육지로 데려왔다고 한다. 아래에 더 자세히 말하겠지만, 민족 역사상 처음으로 동물을 외면해야했던 터키인들의 마음에 얼마가 상처가 갔을지 상상을 해 보았다. 근대화라는 이름하에 참으로 못할 짓을 인간과 동물에게 했던 것 같다. 그러다가 19세기 초, 한 프랑스 회사가 개를 처리하지 못하고 쩔쩔 매는 술탄에게 제안을 해 온다. 자기네들이 그 개들을 다 수거해서 동물 사료 또는 장갑으로 만들겠다고…… 프랑스인들의 합리주의와 효율성이 너무 지나쳐 생긴 잔인함과 이중성이 이때부터 존재했다는 사실에 충격을 받지 않을 수 없다. 당시 그렇게 돈을 밝히던 술탄조차도 교리를 배신할 수 없어 프랑스의 제안을 거절하고 대신 유기견들을 수거해 섬으로 다시 추방하라는 결정을 내린다. 그 후 러시아와 전쟁에서 패배 하자 그것이 유기견을 추방해 나쁜 징조를 가져왔기 때문이라고 믿고 개들을 다시 육지로 데리고 온다. 그런데 그 개들을 데리러 갔던 배 안에 있던 사람들은 섬에 닿기도 전에 심상치 않은 코를 찌르는 고약한 냄새와 섬에 가까이 다가서면서 목격한 광경에 헤어날 수 없이 큰 충격을 받게 된다. 그렇게 순했던 개들이 먹을 것이 없다보니 서로 잡아먹어 동물 시체들이 한 더미로 쌓여있고 그 냄새가

섬 멀리까지 났던 것이다. 이러한 오스만 시절의 유기견과 관련된 사건들은 제국주의의 매너리즘에 빠져 나태해졌던 사람들이 밀려오는 서양 근대화 문물로부터 자연 그리고 동물과 함께하는 동양의 정신을 보호해야 한다고 믿고 저항을 했던 사건으로 해석된다.

수백 년 동안의 유기견을 둘러싼 싸움은 20세기 후반에 들면서 비로소 종결이 났다. 그래서 지금 우리가 이스탄불에서 행복하게 잠을 자는 길거리 개들을 볼 수가 있는 것이다. 서양과 동양의 가치를 잘 조화를 시킨 지혜로운 방법이라고 생각이 들면서, 그 전에 터키인들의 동물의 집착에 대해서 오해를 했던 내 자신을 반성하게 되었다. 어쩌면 과거에 조상들이 저지른 죄를 지금 태연스럽게 그늘에서 낮잠을 자는 개들에게의 조상들에게 사죄하는 의미에서 특히나 요즘 사람들이 개들에게 더 잘 해주는 것은 아닐까?

이 정도로 동물을 사랑하면 집에서 키울 법도 한데 유기견이 많은 이유는, 위생을 철저하게 따지는 민족성 때문에 개와 같은 생활 공간을 공유하지는 않아서이다. 이란인 친구의 말에 의하면, 이란의 주류 종파인 '시아파' 이슬람교도들은 개를 지저분한 동물로 간주하고 개를 보면 신에게 기도를 해야 하고, 혹시라도 개와 접촉을 하게 되면 바로 샤워를 하고 '죄'를 씻어내야 한다고 한다. 조금 어처구니없는 교리이지만 이것은 원래 이슬람 종교의 교리와는 거리가 멀고 극단주의자들이 만들어 낸 규칙이라고 본다. 그래서 이 이란 친구들은 이스탄불에서 유기견들이 많은 것을 너무나 좋아했고 자기 나라에서 자유롭게 기를 수 없는 개들을 실컷 만지다가 갔었던 일이 기억난다. 터키도 근대화가 되면서 많은 젊은 세대들이 유행처럼 애견을 기르기 시작했지만, 도시 주거 형태상 아파트 생활을 하는 사람들이 많다보니 강아지가 자라면 감당할 수가 없어져 버리는 형편이다. 따라서 그렇게 버려지는 강아지들을 정부와 동물보호 단체에서 수거해 중성화 수술을 한 후, 관리 한다. 그래서 유기견들을 보면 귀에 색색의 번호표가 달려 있다. 놀라운 것은, 길에 개들이 많은데도 불구하고 배설물이 없다는 점이다. 애견 주인들은 철저히 배설물을 처리를 하고, 청소부들도 처리를 하기 때문이다. 똑같이 애견을 많이 키우는 프랑스인들이 보고 반성을 해야 할 부분이 아닐까 생각한다. 프랑스의 애견 배설물 문제는 프랑스 인들 스스로도 부끄러워하는 문제인데, 그 이유는 잘 모르겠지만 잘 고쳐지지가 않는다. 나의 프랑스 생활에서 가장 악몽 같은 기억이 매일같이 길에서 강아지 배설물을 밟았던 것이다. 변을 밟는 것만큼 기분 나쁜 일이 없기 때문에 프랑스에서는 아예 보행자 길로 다니지 않고 차도로 다녔던 것이 습관이 되어서 아직도 무의식적으로 차도로 걷게 된다. 하지만 터키에서는 동물 배설물 때문에 고충을 겪은 적이 없어서 다행이다. 더운 여름에 그늘에서 하루 종일 편히 낮잠만 자는 개들을 보면서 부러워하는 여행자들이 종종 "다시 태어난다면 이스탄불 개로 태어나고 싶다."라고 말을 할 정도로 이스탄불의 개들은 호강을 하고 있다. 일 때문에 만났던 한 여행자분이 갑자기 생각난다. 강아지를 너무나 좋아하는 그 분은 이스탄불 거리를 돌아다니면서 시야에서 벗어나지 않는 행복해 보이는 유기견들을 보면서 무척 뿌듯해하셨다.

이처럼 자연에게 감사하고 남과 동물까지 가족처럼 대하면서 소박한 마음씨로 살자는 인생관을 강조하는 이슬람의 교리는 존중할 만한 것 같다. 아마 이러한 문화가 내 몸 깊숙이 베여있는 불교와 유교적 사상과도 비슷하다는 생각이 종종 들어 터키가 'Home, away from home'처럼 집은 아니지만 집처럼 편안한 것일지도 모른다. 어느 종교가 그렇듯이, 그 본래의 의미가 지켜지고 시대의 변화와 함께 발전한다면 믿음이 있다는 것은 좋은 것 같다. 물론, 이런 경지(?)에 오르기까지는 시간이 걸렸다. 외국에 사는 사람들은 5가지 단계를 거친다고 한다. 그 단계란 보통 허니문, 문화 충격, 충격 회복, 적응, 그리고 역 문화 충격으로 나뉘는데, 터키 생활 초창기의 허니문 단계가 지나면서 나 또한 선진국 우월주의와 개인주의의 색안경을 끼고 터키 사회를 바라보면서 다른 나라와 비교를 하게 되고 그 때문에 갈등이 없지 않았다. 하지만 살아가면서 주변의 따뜻한 애정과 터키 문화에 대한 이해의 폭이 넓어지면서 기존에 생겼던 불신과 불만이 많이 사라졌다. 그것과 관련된 이야기들도 후반에 나누게 될 것이다.

터키에 먹으러 가자

터키에 대한 오해와 편견을 깨다

유럽에서는 동양을 갈망하고 동양에서는 유럽을 갈망하고... 동서양의 종교와 가치관에 따른 불가피한 비교와 충돌은 여전히 시대를 초월해서 반복되고, 우리가 세상을 바라보는 시각을 크게 좌우하는 것 같다. 똑같은 인간임에도 불구하고 사고방식과 문화의 차이가 존재하는 것은 과연 무엇 때문인지 터키에서만큼 깊이 생각해본 적이 없다. 터키에 살겠다고 결심을 하고 왔을 때, 주변에서 '터키에 대해서 너무 많은 글들을 읽지 마라'라는 조언을 들었다. 그 당시에는 이들이 왜 그런 말을 하는지 이해를 할 수가 없었다. 무지가 두려움을 낳듯이, 이해가 되지 않았기 때문에 두려움과 부정적인 감정이 싹트기 시작하면서 머릿속이 복잡해졌다. 새벽 일찍 들려오는 모스크의 기도문 때문에 벌떡벌떡 잠을 깨는 것도, 시끄럽게 경적소리를 울려대는 미니버스 운전사들도 내 신경을 건드리기 시작했다. 또한 지하철에서 줄을 서지 않고 밀고 타는 사람들과 외국인이라고 바가지 씌우는 상점들도 미워졌고, 터키 술 라크만 마시고 외국 음식을 꺼려하는 터키인들과 터키에 대해 점점 불만이 생기기 시작했다. 혼자서 해답을 찾기 위해 여기 저기 뒤지고, 외국인 지인들과 현지인 지인들을 만나 이야기를 하면서 내가 이해할 수 없는 부분들에 대한 해답을 찾고자 노력했다. 그러던 찰나에, 우연히 노벨문학상을 수상한 오르한 파묵의 '내 이름은 빨강(My Name is Red)'라는 책을 손에 쥐게 되었다. 이 책은 16세기에 원근법을 이용해 사물을 더욱 현실적으로 묘사하는 유럽풍의 화법이 들어오면서 전통적 동양화풍의 오스만 초상화가들이 긴장과 갈등을 겪는 것을 문화적 배경으로 하는 로맨스 추리소설이다. 작가는 이야기를 통해 동양과 서양의 사고방식이 왜, 그리고 어떻게 다른지를 아주 교묘하고 섬세하게 표현했고, 그 책을 읽으면서 나는 그 동안 풀리지 않던 수수께끼가 풀리는 느낌이 들었다. 그 책 안에는 내가 가지고 있는 동서양 문화와 사고방식의 차이에 대해 다시 한 번 생각해 보게 하는 문구들로 가득했다.

"눈이 먼 사람과 멀지 않은 사람은 동등하지 않다."

"빨간색이 어떤 것인지를 빨간색을 한 번도 본 적이 없는 사람에게 설명을 해 보아라."

"나는 나무가 되기보다는 나무의 의미가 되고 싶다."

"그림은 생각의 침묵이고 보이는 것의 음악이다."

"내 연약한 마음은 내가 동쪽에 있을 때 서쪽을 갈망하고, 서쪽에 있을 때 동쪽을 갈망한다."

왜 정복자 술탄 아흐메트가 한밤중에 일어나서 영국 엘리자베스 여왕이 선물로 보내 궁전 정원에 장식해둔 대형 태엽시계를 부서 버렸는지 등 여러 가지 역사적 배경들과 함께 수많은 의미심장한 은유들을 담고 있는 책이다.

터키에 오기 전에 나는 터키에 대한 지식이 별로 없었던 '순진한 이방인'으로서 안에서 밖을 보려고 했었다. 나는 보통 여행을 할 때 여행지에 대한 정보를 많이 읽지 않는다. 왜냐하면 알게 되는 정보들이 그 여행지에 대한 편견을 만들고 내가 경험할 수 있는 것들을 제한한다고 느끼기 때문이다. 나는 오히려 '우연한 발견'에서 오는 행복감을 추구하는 편이다. 또한 나는 여느 요리 전문가와 소믈리에를 꿈꾸는 사람들과 마찬가지로 '프랑스바라기' 꽃이었다. 하지만 한 나라를 여행하는 것과 사는 것은 당연히 다른 것이고, 살아남기 위해서는 그 나라에 대해서 좀 더 알아야겠다는 생각이 들어 궁금증이 생길 때마다 손이 닿는 대로 책을 읽기 시작했다. 신기하게도 많은 전문적인 서적을 읽고도 풀리지 않던 의문들에 대한 답을 '내 이름은 빨강'을 읽으면서 찾게 되었고 1년 전에 느꼈던 마음의 평화도 다시 돌아왔다. 터키 역사와 사회 구조는 현지인조차도 이해를 못할 정도로 복잡하다. 그리고 아이러니하게도, 여행자들은 종종 그 매력에 빠져든다. 종종 당장이라도 떠날 듯이 욕을 하면서도 발길을 떼지 못하고, 한번 발을 들여놓고 나면 다시는 떠날 수 없는 그 '사랑과 증오'의 매력이 과연 무엇일지 궁금할 것이다. 많은 현지인들은 오스만 역사와 관련지어지는 것, 그리고 종교 이야기를 하는 것을 꺼리는 편이다. 그래서 나도 종교 이야기는 되도록 하지 않으려고 하고, 궁금한 점은 책이나 각종 포럼을 통해서 해결을 하려고 했다. 터키 여행을 하면서 고속도로를 달리다 보면 길가에 쓰레기들이 많이 버려져있는 것을 볼 수 있다. 이스탄불 내에서도 보수적인 사람들이 많이 사는 동네를 가면 주변이 쓰레기로 지저분하고 시끄럽다. 이러한 현상이 종교 때문인지, 교육 수준 때문이지 아니면 정치 때문인지 스스로에게 의문을 던졌다. 정부에 대한 불만이 그토록 많은데도 소위 민주국가라고 하는, 현재 정권을 잡고 있는 정의개발당(AKP)이 12년이 넘게 독재를 할 수 있는 것도 상식으로는 이해가 되지 않았다. 1960년부터 거의 10년마다 일어났던 군사 쿠데타는 과연 터키의 민주화에 도움이 되는 것인지 걸림돌이 되는 것인지도 항상 생각해본다. 과연 이슬람화와 분극화 정책을 펴고 있는 현 정부는 과연 또 다른 군사 쿠데타를 통해서만 종결을 맞이할수 있을까? 그리고 국제적으로 거론되는 아르메니아 학살사건에 대한 부인과 쿠르드족에 대한 차별은 과연 어떻게 해석을 해야 할지 등등 끊이지 않는 질문들로 인해 혼란 상태에 빠지게 되었다.

보통 여행자들이 프랑스나 이탈리아를 갈 때는 그 나라의 역사나 정치에는 별로 관심을 두지 않고 그냥 즐기기 위한 목적인 경우가 많다. 그리고 그들의 문화를 편견 없이 받아들이고 모방을 하려는 경향이 있다. 그런데 터키는 유독 날카로운 잣대를 대고 바라보려고 하는 경우가 많다. 한국인이 가지고 있는 터키에 대한 정보가 극히 미비하고, 터키가 이슬람 국가라는 사실에 더해, 뉴스에서 접하는 중동 국경지대의 문제들이 터키에 대한 이질감을 형성하는 것은 아닐까 싶다. 여행 책자가 알려주는 주요 유적지 정보는 이해하기 쉽고, 누구나 원하면 찾을 수 있는 반면에 터키 사회에 대한 객관적인 정보는 유독 찾기가 힘들다. 패키지 여행으로 터키를 찾은 사람들이라도 막상 터키 여행을 하다보면 유적지보다는 사람들의 생활 모습에 대한 궁금증이 더욱더 커지는 경향이 있다. 그래서 터키 사회와 문화에 대해서 좀 더 깊이 알고 여행을 한다면 여행 중에, 그리고 여행 후에 갖게 되는 인상과 깨달음이 다르지 않을까 생각을 해 보았다. 한때 터키를 색안경을 쓰고 보았던 나의 경험담을 바탕으로 사람들이 궁금해 하는 몇 가지를 이야기해 보고자 한다.

첫째로, 여행자들은 터키가 이슬람 국가이고 터키인들은 지나친 애국심을 가지고 있다고 생각한다. 터키를 여행하면서 가장 인상에 남는 것 중 하나는 아마도 건물과 집, 배 등 여기저기 걸려있는 빨간 터키 국기들일 것이다. 가끔은 너무 지나치다 싶을 정도로 국기가 많이 걸려있다. 외국인들의 눈에는 이것이 자칫 지나친 국수주의로 비칠지도 모른다. 하지만 빨간 국기가 파란 바다에 잘 어울리는 것은 사실이다. 나도 처음에 건물마다 그리고 큰 언덕마다 꽂혀 있는 커다란 국기들을 보면서 공산국가에 있는 듯한 이질감을 느꼈었다. 또 터키를 여행하는 사람들에게서 짧은 소매와 치마를 입어도 되는지, 스카프를 쓰고 다녀야하는지 등에 관한 질문도 자주 받는다. 하지만 막상

❖ 아타튀르크 대통령 상

❖ 국기

이스탄불에 도착해서 길거리를 몇 시간 돌아다니고 나면 스카프를 착용하지 않거나 야한, 소매가 없는 옷과 짧은 치마를 입은 터키 여성들을 보며 터키는 일반적으로 생각하는 이슬람 국가가 아니라는 것을 금방 느끼게 된다.

그렇다. 터키는 공화국이 수립된 1923년부터 철저하게 세속적인 국가로 정치, 교육과 사회구조가 전반적으로 반 이슬람 및 현대화 되어왔고, 여성 공무원들과 학생은 스카프 착용이 철저히 금지되었다. 그 기반을 구축한 아타튀르크 대통령은 아직도 터키인들에게는 우상이며 가정과 상점들에는 그의 초상화가 걸려있다. 터키 여자 친구 집에 갔을 때 벽에 연예인 사진 대신에 아타튀르크 대통령 포스터가 여러 장 붙어있는 것을 보고 놀라기도 했다. 매년 11월 10일 오전 9시 5분에 그의 죽음을 추모하는 대국민 묵념이 행해지는데, 묵념행사장에 가지 못하는 사람들은 도로 한복판에서 달리는 차를 멈추고 차 밖으로 나와서 묵념을 하거나 횡단보도를 건너다가 말고 서서 묵념을 한다.

터키 정치를 공부를 해보니 왜 이들이 아타튀르크를 우상화하는지 이해가 되었다. 앙카라에 있는 아타튀르크 묘지에 있는 박물관을 방문했을 때 그의 업적을 자세히 들여다 볼 기회가 있었는데, 그가 일생 동안 읽은 4만 권이 넘는 다양한 분야의 책들을 보고 난 후 그에 대한 존경심이 저절로 생겼다. 그는 언어에 유창해서 아랍어, 불어, 독일어 서적들도 많이 읽었고, 독서의 중요성을 강조했다. 그리고 터키인들이 국제 사회에 소속된 한 국민으로서 진보하기를 바랐다. 하지만 현재 터키의 정치를 보면, 어느 민족이든 터키에서 태어나서 터키에 사는 사람은 모두 터키인으로서 동등하다는 의식을 탄생시킨 아타튀르크의 정신과는 다르게 정치와 사회가 흘러간다는 것을 볼 수 있다. 현재 국민들의 반감을 사고 사회·정치적 문제를 일으키고 있는 에르도안 대통령(전 총리)이 지난 임기 때부터 불합리한 이슬람화 정책을 내세우고 국민들의 분극화를 일으키고 있기 때문이다. 그는 지방의 대다수의 무지한 이슬람층의 환심을 사서 본인 당의 지지율을 높이려고 안간힘을 쓰고 있고, 그 때문에 지난 10년간 이스탄불에 이슬람교도들의 숫자가 부쩍 늘었다. 10년 전에 이스탄불을 방문했던 사람들 또는 이주를 한 외국인들은 눈에 띄게 증가한 스카프를 쓴 여성의 숫자를 비롯해서 사회 곳곳에 보이는 보수적인 변화에 무척 놀란다. 그리고 사회가 뒷걸음칠 치는 것에 대해서 아쉬워한다. 50세 이상의 터키인들을 만나서 이야기를 해 보면 오히려 그들이 현재 젊은 층보다도 더 자유를 누리고 살았다는 것을 확인할 수가 있다. 종종 60-70년대 드라마나 영화 또는 뮤직 비디오를 보면 깜짝 놀랄 정도로 유럽적인 자유분방함이 있어 놀라곤 한다. 터키는 종종 이란과 비교가 되는데, 과연 터키도 이란과 같이 혁명이 일어나 이슬람 정권의 손아귀에 들어가게 될 것인지는 지켜봐야 할 것 같다.

❖ 사비하 괵첸

둘째는, 터키 여성들의 권리에 대한 것이다. 전통적으로 남성이 일을 하고 여성이 가사를 돌보는 것은 어느 나라에서든 마찬가지였다. 시대가 변화하면서 남녀의 역할도 함께 변화를 해 왔지만, 동양은 아직 서양보다 전통적인 가부장제와 남아선호사상이 두드러진다. 17,18세기에 근대화를 거치면서 유럽에서는 여성의 권리가 상승하고 여성의 사회활동이 활발해지고, 19세기에 페미니즘이 등장을 하면서 유럽의 남성들 사이에서는 여성스러움과 전통적인 사회적 가치관에 대한 향수를 느끼기 시작했다. 그것이 유럽에 오리엔탈리즘 예술과 문학이 급증했던 이유이기도 하다. 그들에게는 정적이고 여성스러운 동양 문화가 크게 매력적으로 다가왔을 것이다. 하지만 자세히 보면, 터키는 여성의 역할은 다른 나라와는 사뭇 다르다. 여성에게 선거권이 주어진 시기가 1934년으로 프랑스와 이탈리아보다 10년이 빠르고, 한국보다 14년이 빠르며, 여성 국회의원 숫자도 많고, 1996년에는 여성 총리도 나왔다. 또한 사비하 괵첸(Sabiha Gökçen)은 1936에 세계 최초 공군 조종사였고 항공 역사에서도 '세계 최고 조종사 20인'에 들며, 이스탄불의 두 번째 공항이 그녀의 이름을 딴 것이다. 그러면 과거의 역사로 거슬러 올라가볼까? 공화국 이전에 오스만 제국 시절에는 술탄의 어머니, 발리데 술탄(Valide Sultan)이라고 불리는 여성은 술탄 다음으로 높은 지위를 차지하며 정치에 참여를 하였고, 이슬람법에서는 '엄마의 권리는 신의 권리'라고 할 정도로 그 위치가 컸다는 사실을 알면 놀랄 것이다. 일단, 그럴 수 있게 만들어준 사람인 터키 판 장희빈, 휴렘(Hürrem 본명은 록셀라나Roxelana, 우크라이나 기독교 귀족 출신, 궁녀로 입성, 이슬람 개종)에게 고맙다는 말을 한마디 해야하지 않을까 싶다. 휴렘 술탄은 알렉산더 대왕을 닮고자 했던 오스만 제국 최고의 술탄인 술레이만 대왕의

❖ 휘렘 술탄

아내였는데, 알렉산더 대왕 아내인 록사나(Roxana)와 이름도 우연히 비슷하고, 록사나가 알렉산더 대왕의 둘째 그리고 셋째 아내를 살해할 정도로 대범하고 표독스런 여인이었다는 점에서도 비슷하다. 하지만, 추한 말년을 맞이하고 아들에게 불행을 남겨준 장희빈과는 달리, 휘렘은 오스만 역사 최고의 술탄을 탄생시켰으며 여전히 여성의 날에는 그녀의 업적을 기리는 글들도 많이 쏟아져 나온다. 출신이 서로 달라서 다른 운명을 맞이한 것일까?

로마시대에 소(小)아시아로 불리던 터키 땅인 아나톨리아는 비잔틴 시절 그리스어로 '동쪽'이란 뜻이다. 그런데 터키어로는 아나돌루(Anadolu)라고 불리고 엄마의 땅이란 뜻이다. 이름과 잘 어울리게 터키 사회는 어머니 그리고 여성을 중심으로 사회가 돌아간다. 주변 친구들 말에 의하면 어렸을 때부터 "엄마 심기가 편해야 집안이 잘 돌아간다."라며 엄마를 잘 보살펴야 한다고 교육을 받는다고 한다. 그리고 부모님 집이 아니라 '엄마집'이라고 부르며 또한 메인 요리를 뜻하는 말인 'Ana Yemekler' 중 메인을 뜻하는 'Ana'도 '엄마'에서 유래됐다. 이탈리아가 가족 중심 사회이고 엄마의 역할이 중요하다는 것은 많이 들었을 것이다. 오죽하면 이탈리아 남자들이 마마보이라는 말이 나올 정도일까. 유명한 일화 중에, 이탈리아에서는 은행에 긴 줄의 맨 뒤에 있을 때 맨 앞으로 가기 위한 방법이 바로 엄마가 아파서 급히 병원을 가야한다거나 엄마와 관련된 핑계를 대면 된다는 것도 있다. 어쨌든 터키에서는 여성이 가정과 자식 교육에 신경 쓰고 가장이 경제 활동을 하는 전통적인 성역할이 두드러지기는 하지만 여성의 권리를 억압하는 이웃 이슬람 국가와는 달리 너무나 당연하고 자연스러워 보인다. 터키에는 터키 남자와 결혼한 서양 여성들이 꽤 많은데, 그들은 남녀평등과 페미니즘의 압박에 시달리다가 터키에서 자신의 솔직한 자아를 찾고 여성미를 맘껏 펼치게 되어 좋다고들 한다.

터키를 여행하다보면 어느 순간 카페와 식당 그리고 미용실에 여성 종업원이 없다는 것을 깨닫고 의아해할 것이다. 그렇다고 여성들이 일을 하지 않는 것은 아니다. 특히나 물가가 비싼 이스탄불과 대도시에서는 맞벌이를 하지 않고는 가정을 꾸려나갈 수가 없다. 참고로 이스탄불은 월급의 반 이상이 월세로 나가는 경우가 많고 전세 제도가 없기 때문에, 일인 월급으로는 생활이 빠듯하다. 그럼에도 불구하고 서비스직에 여성이 없는 이유는 전통적으로 남성과의 접촉을 금기했기 때문도 있지만, 여성들이 힘든 일을 하기 싫어하기 때문이라고 한다. 요즘은 스타벅스와 같은 현대식 카페에서는 종종 여성 종업원을 볼 수 있지만, 대부분의 여성들은 은행을 비롯한 사무직이나, 공무원, 슈퍼마켓 캐셔 등의 직업에 종사를 하고 있다. 남의 눈치 때문이나 사회적, 경제적 압력 때문에 일을 해야 하는 다른 나라 여성들보다는 선택에 의해 일을 할 수 있고 아직 가족에 더 가치를 두는 터키여성이 가끔씩 부러울 때도 있다. 물론 여성의 사회활동이 법적으로 제한이 되어 여성이 일을 하고 싶어도 할 수 없다면 문제가 있다. 부자인 부모를 둔 가까운 터키인 지인은 결혼 후에 아이가 생기자 시댁에서 집을 사주면서 직장을 그만두고 육아에 전념을 하라고 압력이 들어오자 한 달간 괴로워했었다. 하지만 그녀가 결국 며칠 동안 울면서 호소를 하자 신랑이 돈 같은 것은 필요 없으니 가정사에 참견 하지 말라고 선포하고 새로 월세를 구해서 이사를 나온 사례도 있다.

셋째로, 여행 책자들이 길에서 치근대는 남자들이 많고 소매치기도 많으니 조심하라고 여성 여행자들에게 경고를 하는 경우가 많다. 터키뿐만 아니라 모든 관광지 주변에는 혼자 여행하는 여성을 겨냥하는 남자들이 있다. 특히 지중해 나라 남자들이 다른 나라에 비해서 유독 그런 경향이 있는데, 왜 그런지는 모르겠다. 따뜻한 날씨 때문일까, 아니면 여자가 귀해서일까? 이탈리아를 여행하면서 접근하는 남자들 때문에 길을 걸어 다니는 것이 지옥 같았던 기억도 있다. 하지만 터키에서는 치근대는 남자를 경험한 적이 없다. 워낙 나를 쳐다보는 남자들이 없어서 기분이 나쁠 정도였다. 내 얼굴이 터키 남자들에게는 안 먹히는 형인가 하고 의심도 해 보았다. 그러고 보면, 터키 남자들이 백인 여성들을 선호하는 편이고, 특히 동유럽과 러시아 여성들이 인기가 많다. 가끔씩 관광지에서 접근하는 남자들이 있긴 한데 대부분이 연애를 목적으로 하기보다는 물건을 팔기 위한 경우이거나 영어로 대화를 해 보고 싶은 경우가 많다. 하지만 유적지나 관광지가 아닌 곳에서 마주치는 터키 남자들은 수줍음이 많고, 여자를 쳐다보는 것은 실례가 된다고 생각하는 듯 여자를 쳐다보는 것에 대해 무척 조심스럽다. 그래서 종종 몰래 슬쩍 쳐다보거나, 만약 쳐다보다가도 눈이 마주치면 고개를 곧바로 돌리지 윙크를 한다거나 관심을 표현하는 대범함을 보이는 경우는 드물다. 자유연애와 초고속 연애가 일상적인 이 시대에 아직도 짝사랑을 하며 가슴앓이를 하고 또 좋아하는 여자와 키스를 한번 해보려고 몇 달 동안 친구들에게 조언을 구하는 터키 남자들을 만나는 것이 어렵지 않다. 여성들은 터프한 외모와는 전혀 어울리지 않는 순진함에 빠지는 걸까? 어쨌든 여성의 숫자가 적은데다가 그 여성들이 보수적이다 보니 터키 남자들이 여자에게 목말라한다는 인상을 받기는 한다. 남의 여자도 밤에는 항상 집까지 바래다주고, 꽃다발을 들고 여자 친구를 기다리는 로맨틱한 신사적인 면도 보여주는데, 그것은 여자를 보호해야한다는 전통적인 관습에서 온 듯하다.

그런데 이와 모순되게 터키 남자들은 결혼 후에 바람도 많이 피우고, 일부다처제도 가능하다는 이야기를 종종 듣게 된다. 실제로도 동부지역에만 국한되기는 하지만, 보수적인 이슬람 가정에서는 결혼한 남자 형제가 사망했을 경우 그의 아내를 취하는 풍습을 아직 따르기도 한다. 그런 문화에 익숙하지 않은 우리의 잣대로 보았을 때는 부당하게 들리겠지만, 본래의 의도는 미망인에게 새로운 안식처를 제공한다는 것이었다. 지금은 간혹 위선적인 남자들이 모하메트가 여러 부인을 거느렸다는 구절을 왜곡되게 해석해 악용하는 경우도 있기는 하나, 무슬림이기 때문에 그렇다고 일반화하는 것은 위험한 논리인 듯 하다.

사람들은 뉴스에서 중동지역 전쟁과 폭력 등과 관련된 나쁜 소식들을 많이 접해서인지 터키가 위험하지 않을까 걱정을 많이 하는 것 같다. 이스탄불은 세계에서 8번째로 안전한 도시(2014년 기준)로 선정된 도시이다. 내가 지금까지 생활해본 경험으로 판단했을 때도 터키는 상당히 안전한 나라이다. 한번은 지갑이 가방에서 떨어진 줄도 모르고 길을 걷는데 뒤에서 한 청년이 뛰어와서는 내 지갑을 건네주었고, 내 사진작가 친구가 버스에 깜빡하고 카메라를 놓고 내렸는데 버스기사가 찾아주기도 했다. 나는 혼자 터키 여행을 하면서 한 번도 소매치기를 당했다거나 그 비슷한 상황을 만난 적이 없다. 이 또한 전통적 가치관과 가정교육으로 남의 물건에 손 대는 것을 큰 수치로 여기기 때문이다. 그 반대로 다른 유럽 나라를 여행 하면서 핸드폰, 가방 등 소매치기도 많이 당했고, 밤에 혼자 걸어 다니면서 위기감을 많이 느꼈다. 하지만 터키에서는 밤에 혼자 다녀도 무섭지 않고, 돈이 떨어져도 걱정도 되지 않아서 좋다. 물론 여느 나라와 마찬가지로 밤에 인적이 드물거나 낙후된 지역은 다소 위험할 수도 있지만 밤낮 가릴 것 없이 촉각을 곤두세우고 다녀야하는 인도나 라틴 아메리카와는 비교할 수가 없다. 경제적으로 낙후된 동부 지방을 가게 되면 종종 외국인들을 달가워하지 않는 사람들을 만날 수 있지만, 터키인들 사이에서도 동부 사람들은 속이기를 잘하고 이중적이라고 말을 한다. 그리고 순진한 미소를 띠며 졸졸 뒤를 따라 아이들이 불안감을 조성하는 경우가 있긴 하다.

넷째로, 터키인들은 무식하다고 생각하는 사람들이 많다. 이 또한 아랍인에 대한 차별의 하나로 이슬람 국가 사람들을 무시하는 경향에서 비롯되지 않았나 싶다. 하지만 고대 그리스 문헌들을 아랍어로 번역을 한 사람들이 오스만 터키인들이고, 유럽인들이 그들의 서적들을 라틴어로 번역하는데 열광했었다는 것을 잊지 말자. 특히나, 터키인들이 아리스토텔레스의 저서들을 유럽인들보다 더 먼저 접했다는 것을 아는지? 아랍인들이 발전된 의학기술을 즐길 때 유럽에서는 아랍인 의사와 학자들을 납치를 해서 그들의 의학과 과학서 등을 라틴어로 번역하기도 했다고 한다. 터키는 당대의 위대했던 페르시아, 그리스, 로마제국의 문화를 모두 포괄했고, 오스만 술탄들은 페르시아어, 아랍어, 그리스어, 라틴어, 터키어 등 다국어에 능통하고 문학, 예술, 음악, 과학 등 다방면에 능숙하였다. 전쟁에 사용되는 대포와 무기 제작도 술탄들이 직접 했으니 말이다.

오스만 제국은 다른 유럽에 비해 흑사병에 큰 타격을 받지 않았는데, 이 또한 오스만 학자들의 위생에 대한 지식이 서양보다 훨씬 월등했음을 보여준다. 시민들이 깨끗한 물을 마실 수 있도록 수도 시설을 정비하고, 로마인들이 쓰던 저수지의 고인 물보다는 흐르는 물을 공급할 수 있도록 분수대를 곳곳에 설치했다. 전염병 환자들은 성벽 밖으로 격리시키는 등의 철저한 대응 방법은 병의 확산을 막는데 크게 공헌했고, 극도로 조직화된 관료 제도로 인해 기록 남기는 것을 중시했기 때문에 문제를 추적하고 분석하는 일도 수월했다고 한다. 혹자는 이렇게 말한다. 터키인들이 당시 학문과 예술의 표상이었던 페르시아의 문화와 사회 제도를 동방과 서방으로 전파하는 다리 역할을 했고, 이란이 시아파 이슬람 정부로 넘어가기 전에 그 문화를 계승했기 때문에 세계가 계속해서 페르시아의 문화를 현재까지 경험할 수 있는 것이라고 말이다.

일단 터키는 빈부격차가 큰 나라라는 것을 짚고 넘어가야한다. 터키는 12년의 의무교육제를 따르고 있고 부모의 동의에 의해 15세가 되면 학업을 그만두고 기술을 배우거나 취업을 할 수가 있다. 아직 자식이 아버지의 가업을 잇는 경우도 흔하다. 여행자들이 보통 만나게 되는 사람들은 중산층 이상이라고 볼 수 있는데, 그들의 교육 수준은 상당히 높다. 이들은 어렸을 때부터 동서양의 철학과 역사를 통합적으로 배우며, 독서량이 한국인들보다 훨씬 많아서 아직 지하철에서 책 읽은 사람들이 많이 보인다. 자식이 똑똑하고 잘 되는 것이 부모님의 자랑인 것은 한국과 마찬가지여서 부모님의 학구열도 대단하다. 이스탄불의 경우에는 프랑스, 이탈리아, 독일, 러시아, 미국 등 여러 외국어 고등학교들도 많고 이들은 유럽 고등학교들과 수준이 맞먹을 정도이다. 영어로 수업을 하는 이런 사립학교 졸업생들은 종종 유럽 대학으로 진학을 하는데, 그들의 지적수준은 상당히 높다. 복잡한 역사와 외교 · 경제적 상황에 있는 터키의 국민들은 세계정세에 대해서 잘 알고 있고, 교육 방식도 아시아의 주입식과 서양의 창의적 교육이 섞여있다. 단지, 일반 터키인들이 비자 문제로 유럽 여행이 자유롭지 않다보니 다른 나라의 문화에 대한 지식이 부족한 것은 사실이다. 이들은 대부분 터키가 세상에서 가장 살기 좋은 나라라고 믿으며 살고 있다. 현 정부가 들어서면서 공교육의 질이 떨어진 것은 사실이긴 하다. 윗세대의 경우에는 사립이 아닌 공립학교에서 영어로 수업을 하는 '대학준비과정'이라는 시스템이 있었다. 그래서 이들은 외국 유학을 하지 않았음에도 영어를 유창하게 하며, 또한 프랑스어가 제 2외국어로 포함되어서 불어를 잘하는 사람들도 많다. 안타깝게도 현 정부가 그토록 좋았던 영어교육을 사교육화 하고 종교 교육 시수를 늘린 결과, 오히려 젊은 층들이 영어를 더 못하는 경우를 자주 보게 된다.

다섯째, 서양인들이 터키라는 말을 들었을 때 가장 먼저 떠올리는 단어가 '야만인'이다. 터키에 대한 이러한 부정적인 이미지는, 옛날 유럽인들이 무차별하게 밀고 들어오는 오스만 터키인들을 치를 떨 정도로 두려워했었는데, 우리가 그러한 이미지를 강조하는 이야기들만을 많이 들어서 생겼을 것이다.

또한 지금은 오스만 제국에서 독립해 나간 그리스, 발칸반도와 코카서스 지역 기독교 나라들이 오스만으로부터 겪은 차별에 대해 유럽인들이 느끼던 연민을 오스만 터키인들에 대한 증오로 왜곡시켰을 거라고 보기도 한다. 6.25 전쟁 때 미군이 쓴 기록을 보면, 참전한 터키인들이 중세시대처럼 수염이 덥수룩한 모습에 검을 들고 나타났고, 근대화가 덜된 야만인이라고 표현을 하고 있는 것을 보고 놀랐다. 하지만 유럽인들이 심어준 부정적인 이미지와는 대조되는 모습을 보여주는 사례도 찾다보면 수없이 많다. 그 한 예로, 콘스탄티노플을 점령한 오스만 술탄은 딱 3일만 약탈의 기회를 주었고, 그리스 서적과 문서들은 보호했으며, 아름다운 아야소피아 성당(지금은 박물관으로 불리지만)도 훼손하지 않고 그대로 두었다. 그 성스러운 건축물을 훼손시킨 사람들은 오히려 이슬람 세력이 유럽으로 확장되는 것에 분노한 가톨릭의 십자군 원정대였다는 것을 아야소피아 성당 안에 들어가 보면 생생히 알게 된다. 백번을 보고 또 봐도 감탄을 멈출 수가 없는 아야소피아 성당 안에 있으면, 우리가 서유럽 역사에서 가톨릭교와 개신교 사이의 충돌 때문에 서로에게 저지른 일들은 묵과 하면서, 이슬람 제국들에게는 너무 냉정하고 비판적이지 않았나하는 생각이 든다. 감자 기근 때 개신교 영국인에 의해 아일랜드 인구의 반이 굶어 죽었던 것, 정복한 식민지인들을 학살하고 문화를 파괴했던 유럽 제국주의 국가들, 또 스페인의 종교재판에서도 가톨릭의 잔인한 면을 엿볼 수가 있지 않은가? 이런 사례들을 볼 때 오스만들은 그나마 관대한 편이었다고 볼 수도 있지 않을까? 종교재판과 십자군 전쟁 때 박해를 받던 이탈리아와 스페인에 살던 유대인 도망자들을 포용한 것도 오스만 제국이라는 것을 일반인들은 잘 모른다. 오스만 술탄들은 비무슬림 시민들의 종교의 자유를 허락하면서 동화정책으로 기독교 자녀에게 궁정 보병인 예니체리Janissary와 같은 지위 상승의 기회를 주는 제도들을 시행하는 등, 타민족과 종교에 상당한 포용력을 보였다. 또한 스페인이 남미를 정복했을 때 노예로 부리던 아프리카인을 해방시킨 것도 오스만들이고, 2차 대전 때 폴란드와 독일 등 유럽에 살던 유대인들의 피난을 도와준 것도 터키인들이다. 아마 몰랐던 많은 사실들에 놀라는 이들이 많을 것이다. 사실 자연과 동물을 사랑하고 학문을 중시하는 이슬람 교리는 야만과는 거리가 있다. 종교가 정치와 잘못 결합되면 항상 불미스러운 일들이 생긴다는 것을 우리는 역사를 통해 배운다. 그러한 역사를 반복하지 않기 위해서 아직도 중세 제국주의의 사고방식에서 깨어나지 못하고 있는 일부 종교 계층의 의식을 깨우는 것도 현재 젊은 세대가 짊어지고 가야하는 책임 중의 하나이다.

여섯째, 많은 사람들이 터키가 무슬림 국가이기 때문에 술이 금지되어있을 거라고 생각한다. 인류의 시작과 함께 터키 지역 사람들은 와인을 마셨고, 고대 로마에 최고급 와인을 수출했다. 이슬람제국인 오스만 시절에도 그 전통은 계속 되었으며 영토 확장을 가장 크게 하고, 이슬람의 계승자, 칼리프 직을 최초로 계승한 술탄 셀림 2세를 비롯해 역대 술탄들 중에도 음주가무를 즐긴 이들이 많다. 하루도 와인 없이는 살 수 없는 예니체리 군인들의 목마름을 달래기 위해서 와인 생산은 계속 되었고, 그들을 위한 술집인 메이하네(meyhane)의 숫자도 나날이 증가했다. 19세기에는 술집과 오락문화가 절정에 달하면서 원래 기독교인들이 주로 이용하던 술집을 점점 무슬림 시민

들도 몰래 이용하게 되었다. 19세기 말부터 대량 생산되기 시작한 보드카와 비슷한 터키의 국민 술인 라크 Rakı 때문에 와인 섭취가 줄기 시작했고, 그래서 지금은 대부분의 포도는 건포도와 라크 제조에 쓰인다.

이슬람의 기본적인 교리 때문에 절제해서 마시고 공공장소에서는 마시지 않는다는 것을 지키려는 문화 때문인지 길거리에서 취한 사람을 한 번도 본적이 없지만, 터키인들에게 라크는 한국인에게 소주와도 같아서 그것을 금지시키는 것은 상상조차 할 수가 없다. 아이러니하게도 성지순례의 한 코스인, 가장 보수적이고 종교적인 도시로 알려진 코냐(Konya)가 터키에서 술 섭취량 1위라는 것을 알게 되면 충격일 것이다. 약간의 사설로, 술 이야기를 하다 보니 술탄 이야기를 해야 할 것 같아서 조금 하려고 한다.

오스만 역사에서 가장 중요한 인물 중에 하나인 술레이만 대왕은 알렉산더 대왕과 비교되는 극도로 청렴결백하고 엄격한 술탄이었고, 술 금지령을 비롯해 수많은 법령을 만들고 건축과 예술 부흥에 큰 힘을 쓴 대단히 존경받는 술탄이며, 최초로 궁녀와 결혼을 해서 스캔들을 일으킨 유명한 술탄이다. 술탄 셀림 2세는 그의 아들로, 술을 마시다 걸린 사람은 뜨거운 납을 입에 부어 처형할 정도로 끔찍했던 아버지에 질렸는지, 술탄이 되자마자 술 금지령을 폐지하고 평생을 "나는 오늘을 위해서 살고, 내일은 생각하지 않는다."라며 음주가무를 하며 보내고 외국 원정도 나가지 않았다.

셀림 2세의 아들인 무라트 3세도 외국 원정을 나가지 않은 술탄이며 제위 후기에는 사회가 불안정한 틈을 타서 예니체리 군사들이 자기를 왕위에서 몰아낼 음모를 한다는 강박관념에 휘말려서 아예 톱카프 궁전 밖을 나가지도 않았고 초상화와 그림에만 몰두했는데, 영국 엘리자베스 1세 여왕과 사이가 좋았던 것으로 알려져 있다. 엘리자베스 여왕이 보석이 박힌 거대한 태엽 오르간을 선물로 보냈을 때는 그 오르간은 조립을 하는데 3주나 걸렸다고 한다. 또한 여왕은 그에게 스페인의 아르마다 무적함대를 공격할 수 있도록 해군병력도 요청한 바 있다.

그를 이은 술탄 메흐메트 3세는 왕위를 계승하기 위해 19명의 형제를 목을 매달아 처형을 한 것으로 유명하다.

13살의 어린 나이에 왕위를 물려받은 술탄 아흐메트 1세는 바로 블루 모스크 건축을 명한 술탄이고, 아버지와 할아버지 때 인기가 있었던 유럽풍의 초상화를 금하고 급기야는 엘리자베스 여왕이 아버지에게 선물로 보낸 그 오르간을 때려 부수고 다시 순수 이슬람 예술을 부흥시켰으며, 술과 담배 그리고 커피까지 모두 금지시켰다. 발진티프루스로 일찍 사망하게 된다.

그를 이은 술탄 무라트 4세는 폭군이었고, 술을 금지한 본인이 술을 마시고 변장을 해서 밤에 길거리로 나가 술 마시는 시민들을 죽이며 돌아다녔고, 결국 술 때문에 생을 마감했다는 아이러니한 이야기들이 전해져 내려온다. 참고로, 영어로 'alcohol'인 술은 아랍어 'kohl'에서 유래되었다고 본다. '콜'은 이집트 여성들이 눈 아이라이너로 눈을 보호하기 위해 사용했던 화장품인데, 보드카, 위스키, 소주, 라크 등 증류 기법은 아랍인이 퍼뜨렸다.

마지막으로, 터키가 EU에 가입했는지 안했는지 헷갈려하는 사람들이 있는 것 같아 이것을 언급하려고 한다. 그럼 과연 터키가 EU에 가입하게 될 것인가? 한국은 OECD에 1996년에 가입했는데 터키는 우리보다 35년이나 빠른 1961년에 가입했고 그 전인 1949년에는 유럽 평의회 회원이 되었다. 하지만 1990년대 후반부터 EU 가입을 위한 행진이 거의 중단된 상태이고, 지금은 왠지 더 멀어지는 느낌까지 든다. 그 이유는 외교적으로 그리스 키프로스 섬과 아르메니아 학살, 그리고 쿠르드족 문제 때문에 EU 국가의 반대가 있어서이다. EU 가입을 위해 오랫동안 꼭두각시처럼 요구사항에 맞추는데 지치고 분노한 터키인들은 2014년 설문조사에 의하면 거의 80%가 EU 가입에 반대를 하는 것으로 나타났다. 터키 무역의 반 이상이 유럽국가와 이루어지고 있음에도 불구하고 무역업체들이 비자 때문에 왕래가 자유롭지 않아 이런 차별 대우에 못마땅해 하고 있다. 가깝고도 먼 이웃을 둔 터키인들이 참 안쓰럽다는 생각을 자주 한다. 예상처럼 2023년에는 EU 가입을 성사시킬 것인지, 아니면 그 전에 EU가 해산될 것인지는 두고 봐야겠지만, 터키보다 못사는 우크라이나와 조지아가 EU에 가입하게 되면 터키인의 분노가 더 심해지지 않을까 염려된다.

터키는 유럽 대륙에 단지 3% 밖에 걸쳐있지 않다. 이 3%로 인해 겪은 역사적인 영광과 수난을 돌이켜 보면 한이 맺힌 운명을 타고나지 않았나 싶다. 서양의 기독교와 동양의 이슬람을 연결할 수 있는 중요한 열쇠를 가지고 있는 터키, 8개의 국가와 국경을 하고 있는 터키는 지리적으로 복잡한 만큼 사람들의 삶도 다양하고 복잡해서 평생을 연구해도 다 이해하기가 힘들다는 것이 터키에 오랫동안 산 지인들과 전문가들의 의견이다. 터키에 살면서 사람들, 또 내가 가졌던 편견들이 사실과 다르다는 것을 배웠다. 그리고 터키에 대한 편견과 현실을 비교하면서, 서양사와 서양 문화의 잣대로 터키를 판단했던 한 사람으로서 부끄럽고 미안한감을 감출 수가 없었다. 이 책을 통해 독자들도 유럽의 동쪽, 동양의 서쪽인 터키를 한 발짝 가까이 느꼈으면 한다.

동서양을 한 밥상 위에, 오스만 궁전 요리사가 남긴 자취

터키를 여행하는 내내 먹는 것을 좋아하는 나의 미각을 자극하는 다양한 음식들이 눈 밖으로 벗어나질 않았다. 동네 골목마다 있는 상점들에는 과일과 채소들이 너무나 아기자기 예쁘게 진열되어있고, 하나같이 싱싱해 보였다. 재래시장에 가보면 무수한 종류의 식재료들을 볼 수가 있는데, 새로운 음식을 발견하는 재미로 사는 나의 오감을 매일같이 자극했다. 더 놀라운 것은, 그 많은 식재료를 이용한 요리들이 원조를 알기 힘들 정도로 주변 유럽, 북아프리카, 중동, 그리고 중앙아시아 음식과 흡사한 것이 많다는 것이었다. 보통 세월이 지나면서 식문화가 바뀌고 변형되면서 오래된 음식은 사라지고 새로운 음식이 자리를 차지하기 마련인데, 터키는 음식도 유산이라고 생각을 하는지 버리지 않는 것 같았다. 그 덕분에 내가 기존에 알고 있었던 요리들이 어디서 유래되고 전파되었는지를 공부할 수 있는 계기가 되었고, 음식에 대한 견문도 많이 넓어졌다. 그래서 터키는 나의 전 세계 식도락 여행을 정리하는데 참으로 유익했다는 점에서도 큰 의미가 있는 나라이기도 하다.

일단, 터키 요리는 인류 문명의 발상지인 메소포타미아 지역을 중심으로 흥망을 되풀이했던 많은 페르시아와 아랍 제국들의 식문화가 비잔틴 로마의 식문화와 섞임으로써 독특한 형태로 보존되고 발전했다는 특징이 있다. 그리고 비단과 향신료 무역로의 중심에 위치해 동양의 요리법과 다채로운 향신료가 사용되고 있다. 그러면서도 인도와 중동 국가와는 달리 향신료가 절제되어 사용되고 음식 본연의 맛을 살리기 위한 조리법을 선호한다는 것도 사람들이 의아해하는 사실이다. 실제로, 터키인들은 고기와 생선을 제외하고는 날 것으로 먹는 생식을 좋아하고, 요리할 때 마늘을 잘 넣지도 않으며, 자연 맛 그대로를 즐긴다. 그 때문에 대부분의 터키인들에게서 "인도 음식은 향신료 냄새가 너무 강해서 싫어!"라는 발언을 자주 듣는다. 이집트 바자에서 향신료 무역을 그렇게 오래한 나라인데, 향신료를 싫어하다니! 향신료를 팔기만 했지 비싸서 쓰지는 못하나? 아직 인도인들에게 물어본 적은 없지만, 인도인들은 터키 음식이 냄새가 난다고 하지 않을까? 아무튼 주변 국가들에 비하면 터키 음식에는 향신료의 사용이 적은 편이며, 특히 서쪽 에게 지방으로 갈수록 더욱 그러하다. 오스만 요리 책을 보면 강황과 사프란 등 향신료가 지금보다 더 폭넓게 사용되었던 것으로 보인다. 터키 음식 전통의 뿌리가 된다고 볼 수가 있는 우즈베키스탄 등의 중앙아시아 음식은 보통 면류와 만두 그리고 말고기와 염소 고기 등이었다. 하지만 서쪽으로 이동하면서 여러 식민지의 각 지역의 식문화와 섞여 점점 복잡하고 정교해지기 시작했다. 그래서 초기 술탄들이 가장 즐겨먹던 음식과 17세기 이후부터 술탄들이 즐겨먹던 음식은 큰 차이가 있다. 하지만 20세기에 들어 서구화와 함께 터키 음식 문화에 아랍적 요소가 점점 사라지고 유럽적 요소가 더욱 두드러지기 시작한다.

터키 요리를 세계 3대 요리로 끌어올린 결정적인 역할을 한 것은 당연히 오스만 제국시절 궁중 요리사들이 열정적으로 요리법을 개발하고 확립한 덕이다. 궁중 요리사들은 그리스, 발칸반도, 북아프리카, 아르메니아, 몽골 및 중앙아시아 등 오스만이 정복한 다양한 지역의 민족들로부터 최고의 요리와 조리법 만을 엄선해서 다듬고 발전시킴으로써 각 분야의 달인이 되도록 교육을 받았다. 그 결과 과일과 육류를 함께 요리하는 페르시아 요리, 그리스의 허브와 생선 요리, 흑해의 치즈와 빵 요리 등의 다채로운 요리 문화가 오스만 요리라는 명칭으로 탄생하게 되었다. 그러한 이유로 현재 오스만 제국하에 있었던 바그다드에서 부다페스트에 걸친 여러 국가들에서 터키 요리와 비슷한 것들을 찾아볼 수 있다. 그래서 터키를 여행하면 거의 전 세계 음식을 다 먹어볼 수 있다고 해도 과언이 아니다. 단지, 아시아 음식만 유독 흔하지가 않다는 것이 아쉬운 점이라고 할 수 있겠다. 음식들이 주변 국가들과 비슷한 경우가 많기 때문에 그들의 원조를 가리는 논쟁은 종종 정치 외교적 성격을 띠기도 한다. 한국이 김밥의 원조를 두고 싸우는 것과 매한가지인데, 김밥보다는 일본 마끼가 더 잘 알려진 이유는 마끼가 더 맛있어서일까 아니면 일본이 더 잘 사는 나라이기 때문일까? 터키 음식이 세계에 잘 알려지지 않은 이유도 한 맥락에서 추측을 해 보면 이해가 간다.

1453년에 콘스탄티노플을 점령하면서 600년이 넘는 오스만 제국의 화려한 역사의 막을 올린 정복자 술탄 메흐메트가 톱카프 궁전에 입궁을 하자마자 음식과 접대에 대한 중요성을 강조하며 야심차게 거대한 부엌을 확립시켰다. 그때부터 음식 예절, 재료의 신선도, 보관법, 조리법 등을 법률화할 정도로 엄격하게 정했는데, 요리를 제도화한 것은 인류 역사상 최초이며 서유럽보다 더 앞섰다. 까다로운 이슬람 율법이 그리스 의학의 아버지 히포크라테스와 갈레노스의 의학 서적에 바탕을 둔 조리법과 만났으니 그 결과인 요리가 얼마나 건강하고 섬세했을지 상상을 해 보아라. 유럽에서는 로마 제국이 무너지고 문명의 발전이 중단되었을 때 아랍인들은 과학과 의학 분야에서 유럽을 앞서갔다. 중세시대 많은 유럽 귀족들이 육고기와 술을 위주로 한 식단 때문에 통풍으로 사망하고 있을 때, 이미 아랍인들은 채소와 향신료를 바탕으로 한 건강식을 하고 있었다. 한 예로 '약으로써의 오스만 요리'란 글을 읽었을 때 음식 궁합에 대한 규칙이 너무나 많아서 놀랐는데, 그 규칙에 따르면 나의 식습관은 거의 모두 잘못된 것이었다. 혹시나 궁금해 하는 사람을 위해서 이슬람에서 생각하는 건강한 조리법이란 무엇인지 몇 가지 나열해 보겠다. '동의보감'에서 말하는 건강한 조리법과 어떻게 다른지 비교하면 상당히 흥미롭다.

일단, 생선은 달걀과 같이 먹어서는 안 된다는데, 북어국은 벌써 탈락이다. 두 번째, 양파와 마늘은 같이 먹어서는 안 된다는데, 세계 음식의 대부분이 탈락이다. 세 번째, 우유와 와인을 같이 먹으면 통풍, 요산 관절염이 생긴다는데, 그에 따르면 치즈와 와인을 같이 먹는 프랑스인들 식습관은 잘못된 것이다. 네 번째, 육류와 생선을 함께 먹으면 매우 위험한 질병에 걸린다는데, 한국 밥상에는 두 가지가 대부분 같이 나온다. 오삼불고기는 어떻게 해야 하나? 다섯 번째, 밥과 식초는 같이 먹어서는 안 된다는데, 일본 스시도 결국 이슬람 조리법을 통과하지 못하는구나. 여섯 번째, 생선을 먹은 후에는 물을 마시면 안 된다는데, 이것은 왜 그런지 이해할 수가 없다. 어쨌든 우리같이 몸의 음양에 따라 맞는 음식을 선택에서 먹는 것의 중요성을 강조한 것은 비슷해 보였다. 병원에서도 환자의 음식을 준비하는 일급 요리사를 고용했으며, 짠 음식을 담당하는 요리사와 단 음식을 담당하는 요리사를 차별화하였고 위생을 위해서 부엌에서 바로 환자에게 음식이 전달되도록 하였단다.

이렇게 식의학에 바탕을 둔 조리법은 유럽인을 깜짝 놀라게 했을 것이다. 하지만 7세기부터 이미 유럽인들이 아랍 문화에 접촉을 했음에도 불구하고, 11세기가 되어서야 아랍식 식의학의 중요성을 인식하고 급하게 번역 작업에 들어가는 등 그들의 식문화를 받아들이게 되었다고 한다. 그 중에서도 아랍의 식문화를 가장 빨리 받아들인 유럽 국가가 네덜란드, 스웨덴, 노르웨이 등 북유럽 국가라는 사실도 흥미롭다. 오스만 시절 초기에 수많은 술탄들이 본격적으로 당시 동서양의 여러 사신들과 외교관들을 접대하고, 크고 작은 국가적·종교적 행사와 잔치들이 자주 행해졌던 과정에서 전문 요리사를 양성하고 요리법을 개발하는 것은 중요한 관건이었다. 아랍과 페르시아 요리에 라틴 아메리카와 동아시아에서 들어온 각종 채소와 향신료가 더해지면서 오스만 요리는 점점 더 다채롭고 정교해지기 시작했다. 이처럼 다양한 오리엔탈 식문화를 포괄한 오스만 연회는, 접대의 규모적인 면과 정교함에 있어서 역대에 전례가 없다. 그래서 당시 오스만 궁전에서 초대를 받아 식사를 한 외국 대사관과 고위 관료들은 처음으로 맛보는 신기한 음식들에 대해서 수많은 문헌을 남겼는데, 그와 관련된 여러 가지 재밌는 이야기도 전해진다. 술탄들이 유럽 귀족들과 외교관들을 음식으로 제압을 하려고 해서인지 한번 접대를 할 때마다 백 가지 이상의 요리가 식탁에 차려졌다는 기록들이 있다. 또, 궁전 사람 뿐만 아니라 일반 농민들도 상당한 수준의 식문화를 누리는 것에 놀랐단다.

여하튼, 오스만의 요리사들은 신과 같은, 그리고 여러 가지 이유로 까다로운 술탄의 입맛을 맞추기 위해 평생을 목숨 바쳐 다양한 요리법을 개발하고 연구를 계속 해야 했고, 한 가지 요리에 대한 달인들이 되었다. 덕분에 유럽의 왕들이 요리사를 파견해 오스만 요리법을 전수받고 오도록 명령을 할 정도로 당시 오스만 궁전 요리는 주목을 받았다.

이런 과정에서 수많은 오스만 요리법들이 서양과 유럽으로 퍼져나갔으며, 그 예를 곳곳에서 찾을 수가 있다. 내가 처음에 터키에 왔을 때 그랬듯이 지금 현대인이 즐겨먹는 음식들의 원조가 이 땅에 있다고 하면 의아해하는 이들이 많은데, 제대로 알고 보니 유럽에 이슬람 국가들의 음식 문화가 상당한 영향을 끼쳤다. 커피, 리조또를 비롯한 쌀 요리, 크루아상을 비롯한 프렌치 페이스트리 디저트들, 캔디, 아이스크림, 술타나 라고 부르는 녹색의 씨 없는 포도, 술(!)까지 이슬람 국가가 시초인 음식을 나열하자면 끝도 없다.

요리가 동에서 서로만 전해진 것은 아니고, 당연히 서에서 동으로 흘러온 요리들도 많다. 특히 19세기에 엘리트층에 프랑스풍이 유행하면서 궁정에 프랑스 요리사들이 많이 고용되었고, 프랑스식 식사 예절도 도입되고 프랑스식 디저트와 요리들이 궁중 음식에 응용되기 시작했다.

제국주의가 끝나고 공화국이 탄생하면서 이슬람 종교와 오스만 제국과 관련된 모든 것을 폐지되고 궁중 요리사들과 하렘(궁녀)이 해산되었다. 그런 후에도 그 요리사들은 이스탄불 전역에 식당을 열어 계속해서 요리 기술을 대대로 전수해 나갔다. 그 덕분에 아직도 몇 대에 걸쳐서 한 요리만을 전문으로 하는 곳들이 많다. 터키 요리의 전통이 오랫동안 살아남을 수 있었던 이유고, 그래서 우리가 그것들을 현재 맛볼 수 있는 것이다.

터키 요리가 건강 요리라고?
무엇을 먹느냐 보다, 어떻게 먹느냐!

아마도 내 글을 읽으면서 터키 여행을 해 본 사람들은 고개를 갸우뚱거리며,

"뭐야, 여행 중에 케밥 밖에 먹은 기억이 없는데?"

"음식들도 전부 짜고, 디저트는 상상을 초월할 만큼 시럽에 절여서 당뇨병 걸리기 딱 좋겠더구먼"

이라고 반박을 하고 싶은 충동이 느껴질 것이다. 터키 여행과 관련된 방송이나 책에서
도 보통 터키 음식을 다룰 때, 케밥, 피데, 미트볼, 일명 쾨프테 이야기를 중점적으로
다룬다. '꽃보다 누나'에서도 술탄 아흐멧 쾨프테 식당을 갔었고, 수많은 블로그에서
도 케밥과 고등어 케밥에 대해서 많이 이야기를 한다. 한국 블로그의 영향으로 하루아
침에 스타가 된 고등어 케밥의 대가인 에민 아저씨도 박상면이 와서 방송 촬영을 했던
것처럼 여기저기에서 케밥 이야기는 끊이질 않는다. 하지만 현실은 케밥은 모든 중동
국가와 발칸반도 국가들에 모두 있는 음식이지 터키에만 국한 된 것이 아니고, 케밥을
터키 요리의 대표라고 하는 것은 상당히 좁은 시각으로 터키 요리는 보는 것이다. 그
래서 음식 관련 일을 하고 터키에 현지인과 생활을 하는 나로서는, 아직 터키 여행을
하지 않거나 준비 중인 사람들 사이에서 싹트고 있는 터키 현지 음식에 대한 궁금증을
조금이나마 이해하기 쉽게 알려주고 싶은 마음이 생겼다.

사람들마다 식습관이 다를 뿐더러 여행지에서의 경험과 기대감도 다르기 때문에
개인마다 의견의 차이가 있다는 것은 당연하다. 여러 나라를 돌아다니다 보면 각 나라
를 방문할 때마다 어디서 어떻게 먹어야하는지를 판단할 수 있는 촉이 발달할 뿐만 아
니라, 현지 음식을 현지의 환경과 문화 등을 고려해서 객관적으로 판단하게 되는 것
같다. 나도 처음 유럽 여행을 갔을 때는 프랑스에서 제일 맛없는 크레이프를 먹었고,
이탈리아에서 제일 맛없는 파스타를 먹었다! 둘 다 맛이 없어서 먹지도 못하고 잔뜩
남기고 화를 내며 식당을 나왔던 기억이 있다. 누구를 탓할 수도 없는 것이, 내가 선
택한 식당들은 모두 유명 관광지에 있었다. 이스탄불을 방문하는 관광객 대부분은 주
로 술탄 아흐멧 주변에서 식사를 하게 되는데, 그 주변 식당들은 거의 관광객의 입맛
에 맞게 요리를 하기 때문에 메뉴들도 비슷비슷할 뿐만 아니라 질적인 면에서도 많이

떨어진다. 잘 알고 있다고 생각해서 자신 있게 사먹은 케밥, 터키의 대표 음식인 그 케밥조차도 많은 여행자들을 실망시킨다. 호주, 독일, 프랑스 등 타지에서 먹었던 그 케밥, 채소 샐러드와 마늘 요거트 소스에 매운 하리사 소스까지 들어간 푸짐하고 환상적인 맛의 그 케밥, 친구들과 저녁에 술 마시고 집에 돌아가는 길에 항상 하나씩 먹고 헤어졌던 그 케밥…. 원조의 나라에서 먹는 케밥이 더 맛이 없다니, 도대체 어떻게 된 일인가?

❖ 도네르 케밥

　알고 보니, 케밥이란 명칭이 약간 혼란을 빚은 것 같다. 케밥은 터키어로 '구이'라는 뜻으로, 무조건 불에 구우면 케밥이라고 부른다. 생선을 불에 구우면 생선 케밥이 되고, 밤을 불에 구우면 밤 케밥이 된다. 케밥은 중동이 원조이고 주변 국가로 요리법이 전해졌지만 사실 나뭇가지에 고기를 꽂아 불에 굽는 것은 거의 원초적인 요리법이 아닌가 싶다. 우리가 보통 '케밥'이라고 부르는, 얇은 피타빵(pita)에 둘둘 말아서 먹는 패스트푸드는 '돈다'라고 하는 '도네르 케밥 Döner Kebab'이다. 도네르 케밥의 원조는 19세기 말에 원래 수평으로 굽던 케밥을 이스켄데르(İskender)란 사람이 수직으로 돌려 굽기 시작한 것으로, 이스켄데르 케밥이라고 불린다. 원조 이스켄데르 케밥은 양

질의 양고기를 24시간 재운다는 것과 접시에 담아 특별한 토마토와 버터 소스, 그리고 요거트와 함께 먹는다는 특징이 있다. 그런데 그것이 시간이 지나면서 낮은 등급의 소고기와 양 비계를 섞어 사용하고 피타빵에 싸 먹는 패스트푸드 형태로 널리 퍼졌고 그것이 다른 나라에서는 케밥이라고 불리는 것이다. 사실 터키에서는 바쁜 노동자나 학생들 빼고는 잘 먹지 않는 음식이다.

터키인들에게 케밥은 쇠꼬챙이에 구워진 고기가 접시에 구운 채소와 함께 나오고, 그것을 각종 채소 샐러드와 함께 빵에 싸 먹는 음식을 말한다. 케밥의 종류는 지역 이름을 따서 붙여지고 약간씩 맛이 다른데, 일본 꼬치처럼 작은 조각의 고기로 된 쉬쉬(şiş) 케밥도 있고, 한국인 입맛에는 아다나(Adana) 케밥이 매콤해서 가장 잘 맞는 편이다. 케밥에 여행객들이 기대할 만큼 특별한 맛의 비결이 있는 것은 아니다. 오히려 먹는 방식과 분위기, 그리고 한 상을 가득 채우는 각종 반찬류들이 더 흥미롭다. 고기의 지방인 중부나 동부 도시에서 먹는 고기의 맛은 확실히 다르다. 그래서 나는 이스탄불에서는 정말 단골집 말고는 케밥을 먹으러 가지 않는다.

고기 이야기를 늘어놓고 갑자기 터키의 고기 섭취량은 다른 나라에 비해 상당히 적다고 하면 다소 어폐가 있어보이겠지만, 과연 터키의 1인당 평균 고기 섭취량은 얼마일까? 2013년 식약청 통계에 의하면 한국 1인당 육류 섭취량이 44kg이 넘는다. 흠, 미국 평균인 15kg 보다 훨씬 높은 수치라 충격이었다. 그럼, 터키는 과연 얼마인가? 터키 방송 뉴스에서 들은 바에 따르면, 2014

❖ 쾨프테

년 기준 1년에 1인당 500g이란다!! 그렇다. 말도 안 된다. 그 통계를 풀이해 보면, 고기 판매량을 바탕으로 계산을 했기 때문에 동부 시골에서 직접 기른 양을 도살해서 먹는 것은 통계에 안 들어갔을 것으로 추정된다. 그럼에도 불구하고 1인당 고기 섭취량은 상당히 적다고 할 수 있겠다. 지금까지의 내 경험을 토대로 봐도 터키인들이 고기보다는 채소나 생선 위주로 먹는 것이 사실이고, 또 제일 많이 먹는 고기는 닭고기이다. 사실상 터키는 고기가 싸지 않기 때문에 많이 먹고 싶어도 먹을 수가 없다. 그래서 사람들은 다진 고기를 이용해 요리를 많이 한다. 그거 아는가? 한국인에게 이제 잘 알려진 터키 미트볼, 쾨프테(köfte)도 반은 고기이고, 반은 빵으로 만든다는 사실! 따라서, 남는 빵이 있으면 무조건 쾨프테로 둔갑을 한다. 다른 비밀 한 가지를 알려주자면, 전통 쾨프테 중에는 반 소고기, 그리고 반은 양 비계를 섞은 후 빵과 반죽을 하여 부피를 두 배로 불린 것들도 있다. 따라서 터키에서 미트볼을 먹고자 할 때는 양고기 맛에 민감한 여행자들은 소고기인지 양고기인지 미리 물어보고 주문을 하면 나중에 불상사를 막을 수 있을 것이다. 중상급 식당에서는 터키의 양고기 요리에는 대부분 어린 양이 사용되기 때문에 보통 사람들이 생각하는 거북스러운 냄새가 전혀 나지 않는다. 가끔은 양고기를 소고기인 양 착각하고 먹는 사람들도 많이 있다.

그런데 여기서 우리에게 익숙지 않아 오해를 하는 사람을 위해 양 비계에 대해서 언급을 해야 할 것 같다. 터키와 중동 지역 요리에 쓰이는 중요한 기름 공급원이 바로 이 지역에서만 자라는 '뚱뚱한 꼬리 양'이다. 낙타처럼 꼬리에 지방을 축적해서 긴 사막의 여행 기간에 영양분으로 쓴다고 하는데 진화의 법칙의 산물이라기보다는 인간에 의해 개발되었다고 한다. 예전에는 이 양의 꼬리에 줄을 달아서 짐을 끌게 했단다. 이 지역에는 이 꼬리 기름으로 모든 요리를 했다. 하물며 디저트까지도 양 꼬리 기름으로 만들었다는 사실을 알면 놀랄 것이다. (기름이 부족했던 한국도 예전에는 돼지기름으로 요리를 많이 했었다.) 다른 동물 기름에 비해서 발열점이 낮다보니 요리에 유용하고 맛도 버터와 비슷하다고 하고 콜레스테롤 함량도 적다고 한다. 그래서 이 지역 사람들은 이 기름을 즐기고 그 맛에 길들어 있다. 하지만 요즘은 이 꼬리 비계를 구하는 것이 쉽지가 않기 때문에 소기름이나 등급이 낮은 양기름으로 대체를 하는데, 그 경우 냄새가 더 구린 경우가 많다.

터키는 암 발생률이 낮은 나라에 속한다. 통계를 보면서 프랑스, 노르웨이 등 선진국이 암 발생률이 제일 높다는 사실을 알고 놀랐고, 한국도 상위 5위에 있어서 더욱 놀랐으며, 터키는 50개국 사이에 들지 않는다는 것에 충격을 받았다. 나의 추측을 완전히 뒤집는 통계였기 때문이다. 그래서 혼자 곰곰이 왜 그럴까 생각을 해 보았다. 일단, 터키인들이 스트레스를 안 받아서일 거라는 것이 첫 번째 추측이고, 두 번째는 이들의 식습관 때문일 거라는 추측이다. 지중해 식단이 제일 건강하다는 말은 귀가 닳도록 들어서 더 이상 설명이 필요 없을 것이다. 터키 인구의 대부분은 이스탄불과 앙카라에 집중되어있고, 그 외에 북쪽 흑해 연안, 그리고 서쪽 에게 해와 남쪽 지중해를 끼고 분포되어 있다. 이들의 생활 모습은 고대와 중세 시대와 비교해서 크게 달라진 바가 없다. 기르는 소와 양 젖으로 만든 요거트와 치즈를 먹고, 햇볕이 좋은 밭에서 자란 농작물을 먹으며, 요리를 할 때는 올리브유 또는 헤이즐넛이나 해바라기씨 오일 등 너트(nut) 오일을 쓰고, 조미료 없이 자연 맛 그대로 먹는 식습관을 아직도 고수하고 있다. 기름진 음식이 많지 않은 한국 요리에 익숙한 사람들은 기름이 둥둥 떠 있는 터키 요리들을 보고 종종 놀라곤 하는데, 몸에 해로운 소기름 또는 팜유나 콩기름이 아니니 안심해도 된다. 기름도 몸이 필요한 중요한 영양분이니 두려워하지 않길 바란다. 마찬가지로 지독하게 단 음식도 생각해보면 당분 섭취량에 큰 영향을 미치지 않는다. 한국 음식은 요리에 설탕이나 당이 들어가는 경우가 많은 반면, 터키 음식에는 디저트 이외에는 당분이 들어간 음식이 없다. 그래서 계산을 해보면 설탕을 섭취하는 양은 매한가지라고 본다. 오히려 식사 이외에 군것질을 하는 것이 비만의 주요인이라고 생각한다.

과일을 좋아하는 사람들에게 터키는 정말로 천국이다. 봄에서 여름으로 넘어가는 계절은 채소와 과일을 좋아하는 사람들의 오감을 자극하는 최고의 계절로, 딸기를 시작으로 다른 나라에서는 비싸서 먹기 힘든 맛난 체리들이 시장을 가득 메우고, 동네마다 리어카에 체리를 싣고 팔러 다니는 아저씨들도 많아 체리의 유혹을 피할 수가 없다. 딸기들은 색깔부터 빠~알갛고 단 냄새가 진한 것이 어렸을 때 부모님과 함께 봄마다 딸기 농장에 가서 직접 딸기를 따먹었던 기억, 그리고 그 딸기로 엄마가 만들던 딸기잼 냄새까지 회상케 한다. 체리가 한창일 때는 킬로에 3천 원도 채 되지 않아 하루 종일 쉴 새 없이 먹어대는데, 체리가 질려간다 싶을 때 또 살구가 등장한다. 그리고 그와 함께 멜론과 수박을 잔뜩 실은 트럭들이 도로가에 보이기 시작하는 등 과일 행렬은 끊이질 않는다. 그야말로 채식주의자의 천국이 아닐 수 없다. 청과점이나 동네에 일주일에 한 번씩 서는 재래시장에 가보면 온통 채소와 과일 뿐이다. 그곳에 차곡차곡 정결하게 진열되어 있는 푸짐하고 싱싱한 채소들을 볼 때마다, "그래, 이런 싱싱한 것을 왜 요리를 하겠어, 그냥 먹지"라는 생각과 함께, 아시아와 유럽에 걸친 넓은 지역에 위치한 덕에 다양한 기후 지대를 포함해 제철에 자국 농산품을 즐길 수 있는 터키인들이 부러워진다.

❖ 시장 풍경

내가 터키인의 식습관에서 특히 존중하는 부분은, 전채요리, 메인 요리, 후식 세 코스를 지키는 습관이 몸에 베어있다는 것, 그리고 함께 먹어야 할 것과 먹지 말아야 할 것들에 대한 구분이 확실하다는 것이다. 어떻게 보면, 까다롭고 융통성이 없다고 보일 수도 있지만 내 의견은 조금 다르다. 만족감과 포만감을 느끼기 위해서는 5가지 맛이 다 충족되어야 한다는 기본을 충실히 지킨다는 점을 높이 산다. 코스 식사에 익숙하지 않은 한국인들은 식당에서 한 요리만 시키고 그것을 당연히 생각한다. 하지만 프랑스와 터키에서는 한 요리만 시키면 외계인 취급을 받기 십상이다. 이들은 메인 요리를 먹기 전에 식욕을 돋우기 위한 전채 요리로 스프나 샐러드 또는 반찬 같은 소량의 전채요리인 메제(meze)를 먹는 습관이 있기 때문이다. 이러한 이유로 한국인들과 식당에 갈 때 난감한 경우가 종종 생긴다. 메인 요리만 시키는 우리에게 웨이터들이 항상 "애피타이저는 안 필요해? 정말?"하고 두세 번씩 확인을 하기 때문이다. 메인 요리를 마치고 나면 웨이터들이 "디저트는? 커피나 티라도?"라고 질문을 하는데, 이들은 'No'를 'No'로 받아들이지 않고 정말 차 한 잔이라도 마셔야 식사를 마친다는 신념이 강한 탓인지 가끔 공짜로 차를 가져다 줄 때도 있다. 그렇다 정말 공짜다. 터키는 빵 인심이 좋다고 했는데 차 인심도 좋다. 나는 아직도 추운 겨울에 셀축 여행을 하다가 미니버스 안에서 깜빡 잠이 들어 종점까지 갔었을 때, 도로 한복판에서 떨고 있는 나에게 따뜻한 차 한 잔을 건네준 주유소 아저씨가 생각난다. 아직도 미소로 차 한 잔을 살 수 있다는 것, 생각만 해도 마음이 따뜻해지지 않는가?

터키인들을 아직도 음식을 감사히 먹고 음식을 차린 사람의 정성에 큰 가치를 둔다. 이들은 식사를 시작하기 전에 항상 '맛있게 드세요'라는 뜻으로 '아피엣 올순(Afyet olsun)'이라고 말을 하고, 식사를 마치고 난 후에는 음식을 준비한 사람에게 '손에 축복(건강)이 있기를'이란 뜻으로 '엘리네 싸아륵(Eline sağlık)'이라고 말을 해준다. 식사 중간에도 음식이 맛이 있으면 칭찬과 감사의 의미로 '엘리네 싸아륵'이라고 해주기도 한다. 음식이 풍족한 사회에 살다보니 오히려 음식을 가리고 투정을 부리는 현대인들이 늘어 가는데, 풍족한 음식과 먹는 행위의 소중함을 항상 표현하는 문화가 참 아름다워 보였다.

이와 같이 터키의 종교적 가치관과 전통적 관습은 터키인의 식문화에 대체로 긍정적 영향을 미치는 반면에, 터키 음식이 국제적으로 대중화되는데 걸림돌이 역할을 하는 부정적 영향도 있다. 왜냐하면, 터키인들은 요리를 할 때 뽐내거나 장식하는 것보

❖ 메제(meze)

다는 많이 먹이고 먹는데 치중하는 경향이 있고 돼지고기를 비롯해 종교적인 이유로 금기시 되는 음식들이 있다는 점 때문이다. 굳이 한 가지를 덧붙이자면, 정치 외교적 이유로 터키인의 여행이 자유롭지 않다 보니, 외래문화가 들어오기 힘들고 따라서 그들은 외국 음식에 대해 잘 알지 못하고, 잘 알지 못하기 때문에 편견과 두려움이 있다. 그래서 터키인들이 외국 음식을 시도하는 것을 꺼려하고, 이것이 간혹 터키인들의 입맛이 보수적이고 자국 음식에 대한 자부심이 지나치게 강한 것으로 비춰지곤 한다. 하지만 생각해 보면, 한국도 90년대까지는 제대로 된 이탈리아 식당을 찾기가 힘들었던 것을 생각하면 너그럽게 이해를 해야 할 것이다. 터키에서는, 아직은 이탈리아 식당 요리사가 이탈리아도 한번 다녀오지 않은 경우가 많고, 일반 서민들에게 서양 음식의

상징은 케첩, 마요네즈, 피자가 전부인 것이 현실이다. 그래서 되도록 터키에서는 터키 식당 외에 다른 외국 식당은 잘 가지 않는다. 사람의 입맛은 여러 가지 음식을 다양하게 먹어 보면 변하기 나름이다. 나도 어렸을 때는 계란에 케첩 뿌려먹고, 양배추에 마요네즈랑 케첩을 비벼서 맛있게 먹었었다. 하지만 지금의 나는 설

탕과 각종 인공 조미료가 들어간 토마토 소스의 맛을 뒤로 한 지 오래다. 터키는 토마토가 맛있고, 아주머니들이 직접 갈아서 삶고 또 햇볕에 쨍쨍 말린 토마토 페이스트가 풍푸해, 지금은 석류 엑기스, 포도 당밀, 식초 등을 넣고 직접 집에서 만들어 먹고 있다.

터키 요리를 경험하는 것은 잊혀져가는 수세기, 아니, 수십 세기에 걸친 역사를 되짚어보는 시간 여행과 같다. 또한 동양과 서양의 사고방식이 어떻게 음식 문화에 영향을 미치는지도 생각하게끔 한다. 현대화된 식습관에 익숙한 사람들에게는 어쩌면 터키 요리가 도전으로 다가올 수가 있다. 왜냐면 눈으로 봤을 때는 화려함이 없기 때문이다. 하지만 함께 나눠 먹는 잔치와 행사를 중심으로 식문화가 발전을 한 덕분에 음식 하나하나에는 역사와 사연이 있다. 어쩌면 한국 음식이 외국인으로부터 극과 극의 반응을 받는 것과도 마찬가지인 것 같다는 생각이 든다. 왜냐하면 동양의 음식에는 철학이 담겨있기 때문이다. 이토록 깊은 터키 요리의 역사와 전통에도 불구하고, 프랑스, 이탈리아 음식은 잘 알려져 있고 높이 평가되는 반면, 터키 음식에 대한 우리의 관심은 부족한 경향이 있다. 그것은 아마도 유럽 등지의 서양 요리와는 접할 기회가 많다보니 자연스럽게 익숙해졌기 때문일 것이고, 또한 터키가 중동 국가와 맞물려 있어서 향신료를 많이 사용하지 않을까하는 우려 때문에 한쪽으로 밀어놓았던 것이 아닐까 싶다. 한국은 외래 음식이 들어온 역사가 그다지 길지 않다보니 향신료에 익숙하지 않고 큰 거부감을 갖는 사람이 아직 많은 것이 사실이다. 나 또한 처음에 태국 요리를 먹었을 때, 코리앤더, 한국어로는 고수라고 불리는 허브 향 때문에 속이 울렁거려 한동안 태국 요리를 피했던 적도 있다. 그런데 어느 순간 그 고수의 진미를 알고 나서는 고수 향이 그리워지기 시작했다. 이처럼 뭐든지 알아야 더 잘 즐길 수 있고, 선입견을 벗어야 경험과 생각의 폭이 넓어진다는 진리를 음식을 통해 배운다.

지금은 해외 여행자들이 많아서 덜 하긴 하지만, 한국에도 서양 음식이 들어오면서 '맛집 = 유럽식 레스토랑'이라는 개념이 생겨 무조건 치즈와 크림이 많고 한 접시에 예쁘게 담아서 나오면 고급 식당이라고 오해를 하는 사람들이 꽤 많았다. 따라서 레스토랑 요리와 외식 문화를 바탕으로 어떤 나라의 음식 문화 수준을 평가하는 개념으로는, 조촐해 보이는 터키 식단이 높은 점수를 받을 리가 없다. 프랑스를 비롯한 다른 나라에서는 외식을 하는 것이 생일, 데이트, 밸런타인 등 특별한 날을 기념하기 위해서 또는 새로운 요리를 경험하기 위한 기회로 여겨지는 반면, 터키에서는 외식은 집에서 요리하기 귀찮을 때, 혹은 단순한 사교 활동 목적으로 하는 것이라 여긴다. 그래서 대부분의 식당들이 새로운 요리를 개발하기 보다는 그냥 한 끼 떼우는 식의 음식에 치중하는 경우가 보통이다. 터키에 사는 재외국인들 사이에서 맛집이나 독특한 요리를 하는 식당을 찾기 힘들다는 불평을 많이 듣게 되는 것도 그 이유 때문이다. 그래서 현지인이라면 아마 외국인들이 모르는 맛집을 알고 있지 않을까 하고 주변 터키인들에게 맛집을 추천해 달라고 할 때마다 그들은 이구동성으로 '우리 엄마집', 또는 '가지안텝 또는 하이타이' 등 다른 도시들을 언급한다. 터키인들조차도 이스탄불에서는 터키 요리를 제대로 맛있게 하는 식당을 찾기가 힘들다는 것을 인정하는 듯하다. 결론적으로, 터키에서 맛있는 음식을 먹기 위해서는 가정 요리를 맛보기를 권한다. 터키 가정에서 식사를 해 본 이들은 식당과는 비교가 되지 않는 맛있는 음식에 감탄하고, 음식 하나하나에 자연과 사람에 대한 사랑이 담겨있다는 것을 느끼게 될 것이다.

한국도 이제는 자연식을 하는 사람들이 늘어가고, '슬로우 푸드' 붐도 일어나고, 귀농 인구도 늘어가고 있다. 세상은 돌고 도는 것처럼 이제는 현대 식습관으로 인해 생겨난 각종 질병과 부작용을 인식한 사람들이 옛 맛으로 눈을 돌리고 있다. 그러한 현상이 유럽에서도 일어나고 있어서 육류를 기본으로 한 서유럽의 식문화에 식상한 유럽인들 사이에 자연식 그리고 채식주의 문화가 그대로 살아있는 터키 요리를 배우려고 하는 관심이 높아지고 있다. 나도 터키에 살면서 자연에서 나는 재료로 요리를 하고 요거트, 치즈, 빵 만드는 것을 배운 경험들을 요즘은 요리를 하면서 유용하게 쓰고 있다. 아마도 다른 여행자들도 여행을 하면서 몇 가지 요리들을 배워 가면 밥상을 건강하고 풍요롭게 만드는데 도움이 되지 않을까 생각을 해 본다.

터키 아침 식사에 담긴 특별한 이야기들

외국 여행을 다녀온 터키 친구들 사이에서 가장 많이 듣는 이야기가 다른 나라 호텔 아침 식사 때문에 제일 고생한다는 것이다. 왜냐면, 간단히 토스트에 커피나 차 또는 시리얼을 먹는 것은 터키식 아침 식사에 비교하면 너무 부실하기 때문이다. 터키는 아직도 아침 식사가 하루에서 제일 중요한 식사이고, 토마토, 오이는 기본으로 치즈, 올리브, 햄, 계란, 잼, 꿀, 과일 등등 저녁 식사처럼 많이 먹는다. 터키 친구들은 내가 아침 식사로 요거트를 먹는다고 말하면, 마치 내가 못 먹을 것을 먹은 양 눈이 동그래진다. 이들에게는 아침, 점심, 저녁 식사가 정확히 구분되어 있다. 해외에 살면서 다른 나라의 식문화를 살펴보면, 한국은 아침, 점심, 저녁에 먹는 음식들에 명확한 구분이 없는 것 같다는 생각도 자주 하게 된다. 부모님이 터키에 놀러오셨을 때, 아침부터 된장찌개를 끓여 드시는 것을 보고, 남자 친구가 놀랐던 적도 있다.

❖ 아침 식사 테이블

터키의 아침 식사는 워낙 푸짐해서 거의 관광 상품의 하나로 얘기가 될 정도이다. 어떤 식당들은 일요일 아침 오픈 뷔페 식사 메뉴에 100가지 종류의 다양한 음식을 내놓는 등 경쟁이라도 하듯 많은 가짓수를 자랑하기도 한다.

또 아침 식사를 하기 전에는 커피를 마시지 않는다. 빈 속에 독한 커피가 들어가면 안 좋다고 생각하기 때문이다. 그래서 아침밥이란 단어가 터키어로 '카흐발트(kahvaltı)'로 '커피(kahve)'와 '전(altı)'가 합쳐서서, '커피 전에 먹는 식사'란 뜻이 된 것이다. 신세대들 중에는 유럽인들처럼 아침을 커피로 시작하는 사람들이 간혹 있기는 하지만 놀라울 정도로 드물며, 터키식 아침 식사를 먹을 때는 항상 차를 마신다. 그리고 이들은 하루를 늦게 시작하는 편이어서 가게들도 문을 늦게 열고 대신 늦게 닫는다. 터키인들에게 아침 식사는 하루 중 가장 중요한 식사이며 회사나 학교에 늦는 한이 있더라도 꼭 먹어야한다는 일념을 갖고 사는 듯, 아침부터 이것저것 준비하느라 온 가족이 부산한 경우가 많다. 주변에 학교에서 일하는 교사들에게서 듣는 이야기들 중 하나가 학생들이 늦었을 경우 왜 늦었냐고 물으면, "아침을 먹느라고요."라는 대답을 종종 듣는다는 것이다. 참 깜찍한 이야기가 아닐 수 없다. 이 대답은 초등학생이 아닌 21세기에 고등학생과 대학생의 입에서 나온 말이라 더욱 놀랍다. 한국 학교에서 교사가 같은 대답을 들으면, 아마도 "남과 1분 1초를 다투는 세상에, 밥 먹을 시간이 어디 있어!"라고 혼을 내지 않을까? 하지만 이는 지금 시대에야 나타난 현상이고, 우리 옛날 어르신들은 아침 식사의 중요성을 항상 강조하셨다. 터키에서는 아직도 아침 식사가 중시된다. 일을 중시해서 아침을 건너뛰는 한국인, 음식을 중시해서 지각을 하는 터키인. 둘 중에 어느 것이 더 올바른지, 두 문화에서 살아본 나로서는 판단하기가 어렵다. 이성을 죽이고 본능만으로 판단을 한다면 당연히 후자를 선택할 것 같다.

터키 가정집에서 아침 식사를 해보는 것만큼 그 문화를 제대로 경험할 수 있는 방법이 없을 것이다. 터키인들은 손님을 신이 주신 선물이라고 여기기 때문에 낯선 이를 접대할 때도 온갖 정성을 다 쏟아서 상을 차리고 환영한다. 사진에 있는 음식들이 두 명을 위해 준비된 것이라면 놀랄 것이다. 먹다가 더 이상 음식을 용납 하지 않는 배를 원망하며 남길 수밖에 없었던 음식들을 보니 예고 없이 불쑥 데리고 간 친구와 나를 위해서 정성껏 한상차림을 준비하신 분들이 생각난다. 일단 터키의 모든 식사는 식탁보를 까는 것으로 시작된다. 터키 시장을 구경하다 보면 식탁보를 파는 가게들을 많이 보게 되는데, 터키 가정에서 하루를 지내보면 왜 그렇게 식탁보를 많이 파는지 알게 될 것이다. 전통적으로 터키인들은 한국처럼 좌식 문화였고 그래서 바닥에서 동그란 밥상에 둘러앉아서 식사를 했다. 도시인들에게는 서양의 식탁 문화가 더 넓게 보급되어 있지만, 아직도 시골에서는 밥상에서 식사를 하는 가정이 많다. 밥상을 덮는 식탁보는 크기가 커서 사람이 앉았을 때 무릎까지 덮는다. 그럼으로써 그 식탁보는 음식, 특히 빵 부스러기가 옷이나 바닥에 떨어지는 것을 방지하고, 보통 식사를 할 때 손을 이용하는 경우가 많다보니 손을 닦는 냅킨 역할도 했다. 식사를 다 한 후에는 식탁보의 끝자락을 들어서 조심스럽게 밥상 위로 올려놓고 물러나면 모든 뒷정리가 끝나는 것이다. 내가 처음 터키어로 소프라(sofra), 즉 '밥상' 이야기를 접했을 때, 그 밥상에 담긴 깊은 의미와 지혜로움에 감탄을 했었다. 그 후로는 식탁보를 소중하게 취급하기 시작을 했고 식탁보를 깔면서 밥상 위에 오를 음식들을 머릿속에 그리다보면 배에서 신호가 오기도 한다. 이 식탁보는 절대 재사용을 하지 않고, 상을 새로 차릴 때마다 다른 식탁보를 사용한다. 그렇기 때문에 집집마다 식탁보를 여러 장 가지고 있는 것이다. 야외 피크닉을 할 때도 항상 식탁보로 야외 테이블을 덮을 정도로 식탁보에 대한 애착이 강하다는 것도 참 신기하다.

터키 아침 밥상을 보면 터키 전체가 보이며, 터키가 얼마나 풍요로운 나라인지를 눈으로 확인할 수가 있다. 경제적인 부유가 전부가 아니라는 것을 피부로 느낄 정도로 몸과 마음을 살찌게 하는 건강한 음식들로 가득하다. 가장 기본적인 식단은 빵, 치즈, 토마토, 오이, 올리브, 과일, 잼, 가끔 달걀과 햄 류 등으로 구성되는데, 모든 재료들은 터키 전 지역에서 생산되는 제철 음식들이며 가족과 손님들에 대한 사랑과 접대 의식을 충분히 반영한다. 내가 소개하고자 하는 아침 식사는 호텔 조식이 아니라 가정에서 먹을 수 있는 특별한 음식들인데, 그 전에 먼저 치즈 이야기를 약간하고 넘어갈까 한다.

터키 치즈는 땅이 넓은 만큼 어느 지역에서 만들어졌느냐에 따라 종류가 여러 가지여서 골라먹는 재미가 있다. 가장 흔히 먹는 치즈는 터키어로 '베야즈 페이니르(Beyaz peynir)' 인데, 고대 그리스 시대부터 만들어 먹었다. 다른 나라에서는 그리스어인 '페타(feta)'로 더 알려진 이 치즈는 비잔틴 시대에 그리스인들이 많이 먹었다는 기록이 있고, 대부분은 염소나 양우유로 만들어 더욱더 건강에 좋다. 최근에 들어서 한국에서도 염소우유가 영양적으로 우수하다 해서 산양우유니 뭐니 인기가 높아지고 있는 추세인데, 염소와 양우유는 사람의 모유와 성분이 비슷해서 영양가도 많고 가공을 하지 않아도 되며 소화도 잘 된다. 따라서 혹시 우유와 치즈 등 유제품을 꺼리는 사람들이 있다면, 터키에서 염소치즈의 맛에 한번 빠져보는 것도 좋을 듯하다. 나도 처음부터 염소치즈를 좋아했던 것은 아니다. 하지만 먹을 수록 고소하고 맛있는 이 치즈에 빠져들었다. 특히나 건강에도 좋다니 일석이조가 아닌가!

다만, 이 치즈는 꽤 짠 편이라 짠 음식을 부담스러워하는 사람에게는 일명 '시골치즈', 터키어로는 '쾨이 페이니르(köy peynir)를 권한다. 토속적인 입맛을 가진 나의 아빠조차도 그 치즈는 맛이 두부 같다고 하시며 맛있게 드셨다. 일반 하얀 치즈보다 시골 치즈가 입에 더 맞는 경우가 많긴 하나, 나는 이제 입맛이 터키인이 다 되었는지 단 것과 짠 것을 번갈아 먹는 매력에 빠져버린 듯 하다.

❖ 치즈

베야즈 치즈가 조금 짜다고 생각되면 토마토와 빵과 함께 먹어보아라. 여름에는 달고 시원한 수박과 함께 먹어보아라. 어렸을 때 온 가족이 둘러앉아서 수박 안을 수저로 파고 우유와 설탕을 넣어서 만들어 먹었던 수박 화채와 같은 맛을 느낄 수가 있다. 지중해 나라에서는 치즈와 수박을 함께 먹는 것이 흔하다. 한국인이 반찬을 먹고 밥을 먹듯이 터키인들은 치즈를 한입 먹고 빵 한입을 먹거나 같이 먹는다. 술안주로 먹지 않는 이상 치즈만 그냥 무턱대고 먹는 사람은 없다. 한 터키 친구가 해 준 속담이 갑자기 떠오른다. 그 친구의 번역에 따르면, "예로부터 치즈를 빵, 양파, 잼 등과 같이 먹어야지, 치즈만 먹으면 머리가 나빠진다."라는 의미를 가진 속담이었다.

치즈는 저장 식품의 일종이기 때문에 당연히 짤 수밖에 없는데, 특히 유럽에 비해서 기후가 높은 터키의 치즈는 장기 저장을 위해 염분 함량이 더 높은 것이 사실이다. 그래서 이런 흰 치즈는 간수에 담아 보관하며 먹기 전에 10분정도 생수에 담가 소금기를 약간 빼고 먹기도 한다. 또한 이러한 치즈들은 요리에 자주 사용하기 때문에 따로 소금을 넣지 않고 치즈 오믈렛이나 빵처럼 치즈의 염분만으로 짠맛을 내기도 한다. 그래도 치즈가 짜다고 느껴지면 꿀을 발라서 함께 먹어보아라. 짠맛과 단맛이 입안에서 환상적인 새로운 맛을 만들어내어 그 맛에 매료될 것이다. 특히, 치즈와 함께 예로부터 꿀은 자연과 신이 준 선물로서 음식 문화에 중요한 요소였으며 야생 허브들이 많은

❖ 아침 식사, 잼, 치즈, 꿀

터키 땅에서 난 꿀이라 맛도 특별하다. 터키에 살면서는 꿀을 벌집채로 먹는 것이 보통
이 되어버렸다. 한국에서는 비싸고 귀한 토종꿀을 이곳에서는 실컷 먹으며 지내고 있다.

　나는 운이 좋게도 친구(지금의 남편)의 부모님이 이스탄불 시내에서 약간 떨어진
베이코즈(Beykoz)라는 동네에 살고 계셔서 가끔씩 도시의 소음을 피해 종종 놀러가
곤 했다. 시내에서 불과 차로 20-30분 거리에 산림이 우거진 지역이 나오는데, 여름
마다 그 동네를 산책하며 체리와 복분자를 따 먹었던 추억들이 있다. 이 동네 사람들
거의 대부분이 텃밭에서 직접 채소를 기르고 있으며, 소와 닭을 기르는 이웃들에게 우
유를 받아 직접 요거트를 만들고 달걀도 받는 등 자연과 함께하는 전원생활을 하고 있
다. 계절마다 다른 색과 향기로 가득한 이 동네에 가면 숨통이 트인다. 시끄러운 도시
의 소음에서 잠시라도 벗어날 수 있는 황금 같은 시간이다. 그냥 정원의 나무 그늘에
앉아 책을 읽을 때가 가장 행복한 시간이라고 느껴지는 것을 보면, 내가 나이 들어간
다는 것이 실감 난다. 아니면 터키가 나를 하루아침에 부쩍 성숙하게 만든 것일까? 동
네를 산책하다 보면 계절마다 다른 야생초를 캐고 헤이즐넛이나 밤을 따고 줍는 사람
들이 어김없이 눈에 들어온다. 도심 속 시골이다 보니 젊은 부부들도 꽤 있고, 외국인
을 보는 것이 신기한 동네 아이들은 나를 항상 빤히 쳐다본다. 이제는 낯이 익어서 나
를 보면 '헬로우'하며 말을 거는 아이들도 있고, 쑥스러워서 부모님을 졸라서 나를 보
러 오는 아이들도 있다.

　특히 내가 주말마다 그곳에 가는 이유는 요리를 잘하시는 그 친구의 아버님 때문
이었다. 이 분은 내가 터키 요리뿐만이 아니라 터키 사람과 문화에 빠지게 되는데 특
별히 큰 역할을 하셨기에 언급을 하려고 한다.

터키 남자가 요리를 한다고?

이 또한 외국인들이 갖고 있는 편견 중의 하나인데, 터키 남자들은 먹는 것에만 열정이 있는 것이 아니라 요리를 하는 것에도 열정이 있다. 오스만 궁전 요리사들도 간단한 베이킹과 절임 음식 만드는 사람 빼고는 모두 남자였고 현재도 식당의 요리사들은 대부분 남자이다. 요리가 생고기를 다듬고 국수를 빼고 무거운 팬과 요리 기구들을 다루는 등의 육체적인 노동을 요하기 때문에 어쩌면 남자에게 더 맞는 직업인지도 모르겠다. 그러고 보면 유명한 스타 요리사들 중에 남자가 많은 것도 그런 이유에서가 아닐까? 아니면 남자가 미각이 더 좋아서일까? 어쨌든 이 친구의 아버지는 요리하고, 새로운 레시피를 시도하는 것을 너무나 즐기신다. 그래서 어머니께서는 부엌일은 거의 남편에게 맡기고 가끔씩 간단한 디저트나 잼 같은 것을 만드실 뿐이다. 매주 나에게 새로운 요리, 특히 진짜 터키 요리를 보여주시려고 정성을 다해 마련하신 음식들을 먹으면서 터키 식문화를 보는 새로운 시각을 갖기 시작했다. 아마 이 분이 아니었다면, 식당에서 먹는 터키 음식에 일찍 좌절 했을지도 모른다. 생각해보면 한 주도 똑같은 음식을 먹은 적이 없다. 텃밭에서 딴 유기농 채소로 차려진 식탁은 보기만 해도 배가 부르고 건강해지는 느낌이다.

터키 사람들은 고추와 피망을 무척 좋아한다. 특히나 아삭 고추 같이 파랗고 긴 맵지 않은 고추를 통째로 먹는다. 보통 요리의 장식용이나 향을 위해 약간씩 쓰는 파슬리를 비롯한 각종 야생 허브들도 그냥 소나 양처럼 야금야금 먹는다. 터키인들이 자연식을 좋아한다고 하지만 가끔씩은 풀을 뜯어먹는 양이 된 기분이 들 때도 있다.

항상 내용물이 다른 오믈렛 또는 삶은 계란은 기본이고, 집에서 만든 각종 과일 잼부터 야생 과일인 오디와 복분자 잼 등 자연에서 나는 모든 과일들을 이용한 잼들이 등장한다. 그중에는 내가 먹어보지 못한, 그리고 다른 나라에서는 흔치 않은 채소와 꽃으로 만든 잼들도 있었다. 예를 들면, 토마토 잼, 애호박 잼, 올리브 잼, 그리고 로즈 힙(야생 들장미 열매) 잼들이 그것들이다. 짠 올리브와 치즈 그리고 각종 꿀과 잼 등 짠맛과 단맛을 번갈아 먹으면서 친구의 통역을 도움 받으며 이런 저런 이야기를 나누면서 웃었던 달콤한 기억들은 거의 3년이 지난 지금도 생생하다. 식사 중에는 터키 홍차, '차이(çay)'를 줄기차게 마시고, 식사의 마무리는 보통 호두나 헤이즐넛 같은 너트 등으로 한다.

❖ 차이(çay)

　　덜 익은 과일로 만든 잼이나 덜 익은 호두 등으로 요리를 하는 것을 볼 때면 자연에서 나는 모든 것은 가리지 않고 다 먹는 민족인 것 같다는 느낌을 받기도 한다. 터키의 잼은 과일을 으깨서 만드는, 사람들에게 익숙한 보통 잼과는 다소 다르며 과일의 모양을 그대로 유지한다. 그 중에서 이른 여름, 과일 크기가 아직 작을 때 그것을 따서 잼으로 만드는 무화과 잼도 있다.

❖ 투룬취

❖ 무화과 잼

이스탄불 시내에서는 이맘때쯤이면 꽃을 파는 집시들이 익지 않는 무화과 껍질을 벗기는 모습들을 볼 수 있다. 처음엔 안 익은 무화과로 무엇을 하려고 하나 궁금했는데 알고 보니 그것으로 잼을 만드는 것이었다. 덜 익은 무화과에서 나오는 하얀 진액은 약초의학에 쓰이곤 했단다. 이런 식으로 살구, 체리, 딸기 등도 모양 그대로를 유지하며 잼을 만든다. 또 이 지역에서 유명한 것이 '투룬취(turunç)'라는 잼인데 유자처럼 시고 쓴맛이 강해서 생으로 먹지 못하는 이 과일을 이렇게 예쁜 꿀로 탄생시킨다. 이 오렌지는 참고로 동남아시아에서 아랍인에 의해 유럽으로 전파되었으며 무어족이 스페인까지 정복하면서 지중해 연안 국가들에 퍼뜨려졌고 향이 좋아서 향수나 얼그레이 티에 사용되는 오렌지이다.

이런 잼들은 모두 음식이 귀했을 때 장기 보관을 하기 위해서 만들어졌으나 설탕이 유럽에서는 약으로만 사용될 정도로 귀할 당시에 아랍인들은 설탕을 음식에 사용하고 있었다. 한국의 전통 과자인 약과도 마찬가지로 약(藥)의 의미에서 약과라고 불렀듯이 설탕은 귀한 재료였다. 그래서 보통 집에 손님들을 왔을 때나 생일, 결혼식, 여러 잔치와 행사 때 이러한 잼들을 선사했고 그것을 먹는 것 자체가 천국에 닿는 느낌과 비교될 만큼 컸었다. 설탕이 흔해진 지금은 그때만큼의 특별한 의미는 없지만 아직도 이슬람 문화에서는 '단 것 먹고 달콤한 이야기를 해라'라는 속담을 자주 사용하며 단맛을 피하기보다는 즐기면서 긍정적으로 살아가는 모습이 엿보인다.

STORY 09 아시아 지구에서 바라본 보스포루스

Turkey

솔직히 출근 시간 분초를 다투는 현대인으로서 아침 식사를 1~2시간씩 하는 것은 불가능하다. 그래서 아침 식사를 제대로 할 수 있는 기회인 주말을 놓칠 수 없다. 가끔씩은 일주일을 그 하루를 위해 사는 듯 한 생각이 들 때도 있다. 나는 여느 지중해 도시 사람들처럼 물이 깨끗하든지 더럽든지 상관없이 물만 보면 뛰어들고 싶은 충동을 느낄 정도로 물과 친하지는 않지만, 항구 도시에서 태어나서인지 바다를 좋아한다. 바다에서 수영을 하는 것보다는 바라보는 것, 그리고 바다에서 나는 음식을 더 좋아한다고 말하는 게 더 정확할 것이다. 흑해, 마르마라 해, 그리고 지중해 세 바다를 끼고 있는 터키는 바다하면 남부럽지 않은 나라이다. 대부분의 아름다운 수도에는 강이 가로지르는데, 이스탄불은 해협이 도시 중간을 가로지르는 독특한 도시이다.

32km 길이의 이 해협은 흑해와 지중해를 잇는다는 이유 때문에 무역과 군사적으로 중요한 역할을 한다는 것은 잘 알고 있을 것이다. 연간 4만 8천석의 화물선과 유조선이 통과하여 193km 길이의 수에즈 운하보다 통행량이 3배나 많다. 보스포루스 해협을 따라 거닐다 보면 태어나서 처음으로 보는 규모의 화물선과 유람선에 입이 떡 벌어질 때가 많다. 그럼에도 불구하고, 물이 어쩌면 이렇게 파랗고 깨끗하며, 바다 특유의 비린내가 나지 않는지 참 의아하다. 아마도 수심이 깊어서 그럴 것이다. 수심이 깊고 간만의 차도 없으며 파도도 없기에 특별한 정박 시설이 없이도 배들이 정박을 할 수가 있다는 점도 전세계가 보스포루스를 차지하려고 했던 이유 중 하나이다.

보스포루스 해협은 지진으로 대륙이 갈라지면서 형성되었고 이는 담수호였던 흑해를 바다로 만들었는데, 그 사건을 역사가들은 노아의 방주의 홍수라고 추정을 하고 있다. 해안가의 현대식 카페에 앉아서, 머릿속으로 상상하기에는 한계가 있는 시대로 시간을 거꾸로 돌려보면서 톱카프 궁전과 아야소피아 사이로 넘어가는 해를 바라보는 것은 경험을 해 보지 않은 사람에게는 설명이 불가능하다. 귀한 것은 쉽게 얻어지는 것이 아니라는 말처럼, 이 멋진 일몰은 동절기에만 볼 수 있다. 처음으로 추운 한 겨울에 처녀탑 앞에 있는 계단에 다리를 뻗고 앉아서 매점 카페에서 주는 무릎 담요를 덮고, 겨울에만 파는 따끈따끈한 터키식 밀크티 '살렙(Salep)'으로 손을 데우면서 이 경치를 바라봤을 때 받았던, 정말 시공간을 초월한 비현실적 느낌을 잊을 수가 없다. 나는 종종 한 겨울에 혼자 이곳에 가서 그냥 넋을 잃고 앉아 사색을 즐긴다. 운 좋게도 이 아름다운 일몰을 볼 수 있었던 한 여행자분의 말을 인용하면,

"표현할 수 있는 단어가 없어요. 눈으로만 담아가는 수밖에…"

이 한 마디처럼 그 순간의 느낌을 잘 표현해주는 말이 또 어디 있을까.

❖ 바다 위 빌라

　　부자나 가난한 사람들이나 언제든지 동등하게 즐길 수 있는 보스포루스 바다 풍경
이 있는 곳이 이스탄불이다. 보스포루스 해안가를 따라 지어진 집들의 대부분이 부자
들의 빌라와 맨션이기 때문에, 굳이 따지자면 100% 동등한 것은 아니라고 할 여지도
있지만 말이다. 이 중 얄르(yali)라고 하는 오스만 귀족들의 맨션은 현 시세가 50에서
150억에 달하는 고급 맨션가로, 바라보고 있으면 마치 베네치아를 보고 있는 듯 하다.
해안가 근처에 살지 않아서 매일 아침마다 창문을 열어 바라볼 수는 없어도 최소한 일
주일에 한 번씩은 바다 풍경의 카페에서 여유를 즐길 수 있다는 특권이 얼마나 행복한
지 모른다.

❖ 쿠즈군죽

　　보스포루스 해협을 경계로 아시아 지구와 유럽
지구로 나뉘는데, 예부터 귀족들의 빌라들이 많은 곳
은 아시아 지구이다. 조용하고 숲이 우거진 마을에서
번화하고 시끄러운 유럽 지구의 풍경을 멀리서 바라
보며 한가로운 여유를 즐길 수 있기 때문이다. 보스
포루스 해안을 따라 형성된 여러 동네들 중에서 내가
자주 가는 동네는 쳉겔쾨이(Cengelköy)와 쿠즈군죽
(Kuzguncuk)이다. 여행자들은 거의 대부분 유럽 지
구만 구경하고 아시아 지구를 둘러보지 않는다. 인
터넷이나 책자에서 정보를 찾을 수가 없다보니 더 그
런데, 오히려 정보가 없는 점이 더욱 호기심을 자극

하기도 한다. 이곳은 근대화 이전의 옛 이스탄불의 모습과 분위기를 느낄 수 있는 숨은 보석과도 같은 곳으로, 건너편 유럽 지구의 부촌으로 외국인들에게 잘 알려진 베벡(Bebek)보다는 서구문화와 자본주의에 의한 변질이 심하지 않아 진짜 터키인, 진짜 터키의 생활 모습을 엿보기에 좋다. 특히 쿠즈군죽(Kuzguncuk)은 건축가 친구의 소개로 처음 알게 된 이후로 틈만 나면 들르게 되는 곳이 되었다. 현지 친구들조차도 내가 왜 이 동네에 자주 가는지 의아해하곤 하는데, 북적거림과 가식적인 것을 싫어하고 평화로움과 인간미를 중시하는 나에게는 옛 오스만 가옥들과 전통 카페들이 즐비한 예쁜 거리를 거닐며 여유로운 산책을 즐길 수 있는 이곳이 더할 나위 없이 만족스럽다. 더군다나 역사적으로 아르마니아인, 유대인, 그리스인들 여러 소수민족들이 평화롭게 어울려 살았던 과거 이스탄불의 상징이라는 점에서도 의미가 있는 동네이다. 거리를 걷다보면 왜 이곳이 영화와 드라마 촬영 그리고 웨딩촬영 장소로 유명한지 금세 눈치 챌 수 있을 것이다.

내가 쳉겔쾨이에 자주 가는 이유는 현지인들에게만 알려진 평범한 카페 때문인데, 정확히 말하면 차를 마시는 노천 차 정원, 터키어로는 '차이 바흐체(Çay Bahçe)'이다.

❖ 시밋

이곳의 장점은 외부 음식 반입이 가능하고 보스포루스 다리가 보이는 바다 풍경을 보면서 맘껏 시간을 보낼 수 있다는 것이다. 그럼 카페가 돈을 어떻게 버냐고? 음료는 반입 금지이므로 차나 음료를 꼭 시켜야하고, 카페에서도 간단한 달걀 요리나 토스트 류 등을 판매하고 있다. 무엇보다도 내가 이곳에 가는 가장 큰 이유는 이스탄불에서 제일 맛있는 갓 구워낸 시밋 빵을 먹기 위해서이다. 이스탄불 전체를 뒤지고 다녔지만 이곳만큼 맛있는 시밋을 먹어본 적이 없어서 이제는 더 이상 다른 것들을 시도하지 않고 시밋이 그리울 때는 이곳을 찾는다. 이스탄불 전체가 시밋을 파는 카트 천지인데 시밋을 먹으러 거기까지 가는 내가 이해가 안될 수도 있다. 어쩌면 나에게는 그 빵의 맛 자체보다 그곳에 가는 동안의 기대감과 빵집 앞에서 줄을 서서 작은 화덕에서 구워져 나오는 빵을 바라보는 그 경험에 더 의미가 있는지도 모른다. 따끈한 시밋을 품에 안으면 고소한 깨 냄새가 후각을 자극하면서 군침이 돌고, 얼굴엔 미소가 가득하고 발걸음은 빨라진다. 한 시간을 운전해서 갈 정도의 가치가 있는 맛이다.

그런데 흥분한 나머지 시밋이 무엇인지를 설명하는 것을 깜빡했다. 시밋(simit)은 터키의 베이글이라고도 불리는데 터키의 국민 빵이며 한국의 김치처럼 고향을 생각나게 하는 빵으로, 상당히 중독성이 있다. 터키인들은 차를 마시면서 군것질용으로, 또는 요거트와 함께 간단한 요기로 항상 시밋과 함께 한다. 그냥 먹기엔 심심한 베이글과는 달리, 시밋은 그냥 먹어도 담백함, 고소함, 바삭함, 부드러움, 네 가지를 모두 맛볼 수 있고, 베이글처럼 샌드위치로 만들어 먹을 수도 있다. 아니나 다를까, 뉴욕에서는 2013년부터 빵집에서 시밋을 굽기 시작해서 베이글 판매에 비상이 걸렸다는 기사를 한 매거진에서 읽은 적이 있다. 소위 '빵 속물'인 나는 솔직히 베이글보다 시밋에 한 표를 던진다. 뉴욕에서 인기가 있으면 한국에도 곧 시밋 바람이 불지 않을까? 나는 이

제 시밋 모양만 보아도 맛이 있을지 없을지를 판단할 수 있는 경지에 올랐다. 맛있는 시밋의 조건을 나열해 보자면, 일단 두께가 얇아야하고, 꼬임이 있되 하얀 틈이 보이면 안 되며, 시밋은 굽기 전에 천연포도 당밀(pekmez)에 적신 후 깨를 묻히기 때문에 색깔이 어두워야한다. 눈으로 보기에 평가가 되지 않는다면, 쉬운 방법이 한 가지 있다. 시밋은 프랑스의 바게트처럼 굽는 시간이 정해져 있다. 하루에 보통 3-4번씩 구워 나오는 시밋은 막 구워 나왔을 때 시밋 상인들이 바구니에 잔뜩 실어온다. 그 순간을 포착할 경우 놓치지 말고 시

식을 해야 한다. 팔리고 남은 것은 유리 카트 안으로 들어가고, 따라서 유리 카트 안의 빵들은 모두 오래되고 딱딱해져서 맛이 없다.

터키를 여행하고도 시밋 빵에 중독이 되지 않는다면 제대로 된 시밋 빵을 먹지 못한 탓이며, 터키를 제대로 보지 못했다고 할 수 있을 정도로 시밋은 중요하다. 옛 1500년대 콘스탄티노플의 기록에도 긴 막대기에 시밋을 끼워 팔고 다니는 길거리 상인들에 대한 기록들이 많고, 시밋의 무게와 가격까지 법으로 정한 것을 보면 이 단순한 빵이 터키 문화에서 차지하는 비중은 우리가 생각하는 것보다 더 크다는 것을 알 수 있다. 시밋이 눈앞에 보이면 왠지 마음이 든든해지는 느낌까지 들 정도이니 말이다. 한번은 아빠가 여행을 오셨을 때 길에서 사람들 손마다 쥐어져있는 그 시밋의 맛을 궁금해 하셔서 하나 사드렸었는데, 드셔보시더니 고개를 끄덕거리시며, "아, 이런 맛 때문에 다들 많이 먹는구나. 씹으면 씹을수록 고소한 것이 먹다보면 중독되겠어."라고 하셨다. 또 음식 투어 중에 시밋 원조 빵집에서 시밋을 먹은 여행자가 "어, 어제 먹은 거랑 너무 틀리네요. 진짜 맛있어요." 이러더니, 떠나기 전에 가족들에게 그 맛을 전해주고 싶은 마음에 시밋을 10개나 사가지고 돌아갔다. 그 많은 빵을 가방에 어떻게 담았는지 궁금하다.

시밋을 먹을 때 빠지지 않는 것이 있는데 그것은 바로 우리에게는 스트링 치즈로 알려진 것으로 터키어로는 체칠 페이니르(çeçil peynir)라고 불린다. 모차렐라 같은 질감에 짜지 않은 치즈로 일단 스트링 치즈의 원조 나라에서 생산되는 것인지라 한국과 미국 등에서 판매되는 가공된 스트링 치즈와는 맛이 비교도 되지 않는다. 이 치즈를 시밋 빵을 뜯어서 사이에 끼운 후에 토마토 또는 꿀을 발라서 함께 먹어보면 왜 시밋에 중독이 되는지 알 수가 있다. 시밋의 깨 맛 덕분인지는 모르겠지만 다른 빵으로는 그 맛이 나오지 않는다.

❖ 체칠 치즈

❖ 메네멘

이 체칠 치즈는 치즈를 좋아하는 한국인에게 상당히 인기가 있다. 나는 한국에 들어갈 때마다 가져가는데 어린 조카들과 치즈를 잘 먹지 못하는 친언니도 너무 맛있게 먹는다. 요새는 한국인들도 치즈를 즐겨 먹는 사람들이 많아져 터키 기념품으로 무엇을 사가야 할지 고민하시는 분들에게 이 치즈를 종종 권해드리기도 하는데, 어떤 분은 3킬로를 진공포장해서 가신 적도 있다.

시밋에 흥분한 나머지 나도 모르게 너무 장황하게 설명을 한 것 같다. 이제 다시 카페 이야기로 돌아가 볼까?

어느 시간대에 이곳에 가느냐에 따라 자리싸움이 치열할 수도 있다. 가족들은 옹기종기 집에서 도시락 통에 깔끔하게 썰어서 담아온 과일과 채소 그리고 각종 음식들을 먹는다. 젊은이들은 카페 입구에서 사온 아침 식사용 빵인 보렉(Börek) 또는 터키식 스크램블 에그인 메네멘(menemen)을 비롯한 계란요리를 시켜서 함께 먹기도 한다. 특히 쳉겔쾨이에서만 나는 작은 피클 오이는 꼭 먹어봐야하는 명물이다. 아직도 이 오이만 생각하면 생각나는 한 여행자분이 있다. 한국에서 제일 싫어하는 채소가 오이라는 하셨던 이 분은 그 오이가 너무 맛있다며 한자리에서 5-6개를 뚝딱 해치우셨다. 터키 여행을 하다보면 싫어하는 음식도 좋아지는 마법에 걸리는 것일까? 먹성 좋고 수다 떨기 좋아하는 터키인들이 브런치를 즐기는 모습을 구경하면서 보스포루스의 풍경을 바라보며 사색을 즐기다 보면 행복이 잡을 수 없는 뜬구름 같지 않다는 것이 실감이 난다. 먹고 여유롭게 하루하루를 즐기는 터키의 베짱이가 되어가는 기분이다.

이곳에서 늦은 아침 식사를 하고 해안을 따라 흑해를 향해 올라가면 콘스탄티노플 점령을 위해서 메흐메트가 단 4개월 만에 완성시킨 '루멜리 성'을 마주보고 있는 '아나돌루 성'이 있는 마을에 닿는다. 그야말로 아시아의 성에서 유럽의 성을 마주 보는 자리이고 보스포루스 해협에서 가장 폭이 좁은 위치이다. 일꾼들의 사기를 높이기 위해서 성을 마호메트의 서명 모양대로 건설을 하는 것이라고 말을 했지만 실제로는 자신의 서명을 생각해 두고 지은 성이라고 한다. 이곳에 올라서서 보스포루스의 전경을 감상하는 것도 잊지 못할 아찔한 경험이다. 바다 건너 반대편 '퀴축수 궁전(Küçüksu Palace)'에서 바라보는 성의 모습도 또 다른 느낌이다. 퀴축수 궁전은 제임스 본드 영화에도 등장했었던 곳으로 술탄이 사냥터로 썼던 작은 맨션이다. 위스퀴다르에 있는 '베일레르베이 궁전(Beylerbey Palace)'만큼 크고 화려하지는 않지만 당시 술탄의 생활을 엿볼 수 있고, 남들 다 가는, 지나치게 사치스러운 돌바바흐체 궁전을 가는 것 대신에 좀 더 낭만적인 색다른 경험을 원한다면 이곳에 들려서 차 한 잔을 하고 주변 숲을 산책하는 것도 좋은 방법이다. 그 옆에는 '선생님의 집(Öğretmen Evi)'이라는 건물이 있는데 교사들이 모여서 무료로 차를 마시고 때로는 싼 가격에 숙식까지 해결하는 곳이다. 이 선생님의 집은 어느 마을에나 있어서 이 정도로 교사들에 대한 대우가 좋은 나라인가 하고 놀랐었다. 일반인도 갈 수 있는데, 우연히 생일파티 때문에 갔다가 루멜리 성을 바라보며, 라이브 음악을 들으면서 먹었던 저녁 식사가 기억에 난다. 그때 식당 한쪽에서는 결혼이 행해지고 있었는데 그 덕분에 처음 보는 하객들과 같이 춤추고 놀았었다. 나도 결혼을 하면 이렇게 유적지를 배경으로 낭만적인 야외 결혼식을 해야 겠다는 꿈을 품게 됐다. 좀 더 여유가 된다면 버스를 타고 흑해 입구의 어부 마을인 아나돌루 카바이(Anadolu Kavağı)에 가서 언덕 위에 올라 흑해 입구 쪽 바다의 멋진 풍경도 감상할 수 있다. 현재 보스포루스 제 3교가 지어지고 있어서 곧 그 경치는 다리의 그림자에 가려질지 모르지만, 그 전에 기회가 된다면 한번쯤 그 바다 풍경을 눈에 담는 것도 좋지 않을까? 역사가 짧은 신대륙 여행자들이나 또는 현대식 건물만 보이는 곳에 사는 한국 관광객들이 이스탄불에 푹 빠지는 이유는 어디를 가든 시야에 들어오는 문화재 때문일 것이다. 터키에 살면, 이렇게 역사적으로 의미 있는 장소들을 큰돈 들이지 않고도 일상에서 접할 수 있다는 것이 너무나 감사하다.

❖ 퀴축수 궁전

❖ 아나돌루 성 카페

메네멘(Menemen) – 터키식 스크램블 에그

단순한 달걀 스크램블에 고추와 토마토 맛이 가미가 된 독특한 지중해식 달걀 요리로, 보통 아침과 점심으로 빵과 함께 먹는다지만, 밥에 비벼 먹어도 영양만점 간단한 한 끼가 해결된다. 하지만 요리하기 귀찮은 날 햄이나 스팸을 넣고 요리하면 저녁 식사로도 손색이 없는 음식이다.

재료(4인분) : 청고추 2개, 양파 1/2 개, 토마토 1개, 달걀 4개, 올리브유(또는 버터), 고춧가루 약간, 소금과 후추 약간, 마른 파슬리 또는 타임 등의 허브 약간

〈조 리〉

❶ 프라이팬에 곱게 썬 고추와 양파를 넣고 중불에서 준비된 기름에 부드러워질 때까지 볶는다.

❷ 다진 토마토를 넣고 소금, 후추, 고춧가루, 그리고 마른 허브를 넣고 5분 정도 요리를 한후, 풀어둔 달걀을 넣고 2~3번 살살 저어서 섞어준다.

❸ 프라이팬을 불에서 뗀 후, 달걀의 완숙 정도에 따라 더 저어주거나 그대로 서빙 한다.

참고 : 토마토의 양을 줄이고 대신 파프리카 가루를 넣어 붉은 색이 나게 요리해도 괜찮고, 매운 것을 좋아한다면 청양 고추 같은 매운 고추를 약간 넣어도 괜찮다. 또한 햄을 넣고 요리를 하면 또 다른 맛을 낼 수도 있다.

〈응용〉

❶ 달걀을 풀지 않고 프라이팬에 직접 깬 후 뚜껑을 덮어서 요리를 하면 시각적 효과를 낼 수도 있다.

❷ 〈조리〉 2번 단계에서 체다나 모짜렐라 같은 치즈를 위에 뿌리고 오븐에 구우면 쭉쭉 늘어나는 치즈의 맛도 즐길 수 있다.

❸ 베이컨이나 햄을 넣고 요리해도 괜찮다.

PART 02

추억의 터키 여행과
특별한 인연들

태평양에서 지중해로

Turkey

캐리비안 반도와 아메리카를 발견하게 된 것도, 또 인도와 동아시아를 두고 제국주의 국가들이 싸움을 벌인 것도 다 후추, 계피, 넛메그(nutmeg) 같은 향신료 때문이라는 것은 잘 알려진 사실이다. 당시 유럽인들은 맛없이 짜기만 한 음식의 맛을 돋우기 위해서 향신료가 필요했고, 그래서 향신료가 생산되는 동쪽으로 열광적으로 진출을 했다. 오스만 제국이 콘스탄티노플을 점령하면서 향신료 무역로가 차단되고 값이 터무니없이 오르자, 서유럽 제국들이 신항로 개척에 나섰고 콜럼버스의 아메리카 대륙 발견과 다가마의 인도 발견 등 서양과 동양을 잇는 중대한 사건들이 잇달아 일어났다. 신대륙 항로 개척의 성공은 유럽 식문화에 큰 변화를 가져왔는데 그것은 바로 후추보다 더 맛있는 고추, 바닐라, 초콜릿 그리고 마지막으로 올스파이스라는 계피, 넛메그, 후추, 정향 등 5가지 맛을 한꺼번에 내는 특이한 '매직' 향신료에서 비롯된다. 이로써 기존 향신료 무역로의 중요성이 사라지고 17세기 이후부터는 세계정세가 급속도로 변하게 된다. 이 올스파이스는 터키에서도 환영을 받았는데 터키어로 '새 향신료'란 뜻의 예니바하르(yenibahar)라고 불리고, 현재도 터키 요리에 널리 사용되고 있다. 사람들이 종종 말하는 터키 요리만의 독특한 맛이 바로 예니바하르에서 오는 것이다.

우리는 향신료가 음식의 맛을 위해 사용된다고 생각하지만, 당시에는 음식을 오래 보관하는 방부제 및 병을 치료하는 약으로써의 사용가치가 매우 높았다. 계피는 혈당을 낮추는 것으로 잘 알려져 있다. 넛메그는 좀 생소할지 모르지만, 항균 효과가 상당히 높고 뇌를 자극·흥분시키는 성분이 있어 치매예방에도 좋은 것으로 알려져 있다. 우리가 카레가루로 알고 있는 강황 또한 치매예방 및 항염 작용이 뛰어나서 최근 관심이 높아지는 추세인데, 강황은 노란 색감만 줄뿐이지 카레의 독특한 향은 쿠민(cumin)이란 향신료 때문이다. 내가 강황에 꿀을 타서 수저로 떠먹는다고 하면 주위에서 비명을 지를 듯한 표정을 짓지만, 그 선입견을 버리고 시도를 해 보면 깜짝 놀랄 것이다. 이 강황은 우리가 모르게 다양한 음식에 색감을 위해 널리 사용되고 있는데, 버터와 치즈를 노랗게 하고, 겨자 소스와 스페인 요리 파에야의 노란색도 강황에서 나온다. 하지만 터키 요리에는 강황 보다는 소화를 돕는 쿠민이 훨씬 더 널리 사용되고 터키인들이 가장 좋아하는 향신료이기 때문에 터키에 살기 위해서는 쿠민에 익숙해져야 한다.

❖ 넛메그

❖ 큐민

❖ 올스파이스

❖ 정향

　　정향(clove)은 살균효과 때문에 요즘은 허브 치약의 성분으로도 쓰이는데, 터키에서는 식사 후에 구취제거를 위해 씹기도 한다. 또 한 가지 터키, 중동, 이탈리아 남부에서 자주 사용하는 향신료로 옻나무의 일종인 수막(sumac)이 있다. 겉보기에는 고춧가루처럼 생긴 이 향신료는 레몬같이 시큼한 맛을 주기 때문에 레몬 맛을 좋아하는 터키인들은 샐러드나 육류요리에 널리 사용하고, 특히 케밥 식당에서 채소샐러드 위에 뿌린다.

❖ 수막 sumac

시대의 흐름에 따라 맛의 유행이 바뀌는 것을 보면 참 흥미롭다. 프랑스는 중동과 아프리카의 음식 맛을, 터키는 유럽의 음식 맛을 응용하려고 하는 모습을 보면 인간의 호기심과 새로운 것을 탐색하려는 욕망은 끊임이 없어 보인다. 그것이 사람들이 해외 여행을 하도록 자극하고, 세상을 돌고 돌게 하는 원동력이 되는 것이 아닐까 싶다. 음식에 관심을 갖게 되면서 자연스럽게 허브 및 향신료와 친숙해졌지만, 나처럼 향신료에 익숙하지 않은 문화에서 자란 사람들에게 향신료는 신비롭고 흥미로운 분야일 수도 있고, 거북스러운 분야가 될 수도 있다. 향신료를 공부하기 위해 종종 찾던 향신료 전문점에서 냄새를 맡다가 그 향들에 취해서 기분이 묘하게 좋아지기도 했던 기억을 떠올려보면 향신료가 주는 묘한 무언가가 내 안을 자극했던 것은 분명하다. 터치오브 스파이스(A Touch of Spice)란 영화처럼 내 삶의 맛을 돋우어 줄 무언가를 갈망하고 있었던 것일까? 내가 무엇을 갈망하는지를 알기 위해서는 그 갈망의 대상이 있는 곳으로 가야하는 것이다.

19, 20세기 이후로는 식도락가들의 탐험로가 다시 신대륙에서 구대륙, 정확히 말해 지중해 국가들로 바뀐 듯 하다. 생활이 풍족해지면서 음식이 예술과 같은 '즐기는 문화'의 하나로 다시 부각되고, 지중해 국가들의 식습관이 세계인의 주목을 받고 있기 때문이다. 나의 2007년 첫 미식 여행 루트도 역시 프랑스 - 이탈리아 - 스페인이었고, 그때 각 나라에서 현지인과 1~2 주씩 생활을 하면서 현지의 맛과 문화에 빠졌던 경험들은 평생 떠올리게 될 장밋빛 추억이다. 그런데 그 기억들이 희미해지기도 전인 2010년, 다시 유럽행에 나섰다. 음식은 마약보다도 더 중독성이 있다는 것을 그때야 알았다. 이번엔 요리뿐만 아니라 와인까지 내 인생에 끼어들어 이제는 음식이 단순한 호기심의 대상에서 아예 불치병이 되어 버렸다. 그래서 또 여행 가방을 싸들고, 이번엔 아예 본격적으로 와인 공부를 하기 위해서, 여차하면 프랑스에서 살아버려야겠다는 계획으로 첫 여행 때 가장 마음에 들었던 보르도로 떠났다. 불어 한마디 못하고 갔지만 유일하게 타고난 언어적 재능 덕분에 3개월 만에 불어도 어느 정도하게 되고, 특히나 음식을 좋아하는 프랑스 인들과 궁합이 잘 맞았다.

"바쁜데 대충 한 끼 때우자"

"아, 이거 칼로리가 몇이야?"

라는 말을 듣는 게 일상이 되어가는, 아니, 이미 많은 사람이 저지방, 저탄수화물 등 다이어트의 노예가 되어버린, 현대화의 부작용과도 같은 식습관에 젖은 사람들에게는 지중해 여행을 적극 추천한다. 이 축복받은 땅에 사는 이들은 한 끼도 대충 먹지 않는다. '먹는다'는 행위에 최대한 시간을 투자하고 진정으로 즐기는 이네들, 점심도 1-2시간씩 여유롭게 즐기고 와인까지 마시는 프랑스인들을 보면서 '잘 사는 나라니까 그렇지. 팔자 좋네' 하며 그냥 지나치기 십상이다. 하지만 그 단순한 행위가 바로 행복의 비밀이었다. 어쩌면 지중해 국가들이 오랜 제국주의 시절에 귀족을 먹여 살리느라 굶주렸던 역사 때문에 지금 음식에 집착하며 잘 먹으려고 하는 것일지도 모른다. 미국과 영국 문화의 영향을 많이 받은 한국과 호주에 살 때는 항상 음식 포장의 칼로리를 체크하고 버터 기피증과 고기 기피증까지 생긴 적도 있었다. 하지만 유럽 여행을 통해 칼로리의 노예에서 벗어나 건강해졌으며 행복해진 느낌이다. 주위에서 그렇게 먹어도 왜 살이 안찌냐고 물을 때마다 나는 이렇게 대답한다. 음식을 자연이 준 선물로 보고 즐기기 때문이라고…… 이제는 제법 터키인보다 더 터키인다운 소리까지 하는 나에게 스스로도 깜짝 놀라게 된다.

보르도에서의 행복한 나날들은 까다로운 비자 절차 때문에 불편해지기 시작했다. 그래서 앞에서 잠깐 언급했듯이, 머리를 식히면서 미래를 결정할 중요한 결정을 내리기 위해 갑작스럽게 모로코 여행을 가기로 했던 것이다. 그런데 출국을 3일 앞두고 항공권이 취소가 되었다는 통보를 이메일로 받았다. 신이 힌트를 주시는 것인가 하고 지도를 보면서 다른 도시를 선택하고 있는데, 친구가 "이스탄불은 어때?"라고 하는 것이었다. 친구의 입에서 '이스탄불'이란 단어가 나오기 전까지 '이스탄불'은 나의 여행지 목록에 전혀 없었다. 하지만 선택의 여지가 없는데다, 가깝고 싼 항공권 때문에 별 생각 없이 잠시 다녀오려던 터키였다. 그때 일주일이면 되겠지 하고 왔었는데 볼거리들이 너무 많아서 일주일을 더 연장해서 여행을 했었다. 터키 전체를 다 둘러본 것은 아니고 이스탄불을 위주로 여행을 했을 뿐인데도 일주일이란 시간이 모자랐다. 어쩌면 그 추가로 여행한 일주일이 내 인생을 결정지었는지도 모른다. 음식 공부를 하는데 왜 하필 이탈리아도, 프랑스도 아닌 터키냐는 질문을 종종 받을 때마다 말문이 막혔다. 이유가 많고 복잡해서 한 마디로 표현을 할 수가 없기 때문이었다. 어쩌면 직설적이고 남을 배려하지 않는 문화에서 오는 우울증인 '파리 신드롬'이 나에게 찾아오고 있었을지도 모른다. 박물관도 좋고, 음악도 좋고, 치즈와 와인도 좋지만 내가 과연 이들의 문화 속에서 일체감을 느끼며 살 수가 있을지 의문을 던지게 되었다. 하지만 다시 호주로, 그리고 한국으로 돌아가기에는 '구세계'의 풍경과 역사에 내 눈, 코, 입이 너무나 익숙해져버린 상태였다. 또 터키에서는 같은 비행시간에 동서남북에 있는 모든 나라들로 여행할 수 있다는 점도 역마살이 있는 나에게는 안성맞춤이었다. 그 밖에도 다른 나라에 살았을 때처럼 현지인과 똑같이 행동해야 한다는 압박감이 없고 동양적인 정서를 그대로 표현할 수 있다는 점도 플러스알파로 작용했었던 것 같다.

터키를 여행하면서 신기한 것들을 많이 발견했지만 화려한 음식을 먹은 기억은 없다. 하지만 인생에 있어서 가장 소중한 것을 발견했다. 그것은 바로 '사람' 그리고 '인간미'였다. 그리고 깨달았다. 바로 내가 그토록 갈망했던 것이 향신료도 아니고 음식과 와인도 아닌 바로 '나'였다는 것을...... 어떻게 그동안 '나'라는 소중한 존재를 잊고 살았는지, 나의 모든 과거가 영화처럼 한 컷씩 빠른 속도로 머릿속을 스쳐지나갔다. 예쁜 것, 그리고 미래의 이상향만 꿈꾸면서 바쁜 일상에 쫓겨 나와 내 삶의 의미를 뒤돌아 볼 새도 없이 달리던 나의 세계관은 또 한 차례 변화를 맞이했다. 남들이 가는 곳, 남들이 하는 것만 쫓아가는 삶에서 벗어나 남과 다른 삶을 선택한 것은 위험이 따른다. 하지만 그 위험과 변수를 극복했을 때의 만족감은 세상의 어떤 것과도 비교할 수 없이 크고 특별한 것이다. 1년 동안의 터키와 유럽을 오가며 행복과 갈등이 반복되는 생활 속에서 터키에 정착한 것은 옳은 선택이었다. 조촐한 것을 먹어도 사람들의 얼굴에는 항상 웃음이 가득하다. 결국 음식도 중요하지만 음식이 사람을 대신할 수는 없다. 무엇을 먹느냐도 중요하지만 누구랑 먹느냐가 더 중요하다는 것을 알게 되었고, 그 단 한 사람을 찾게 되어 행복하다. 그리고 한편으로는, 미지의 나라에서 남들이 알지 못하는 비밀들을 쌓아가는 재미와 보람도 큰 것 같다. 이리하여 새로운 것에 호기심이 많은 나는 지리적으로 복잡하고, 다양한 향기와 맛이 역사와 함께 어우러진 터키란 땅에서 꿈에도 상상하지 못했던 삶을 시작하게 되었다.

건강한 에게 해 식단 그리고 여행의 전주곡

앞에서 살짝 언급한 친구의 아버님 이야기를 기억하는지 모르겠다. 몇 달 동안 주말마다 놀러가서 요리를 배우면서 사이가 가까워진 그 친구와 가족들은 이제 평생을 함께 할 소중한 사람들이 되었다. 지금부터는 그를 오 군이라고 부르도록 하겠다.

내가 오 군을 처음 만났을 때, 검은 머리카락과 검은 수염의 전형적인 터키인의 이미지와는 달리 금발에 푸른 눈을 가진 그에게 "너 혼혈이니? 부모님이 어느 나라 분이니?"라고 물었다. 오 군에게서 "두 분 다 터키인이야."란 대답을 들었을 때, 나는 고개를 갸우뚱거리면서도 다민족 국가에 대한 개념이 없는 무식한 사람으로 보이지 않기위해, 그리고 이민자 국가인 호주에서 살면서 이미 익숙해져서 더 이상 질문을 던지지 않았지만, 그러면서도 내 머리는 터키족의 혈통구조를 그리느라 바빴다. 하지만 감정이 얼굴에 그대로 나타나는 나였기에, 내 혼란스러움을 눈치챈 듯 그는 알아서 "엄마쪽은 전 유고슬라비아 지방에서 왔고, 아빠 쪽은 그리스에서 왔어."라고 덧붙여 설명을 했다. 그 말을 듣는 순간, 궁금증이 해결되기보다는 오히려 더 많은 질문들이 머릿속을 채우기 시작했다.

"그럼 네 부모님은 기독교인이니?"

"아니."

"그럼 2차 대전 때 피난오신거니?"

"아니, 그보다 훨씬 전에"

"……"

터키에서는 "너 어디서 왔니?"와 "너 무슬림이니?"라는 질문처럼 어리석은 질문이 없다. 살아가면서 보고 듣고 스스로 느끼는 곳, 일반화 법칙이 적용되지 않는 곳이 바로 터키이다.

나는 어느 순간부터 오 군의 부모님 댁에 갈 수 있는 일요일만 손꼽아 기다리게 되었다. 푸짐한 아침 식사도 좋지만, 특히나 정원에서 하는 터키식 바베큐, 망갈(mangal) 때문이었다. 터키인들은 하늘이 무너지는 한이 있어도 숯불 망갈을 고집한다. 고기값이 비싸기 때문에 배부르게 먹으려면 집에서 먹는 것이 최고인데, 특히 내가 그곳을 가는 이유는 부드러운 육질의 양고기와 쾨프테를 먹기 위한 것도 있지만, 오군 아버님의 전문인 생선 요리를 맛보기 위해서였다. 그 분은 에게 지방 출신이신지라 생선과 채소 그리고 올리브유를 사용하는 깔끔하고 건강한 음식을 선호하시는 편이어서 내 입맛에 잘 맞는다. 더군다나, 터키의 여러 지방의 특산 재료들을 접목하여 창의적으로 요리를 맛있게 잘하시고 특히 생선 요리는 일류 식당들보다 더 우수하다. 이 가족의 밥상 위에는 항상 샐러드를 비롯한 채소 요리로 가득하다. 에게와 흑해 사람들은 육고기를 잘 먹지 않는다고 언급한 바 있듯이, 이들은 육고기를 먹게 되면 다진 고기로 쾨프테를 만들어 먹는 정도이고 모든 요리는 올리브유와 레몬즙으로 깔끔하게 맛을 낸다.

❖ 쾨프테와 블구르 필라브

삼면이 바다라 한때 '가난한 자를 위한 음식'이라고 불릴 정도로 풍부하고 흔했던 터키의 해산물들은 무자비한 포획으로 인해 씨가 말라서 이제는 비싸고 귀한 몸이 됐다. 1차 대전 후 공화정을 수립하고 터키와 그리스 사이의 인구 교환이 있었을 때 지중해 섬들을 그리스에게 돌려줌으로써 실질적으로 해상권과 조업권을 상실했고, 흑해는 오염 때문에 작은 생선 이외에는 맛이 없다. 지난 몇 년간 정부에서는 여름에 어업을 금지 또는 통제를 하고 있어서 생선 가게들이 거의 문을 닫는 경우가 많거나 양식어를 판매하는 실정이다. 그래서 터키인들은 그리스로 '해산물 먹기' 패키지 투어를 간다. 나도 1시간 30분 동안 페리를 타고 가까운 그리스 섬인 미틸리니에 가서 해산물을

1/3 가격으로 실컷 먹고 면세품도 잔뜩 사온 적이 있는데, 어쩌면 그 짧은 거리의 바다를 사이에 두고 생선의 질이 그렇게 크게 차이 나는지, 깜짝 놀랐다. 미틸리니에 갔을 때 항구 면세점에서 주류와 담배를 바구니에 가득 담는 사람들을 보고 놀라서 물어보고 알게 된 사실인데, 왜인지는 모르겠지만, 미틸리니 섬에서는 면세품을 무제한으로 살 수가 있다고 한다.

9월과 10월이 되면 본격적으로 생선을 먹는 시기이다. 이때에 특히 싱싱한 자연산 도미와 방어 등을 실컷 먹는데, 그때는 날씨도 그다지 춥지 않아서 생선 망갈을 하기에 적당하다.

❖ 터키식 바베큐, 망갈

일단 망갈에 불을 붙이는 날이면 그것을 최대한 이용 한다. 그중에서 빠지지 않는 단골 음식이 바로 구운 가지와 파프리카, 그리고 밤이다. 특히 가지는 통째로 바베큐 그릴에서 새까맣게 그을리면 된다. 타면 탈수록 좋으니 걱정을 할 필요가 없고 다 탄 가지는 껍질도 솔솔 잘 벗겨진다. 그 껍질 벗긴 가지를 으깬 후 약간의 마늘과 레몬 그리고 올리브유를 섞으면 간단하고 맛있는 샐러드가 완성되는데, 이것은 터키 요리를 대표하는 것으로 어느 식당에서나 애피타이저 메뉴에 있다. 이 요리의 매력은 독특한 숯불향이다. 이렇게 구워서 으깬 가지 퓨레에 치즈와 우유를 넣고 요리를 한 다음에 고기 조림을 올린 음식이 '술탄의 딜라이트', 터키어로 술탄이 좋아했다는 뜻의 '훈카르 베엔디(Hünkar Beğendi)'이다. 이 훈카르 베엔디는 술탄뿐만 아니라 동서양을 떠나 모두 맛을 보는 즉시 사랑에 빠질 수밖에 없는 맛이다. 얼마나 맛있었으면 나폴레옹 3세의 부인이 오스만 궁전에서 먹었던 이 음식에 반해서, 프랑스로 돌아간 후에 프랑스 요리사를 파견하여 레시피를 배워오라고까지 했을 정도이다. 하지만 당시 오스만 요리사는 레시피를 주지 않고, "황제의 요리사에게 필요한 것은 단지 마음, 눈 그리고 코이다."란 말만 하고 돌려보냈다는 이야기가 전해진다. 이 음식은 나도 너무나 좋아해서 자주 만들어먹는데 먹을 때마다 감탄을 한다. 한국인이 잘 먹지 않는 가지를 활용할 수 있는 최고의 방법이고 감자 퓨레 보다 훨씬 영양가도 높고 저 열량이다.

❖ 훈카르 베엔디

　가지 요리는 터키의 대표적인 요리이다. 종류만 40여 가지에 달하는데, 가지를 빼면 터키 요리의 반이 없어질 정도이다. 아시아가 원산지인 가지는 아랍인이 지중해 연안을 정복했던 8-9세기에 유럽에 소개 되었지만 15세기까지는 별로 인기가 없었고, 오히려 독성분이 있다고 꺼렸었다. 그러다 당시 이스탄불과 아나톨리아 지방을 방문한 유럽인들이 이 지역 사람들이 만들어 먹고 있던 다양한 가지 요리를 맛본 후 가지에 대한 편견을 없애고 가지를 요리 재료로 사용하기 시작했다고 한다. 터키를 여행할 때는 그 다양한 가지 요리를 경험해 보는 것도 좋다. 나도 터키에 오기 전에는 가지 요리를 잘 먹지 않았는데 가지 요리 대가의 나라에 와서 가지를 다시 보게 되었고, 즐겨 먹기 시작했다.

　터키인들은 고기류를 먹을 때는 필라브(pilav)라는 터키식 밥을 먹지만, 생선을 먹을 때는 밥을 먹지 않는다. 생선은 보통 통째로 접시에 나오는데 비늘을 벗기고 손으로 뼈를 발라내면서 상당히 진지하게 먹는다. 보통 생선을 먹을 때는 다른 것을 잘 먹지 않고 소스도 없이 그 맛 자체를 즐기는데, 대신 비린 맛을 없애기 위해 양파와 로카(불어로 아루굴라 또는 이탈리아어로 루꼴라)라는 샐러드를 먹는다. 그리고 생선을 다 먹은 후에 채소 요리로 입맛을 정리한다. 가끔씩 빨간 파프리카를 구워서 껍질을 벗겨서 먹기도 하고, 아니면 그것으로 만든 샐러드를 먹기도 한다.

생선을 먹을 때는 항상 라크(rakı)라는 터키식 소주를 마신다. 라크는 도수가 45-48도 정도 되는 위스키로, 보통 물에 1:1로 섞어서 마시며, 물이 담긴 컵에 라크를 부었을 때 물이 우유처럼 하얗게 변하는 것이 신기하다. 그 이유는 라크에 들어있는 '아니스'라는 중국 팔각향과 비슷한 향의 향신료가 물과 반응을 해서인데, 보는 것은 예쁘지만 그다지 한국인 입맛에는 맞지 않는다. 프랑스 파스티스, 이탈리아 삼부카 등 지중해 주변 국가들에 공통적으로 있는 이 술은 좋아하려고 해도 좋아지지 않는 술이다. 라크를 마셔야 '진짜 터키인이 되었구나'라고 느낀다는데 과연 그 술이 당길 날이 올까?

❖ 터키 술 라크

생선을 먹을 때 또 빠지지 않는 음식이 바로 타힌 헬바(tahin helva)라는 디저트이다. 이것은 땅콩버터 같은 깨버터(타힌 tahin)에, 꿀 그리고 달걀 흰자를 섞어 만든 것으로 유럽에 누가(nougat)라고 알려진 고급 디저트의 원조이다. 아마 한국에는 '누가'가 잘 알려지지 않아서 친숙하지 않

❖ 타힌 헬바

지도 모르지만, 외국에는 수제 누가 디저트 전문점들이 초콜렛 전문점처럼 인기 있을 정도로 특별한 디저트이다. 헬바는 보통은 그냥 잘라서 손으로 집어 먹지만 때로는 채 썬 사과나 당근과 함께 섞은 후 오븐에 굽기도 하는데, 이것은 내가 제일 좋아하는 터키 디저트 중 하나이다. 재료는 다르지만 프랑스 크렘블레처럼 표면이 그을린 것이 비

숯해서 내가 '깨블레'란 별명을 붙였는데 가끔은 이 디저트를 먹기 위해 생선을 먹기도 한다. '헬바(helva)'는 아랍어로 halva이고, 중동지역 국가들에서는 아주 특별하고 중요한 디저트로서 수세기에 거쳐 터키 땅에 살았던 수많은 민족들에게 공통적으로 달콤한 어린 시절의 추억과 인생의 달콤함을 떠올리게 하는 그런 디저트다. 또한 생선을 먹으면서 라크를 많이 마시는 터키인들은 타힌을 먹으면 다음날 숙취가 없다고 믿기도 한다.

터키인들도 한국인처럼 '나는 적게 먹고 남을 많이 먹이는' 문화가 있어서 특히 손님접대를 할 때는 최대한 많은 음식을 준비하는데, 터키인들의 후덕함이 밥상에 보인다. 손님들은 그 정성을 존중하는 의미로 음식을 남기지 않고 배가 불러도 주는 음식을 다 먹어야한다. 터키인들은 음식을 남기거나 거절하는 것에 대해서 상당히 민감하기 때문에 종종 가정집에 초대되어 갈 때 부담을 갖기도 한다. 보통 조금만 달라고 말을 해도, '맘에 드는 사람들은 많이 주는 거야' 하면서 듬뿍 담는다. 가끔씩은 이렇게 서로 집에 초대를 해서 음식으로 고문(?)을 하면서 희열을 느끼는 민족이 아닌지 농담반 진담반으로 이야기하곤 한다. 특히나 처음으로 보는 외국인이 신기해서인지, 그곳에 갈 때마다 동네 이웃들이 끊임없이 문을 두드리면서 음식을 전해준다. 음식을 통해서 환영과 애정 표현을 하려는 것이라는 것이 느껴지므로 배가 불러도 거절을 할 수가 없다. 동양적인 '정' 문화가 솔솔 풍기는 도심 속의 시골에서 주말마다 몸도 마음도 사랑으로, 음식으로 살이 찐다.

아직 전통적인 공동체 의식이 남아있어서 함께 먹는 것을 좋아하는 동네 사람들은 음식을 해서 이웃과 종종 나눠먹는다. 오 군 부모님 댁에서 식사를 할 때도 항상 윗집

❖ 바구니줄

에서 만든 음식들이 내려오고 그러면 다른 음식으로 보답을 한다. 가끔 계단으로 내려오기 싫을 때는 바구니가 줄에 매달려 내려오기도 하는데 일명 '바구니 엘리베이터'도 터키 문화의 특징 중 하나이며 지나가는 여행객들의 눈을 즐겁게 한다.

이 바구니 엘리베이터는 터키에서 밖에 보지 못한 기막힌 문화라서 나는 너무나 신기했다. 하루는 동네 건너편 아파트에서 어린 아이가 뭔가를 집에 놓고 나왔는지 길에서 엄마를 부르는 것이었다. 그러다 잠시 후에 바구니가 내려왔고 아이가 뭔가를 바구니에서 꺼냈는데, 보니 핸드폰이었다. 종종 아이들이 등교 시간에 깜빡 잊은 물건이 있으면 엄마가 바구니로 내려 보내곤 하는 것을 보았다. 뿐만 아니라 종종 동네 슈퍼마켓에서 간단한 쇼핑거리를 배달시킨 후 초인종이 울리면 바구니를 내려 보내기도 한다. 이스탄불은 보통 4-5층의 저층 아파트가 많은데 대부분 지어진지 오래되어 엘리베이터가 없는 곳들도 종종 있다. 연세가 있으신 분들도 자주 오르락내리락 하지 않아도 되고 참으로 기발한 아이디어라고 생각된다. 터키의 아파트 문화에 대해서 또 한 가지 이야기를 한다면, 관리인이 아침마다 빵, 우유, 요거트, 신문 같은 생활 필수품을 사서 대문 앞에 있는 바구니에 넣어놓는다는 것이다. 쓰레기도 문 앞에 두면 관리인이 수거해간다.

말은 안 통하지만 주말마다 먹고 함께 웃고 하다 보니 오 군 가족과는 어느덧 농담을 할 정도로 가까운 사이가 되었다. 오 군의 가족들과 친척들과 함께 시간을 보내면 내가 무슬림 국가에 있는 게 맞는지 착각이 들 정도로 자유분방하다. 이들과 생활하면서 내가 쓰고 있었던 색안경이 점점 벗겨지면서 사람을 사람으로 보기 시작했고 마음의 문이 점점 열렸다. 어쩌면 나의 내면에 숙면을 취하고 있던 또 다른 나의 모습과 다시 만나게 되어서 이런, 어떻게 보면 단순한 경험이 특별하게 다가왔던 것일 수도 있다.

하루는 식사 후에 터키 커피를 만들면서 오 군 어머니께 "소금을 좀 넣을까요?"라고 했더니, 어머니께서 웃음보를 터뜨리셨다. 터키 관습 중 하나가, 결혼을 앞두고 신랑의 부모가 신부될 여자의 집을 방문했을 때 신부가 커피에 소금을 타서 신랑에게 주고 신부의 부모님은 짠 커피를 마

❖ 제즈베. 터키 커피 주전자

시는 신랑의 표정을 보고 결혼의 승낙 여부를 결정하는 것이다. 관습과는 상황이 조금 다르기는 하지만 짠 커피를 웃으면서 잘 마셨던 오 군이었고, 이것을 계기로 우리는 공식적으로 커플 선언을 했다. 그리고 같은 해 8월에, 라마단 휴가가 끝나고 휴양지가 조금 한산해졌을 때, 오 군과 나는 에게 해의 맛과 과거를 찾아 자동차 여행을 떠났다.

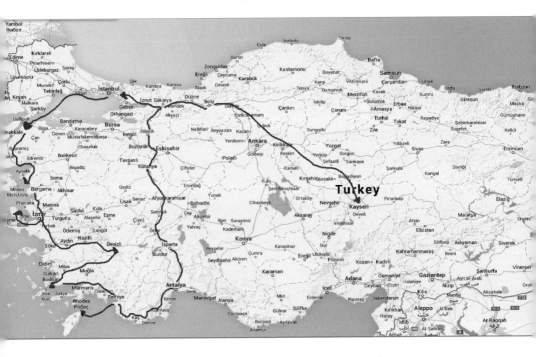

트로이 땅의 해바라기 밭과 올리브

오 군이 여행 일정을 풀어놓았을 때 조금은 황당했다. 왜냐하면 이스탄불에서 출발해서 페티예까지 가면서 거치는 도시와 마을마다 친척들에게 들러야했기 때문이다. 마음속으로는 조금은 부담이 되었지만, 아버님의 명령이어서 어쩔 수 없다니 반대할 수도 없고, 또 한편으로는 다양한 사람들의 삶을 한꺼번에 엿볼 수 있는 좋은 기회일지도 모른다는 생각이 들었다.

이스탄불에서 고대 트로이 땅인 차나칼레로 넘어가는 길은 해바라기 밭으로 가득했다. 흥미롭게도 터키어로 해바라기는 '달바라기'란 뜻을 가진다. 파란 마르마라 해를 배경으로 펼쳐진 노란 해바라기 꽃들이 얼마나 아름다웠는지 모른다. 나보다 키가 큰 해바라기들을 보면서 터키인들의 국민 군것질거리 해바라기씨가 어디서 오는지를 알게 되었고, 또한 이곳이 호주에서 안작데이(Anzac Day)마다 텔레비전에서 보았던 그 갈리폴리 반도라는 것도 알게 되어 감회가 새로웠다. 나의 운명선이 이렇게 연결이 될 줄이야 누가 알았겠는가?

❖ 해바라기 밭

❖ 안작 묘지

2015년으로 100주년을 맞이하는 1차 대전 갈리폴리 전투는 터키가 지금 3%의 유럽 땅을 뺏기지 않고 간직할 수 있었던 계기가 되었기에 터키인들에게는 공화정 역사상 최고의 사건으로 기억되고 있다. 그와 마찬가지로 당시 싸웠던 수많은 아들들과 아버지들을 잃은 호주와 뉴질랜드인들에게도 중대한 사건이다. 용감히 싸운 참전용사의 묘지 앞에서 해마다 침낭에서 잠을 자고 새벽 기념식을 하며 울음을 터뜨리는 만 명에

육박하는 방문객들을 보면서 조금 의아해했었는데, 그 자리에 서 보니 왜 그런지 이해가 되었다.

There is no difference between the Johnnies and the Mehmets to us

where they lie side by side

Here in this country of ours.

나에게 있어서 차나칼레가 특별한 이유는, 바로 토마토, 수박, 그리고 치즈 때문이었다. 이스탄불에서 우연히 먹게 되었던 차나칼레 토마토의 맛에 반해서 그 후로는 차나칼레 토마토만 먹게 되었는데, 햇볕에서 익어가는 토마토들을 보고 참을 수가 없어 직접 밭에 들어가서 그 자리에서 따서 먹었다. 진한 단맛과 향이 있는 차나칼레 토마토를 먹어본 사람은 누구든 "누가 토마토를 과일이 아닌 채소라고 했나!"라고 탄성을 터뜨릴 정도로 너무 맛있다. 토마토를 별로 좋아하지 않는 나도 매일 토마토만 먹어도 살 것 같다는 생각까지 들었으니 아마도 그 맛이 상상이 갈 것이다. 아니, 그린하우스 토마토에 익숙해진 현대인들은 아마 진짜 토마토 맛이 무엇인지 몰라서 상상을 하지 못할지도 모른다.

❖ 이맘 바일르드. 가지 요리

토마토는 19세기 초 프랑스 혁명을 즈음해서 터키에 들어왔는데, 스페인에 처음 토마토를 유럽으로 가져온 시기인 15세기에 비하면 상당히 늦다. 하지만 지금은 토마토가 들어가지 않은 요리가 거의 없을 정도로 생산량과 사용량이 유럽에서 가장 높다. 프랑스 혁명 때 프랑스인들이 빨간색의 상징으로 토마토 요리를 많이 했었고, 그 후 프랑스와 러시아 사이의 전쟁 때 가난한 농부들의 배를 채웠던 프랑스 요리의 대표적 상징인 채소 스튜, 라타뚜이(ratatouille)도 탄생했다.

토양이 기름지고 기후가 다양한 서부와 남부 지방에서 대부분의 채소와 과일이 연중 내내 생산되는 터키에서는, 소농민들이 직접 기른 지역 특산 작물들과 음식들을 도로가에서 팔고 있다. 그래서 자동차 여행을 하면서 지역별로 유명한 청과물을 먹기도 하고 집으로 돌아가는 길에 몇 가지 챙겨서 가는 재미도 쏠쏠한데, 차나칼레에 왔을 때는 꼭 토마토와 토마토 잼을 산다. 특히나 달고 단 토마토를 간 후에 장시간 끓여서 졸인 토마토 잼은 모든 요리의 맛을 돋워 줄 뿐만 아니라, 너무 맛있어서 가끔을 그냥 숟가락으로 떠먹기도 한다. 여름 제철 채소인 토마토는 많이 먹으면 먹을수록 좋은데 토마토에 들어있는 리코펜 성분이 자외선을 차단하기 때문에 자연 선크림 작용을 한다니, 토마토를 많이 먹는 지중해 사람들이 피부도 좋고 암발생률도 낮은 이유에 토마토가 큰 역할을 하는 것으로 알려진다.

❖ 토마토

❖ 도로 판매상

차나칼레는 토마토뿐만이 아니라 햇볕이 성장에 중요한 과일인 수박과 멜론으로도 유명하다. 장난기가 발동한 오 군이 갑자기 차를 멈추고 수박밭으로 뛰어 들어가더니 멜론을 따왔다. 그 추억의 '수박서리'를 21세기에 터키에서 '멜론서리'로 하게 될 줄이야! '공짜 식초는 꿀보다 달다'는 속담대로 사는 터키인들, 이런 터키인들이 정겨워지는 때가 이럴 때이다. 차나칼레 수박과 멜론도 토마토만큼 당도가 높기로 유명하다. 특히 그 당도 높은 멜론으로 만든 아이스크림은 한국 메로나 아이스크림을 약간 연상시키면서도 천연 재료만을 사용한 원조 아이스크림답게 맛이 뛰어났다.

내 덕분에 오랜만에 고향을 방문하게 된 오 군은 어린 아이처럼 흥분해서 아이스크림을 먹으며 항구를 걷는 동안 이런 저런 이야기를 많이 해 주었다. 내 가장 큰 관심사는 당연히 '트로이 목마'이었는데, 영화 '트로이'에 사용되었던 그 거대한 소품이 그대로 항구에 우뚝 세워져 있다. 고대 트로이는 차나칼레 시내에서 조금 떨어진 곳에 있는데다 거기 있는 말은 이것보다 작고 볼품이 없다는 오 군의 말을 무시하고 기어코 봐야겠다고 졸라서 갔지만, 역시 실망을 했다. 그래도 말 안에 들어가 볼 수 있다는 것과 역사적인 도시에 발을 디뎠다는 것에 의미를 두었다. 사실 트로이 유적지는 아직 발굴 및 복원이 안 된 상태라서 온갖 상상력을 동원해야 한다.

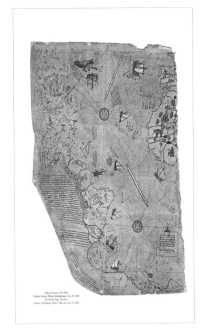

차나칼레의 또 다른 유명인사는 우리에게 잘 알려지지 않은 피리 레이스(Piri Reis)인데, 오스만 제국 해군 사령관이었던 그는 1513년에 아메리카 대륙을 아주 정확하게 그린 최초의 세계 지도를 그린 것으로 유명하다. 그의 지도는 발견되지 않은 콜럼버스의 탐험을 보여주는 유일한 단서이고, 그가 후에 술탄 술레이만에게 바치기 위해 편찬한 '항해의 책'은 지중해를 포함한 여러 해를 구석구석 상세히 설명하는 290개의 지도를 포함하여 아직도 군사적 · 지형학적으로 중요한 문서로 여겨진다고 한다. 그런데 그는 그 술탄에 의해서 처형을 당하는 불행한 말년을 맞았다.

드디어 첫 친척을 만날 차례가 왔다. 그런데 군인 가족이라는 말에 긴장이 되기 시작했다. 집안에 들어서자마자 기대했던 '레몬 콜롱 세례'를 받은 후에 자리에 앉았다. 이모님께서는 언어가 통하지 않으니 방글방글 미소만 지으시고, 이모부님께서는 일단 군인답게 한국전쟁에 대해서 질문으로 대화를 시작했다. 나는 오 군의 통역으로 가물가물한 기억을 더듬어가며 대답을 열심히 했고, 그 과정에서 내가 한국 전쟁에 대해서 그리고 한국 역사에 대해서 터키 역사보다 모르고 있다는 것을 느꼈다. 알고 보니, 이모부님께서 한국 정부에서 주관한 터키 참전용사 가족들의 한국 여행을 추진하신 적이 있으시다고 했다. 하지만 한국에는 한 번도 가보지 못해서 한국을 가 보는 것이 꿈이라고도 하셨다. 맛있는 저녁도 먹고, 차나칼레에서 유명한 치즈, 버터 그리고 시럽으로 만든 죽도록 단 디저트까지 다 비우고 밤에는 다음날 아침 식사 때 먹어야할 음식의 양을 상상하면서 악몽을 꾸었다. 동양인을 처음 보시는 소박하고 정이 많으신 이모님께서 전날 저녁에 내가 맘에 드셨는지 등을 자꾸 쓰다듬으시면서 미소를 던지셨는데, 아니나 다를까, 아침 식사를 상다리가 부러지도록 차리셨다. 터키는 맘에 들면 많이 주는 문화라 내가 맘에 들었다는 의미로 생각하고 감사히 먹고 여행 일정을 핑계대면서 서둘러 나왔다. 그런데 차 앞까지 나오신 이모님께서 갑자기 집안으로 들어가시더니 큰 그릇을 가지고 나오셨다. 그 안에 무엇이 들었을까 궁금해 하고 있는데, 작별 인사를 하시고는 차에 시동을 걸자 차 뒤편에서 그릇에 담긴 물을 손으로 차에 뿌리시기 시작했다. 알고 보니, 터키에는 떠나는 사람에게 행운과 건강을 비는 의미로 물을 뿌리는 관습이 있다고 한다.

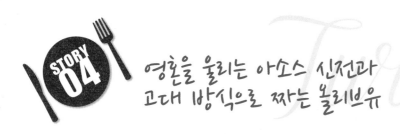

영혼을 울리는 아소스 신전과
고대 방식으로 짜는 올리브유

다음으로 향한 곳이 아이스크림으로 유명한 아소스(Assos)이다. 내가 처음에 아소스의 아테나 신전에 섰을 때 느꼈던, 그 숨이 멈출 것만 같은 벅찬 감동을 제대로 표현할만한 단어를 찾지 못하는 것이 안타까울 뿐이다. 태어나서 처음으로 보는 파란색 비단결 같은 바다를 내려다보면서 360도의 시야를 가득 메우고 있는 야생 올리브 나무들을 바라보고 있으니, 마치 천국 위에 있는 듯한 착각이 들 정도로 미묘한 느낌이었다. 파란 바다 너머로 보이는 그리스 레스보스(Lesbos 주도는 미틸리니Mytilini) 섬은 수영만 잘하면 건너갈 수가 있을 것만 같았고...

마음속에 담고 있던 모든 세속적인 욕심과 갈등이 한순간에 사라지는 듯 했다. 감히 내일 당장 죽어도 소원이 없겠다고 느낄 정도였다. 모든 그리스 신전들이 높은 곳에 위치하지만, 아직도 내가 지금까지 가본 그리스 신전들 중에서는 제일 경관이 뛰어나고 성스러운 곳이라고 느껴진 곳이 바로 아소스 신전이다. 푸른 바다가 배경으로 있어서 그럴까? 고대 자연의 모습이 손상되지 않은 채 그대로 보존되어 있어서 그럴까? 지상에 천국이 있다면 바로 이곳이 아닐까 싶을 만큼 아름다운 곳임에는 틀림없다. 그 천국을 뒤로 하고 내려오는데 왜 오 군이 난처해 할 정도로 눈물이 쏟아졌는지 아직도 그 이유를 알 수가 없다. 지금까지 이곳을 매년 방문 하고 있지만, 그곳에 설 때마다 그곳의 경치와 분위기가 감수성을 자극하고 나를 울컥하게 만든다. 아리스토텔레스가 아테네의 학계에서 배신을 당하고 아소스에 와서 피티아스(Pythias)와 결혼을 하고 학교를 세웠기 때문도 아니고, 어린 알렉산더를 가르치면서 소아시아 정복의 꿈을 심어주었던 그의 발자취를 밟았다는 그 감격 때문도 아니었다. 우리는 해피 엔딩의 영화를 보면서 슬픈 영화를 볼 때와 마찬가지로 눈물을 흘린다. 아소스 신전에서 바라보는 경치는 동서를 막론하고 모든 사람들이 가지고 있는, 자연의 아름다움과 위대함 앞에 감동할 수밖에 없는 원초적 본능을 보여주는 증거이다. 언젠가는 그 이유를 뚜렷하게 알게 되겠지 하면서, 일단은 머리를 비우고 마음으로 생각하는데 초점을 두기로 했다.

"두려움을 극복한자가 진정으로 자유로워질것이다."

"인내는 쓰지만 그 열매는 달다."

"희망은 깨어나기 전 꿈이다."

신전 위의 돌에 앉아 아리스토텔레스의 명언을 되새기며 비현실적으로 파란 바다와 파노라마 경치에 매료된 채 바라보고 있으면 쉽게 시간의 존재를 잊게 된다. 머릿속에서는 있을지 없을지도 모르는 미래의 결혼식, 신전 위에서 그리스 여신처럼 단아한 드레스를 입고, 월계수관을 쓰고 결혼식을 하는 나의 모습이 스쳐지나갔다. 실제로 이곳에서 결혼식을 할 수 있다면 얼마나 행복할까? 이곳에서 식을 올리고 언덕 아래 부둣가에서 피로연을 하고... 정말 상상의 날개는 자유롭기 그지없다.

❖ 아소스 부둣가

바다 위 썬 베드가 있는 해변에서 수영을 즐기고, 해가 지면 예쁜 여름 드레스로 갈아입고 부둣가로 나와 바다 바로 옆에 마련된 테이블에 앉아서 그리스풍의 터키 음악을 들으면서 맛있는 해물 식사와 함께 와인을 마시는데... 세상에 태어나기를 잘 했구나 하는 생각이 저절로 든다. 상당히 외진 곳에 있다 보니 주변에 불빛이 없어서 밤 하늘에는 은하수로 가득했다. 정말 천국이 따로 없었다. 도시인들은 항상 같은 하늘에 매일 밤 나타나는 별도 잊어버리고 산다는 것이 안타까워졌다.

❖ 에게 해

❖ 아소스

아소스를 지나 아이발록(Ayvalik)을 향해 가다가 올리브 나무로 뒤덮인 숲으로 올라가다보면 제우스 제단이 있는 이다산(Mt. Ida)이 나온다. 호메로스의 일리아스를 읽었거나 영화 '트로이'를 본 사람이라면 인류 최초의 미녀대회와 파리스의 황금사과가 트로이 전쟁의 시초가 되었다는 것을 알고 있을 것이다. 제우스가 이다산에서

❖ 제우스 마을

그 전쟁을 내려 보았다는 전설이 있는, 신비로운 그리스 신화의 배경이 되는 아다테페(Adatepe)는 바로 터키에서는 가장 질 좋고 맛있는 올리브유로 유명하다. 다른 에게 지방 마을의 역사와 마찬가지로, 고대부터 살아오던 그리스인들은 오스만 시절에 그리스 섬으로 떠나거나 제국에 흡수되었는데, 1845년에 그리스인들의 거주가 허용되면서 많은 그리스인들이 건너와서 터키인들과 함께 살았다. 그래서 이곳은 그리스인과 터키인, 교회와 모스크가 평화롭게 공존했던 곳이었다. 그 마을에서 올리브 목공예를 하는 한 분의 말에 의하면, 당시 400가구가 살았고 술집, 올리브유 제조소, 빵집, 전기공, 극장 등 상점들이 많았다고 한다. 그런데 1940년대까지 존재하던 교회와 묘지는 어느새 사라져버리고 지금은 단지 28가구밖에 남아있지 않은 한적한 마을이 되어버렸다고 한다. 아직도 수백 년 전의 가옥들이 보존되어있고 사람들의 생활모습도 크게 변하지 않은 이 시골 마을에는 온 가족이 함께 운영하는 작고 허름한 식당이 있다. 이곳에서 식사를 해 보면 잃어버린 옛 맛을 한순간에 찾을 수가 있다. 맷돌로 직접 빻은 밀가루로 만든 빵은 색깔부터 다르고, 수제 잼과 절인 올리브, 그리고 수제 치즈와 요거트에는 주변의 자연의 맛이 그대로 배어있다. 산을 밟을 기회가 적은 터키에서 유일하게 등산을 하는 것과 비슷한 산책을 할 수 있는 이곳을 걷다보니 내 걸음만큼이나 내 머릿속의 보이지 않는 시계태엽도 느슨해지는 느낌이 들었다.

이 지역 올리브가 유명한 이유는 오랜 역사와 전통 때문이다. 이곳에는 나이가 3000년이나 된, 옛 그리스 시대 때부터 자란 품종의 올리브 나무들이 아직도 있다. 참고로 보통 올리브 나무 수명은 300-400년이다. 올리브 나무의 유래는 8000년 전 신석기시대 소아시아 지역, 현 터키 땅에 재배가 된 것으로 알려지며, 올리브유를 처음 만들었으며 광범위하게 사용한 것은 그리스인들이다. 현존하는 세계에서 가장 오래된

❖ 올리브 멧돌

올리브 나무(부베스 올리브) 중 하나가 존재하는 크레타 섬에서 처음 올리브유가 생산되어 다른 그리스 도시로 확산되었고, 그래서 크레타 올리브유는 세계에서도 최고 품질로 손꼽힌다. 터키의 지중해 연안이 알다시피 옛 그리스 도시 땅이었던 만큼 올리브 오일, 올리브, 과일, 치즈 그리고 와인 등 그리스 음식문화와 생활 방식의 영향이 아직 분명히 존재한다. 가끔은 그리스인보다 더 그리스인 같다는 생각이 들 정도로 올리브유에 대한 애착이 크고, 아직도 대부분 집에서 올리브를 직접 옛날 방식대로 맷돌로 짠다.

흔히 시중에 판매되는 엑스트라 버진 올리브유는 거의 대부분 가짜라고 봐도 된다. 전 세계에 판매되는 10% 밖에 안 되는 엑스트라 버진 올리브유 수출 시장은 스페인과 이탈리아가 장악하고 있다. 하지만 최근에 그 두 나라에 그리스와 터키 올리브유가 수출이 되어 스페인과 이탈리아 상품으로 둔갑하여 세계 시장에 판매된다는 사실이 밝혀지면서 올리브 시장에 비상이 걸렸다. 이럴 때는 EU의 엄격한 규정에 감사를 해야 하는 걸까? 다른 지중해 나라들의 인당 연간 올리브유 섭취량이 10-25 kg(2012년 기준)이라고 하는데, 터키도 올리브 생산량으로 따지면 그리스, 이탈리아, 스페인 못지않지만 섭취량은 훨씬 뒤처진다고 한다. 왜냐하면 올리브유는 대부분 서부 지역 사람들만 섭취하기 때문이다. 터키 올리브유가 세계 시장에 잘 알려지지 않는 이유도 국민의 자각이 부족해서인데, 점점 그 추세도 변하고 있어서 조만간 스페인산 올리브유처럼 터키산 올리브유도 상품화에 성공할 수 있지 않을까 싶다. 개인적으로 지중해 모든 국가들의 올리브유를 맛을 본 결과 터키에도 질이 높은 올리브유가 많다는 것을 알게 되었다.

터키 올리브유를 상품화하는데 있어 걸림돌이 되는 것은 질 좋은 올리브유는 거의 모두 개인적으로 섭취하고 판매를 하지 않는다는 점이다. 그리고 또 한 가지는 독과점 문제이다. 대기업이 올리브 산업에 끼어들면서 농부들은 수확한 올리브를 큰 제조업체에 판매 해버리고 올리브유 생산에는 참여를 하지 않는다. 미국 몬다비 와인사가 미국 와인을 세계 시장에 내 놓았던 것처럼, 터키에는 올리브유를 해외에 상품화를 하면서 대회에서 상을 타고 있는 타리스(Taris) 같은 큰 제조업체가 있지만, 올리브유의 질을 향상하는데 얼마나 신경을 쓸지는 의문이다.

이런 상황에서도 큰 제조업체에 의존하지 않고, 개인적으로 질 좋은 올리브유를 만드는데 노력을 기울이는 소규모 제조사들도 있는데, 나는 운이 좋게도 그중 한곳을 방문하여 올리브 시음을 할 수가 있었다. 가파른 산을 가득 메우고 있는 올리브 나무를 보면서 과연 그 수많은 올리브들을 어떻게 딸지, 그 수확 방식에 의문을 갖는 사람들이 많을 것이다. 믿기 어렵겠지만 일일이 손으로 딴다고 한다. 보통은 특별한 도구로 나무를 흔들어 익은 올리브가 땅에 깔아놓은 망사에 자연스럽게 떨어지도록 하는데, 진짜 고급 올리브유를 위해서는 나무에 사다리를 놓고 올라가 직접 하나씩 손으로 따고, 상처가 난 올리브는 모두 버린다고 한다. 와인이든지 올리브유든지 가격이 비싼 것은 바로 수작업, 즉 노동력의 가치이라는 진실을 다시 한 번 깨달았다. 올리브유 제조 과정도 와인을 만드는 과정과 똑같았다. 엑스트라 버진 올리브유는 산도가 낮으면 낮을수록 좋다. 산도가 0.3-0.5% 사이인 것들이 고급 품질을 보증하는 표시이지만, 시중에 판매하는 고급 올리브유는 산도 0.8%까지를 기준으로 하고 있다. 질 좋은 올리브유는 요리를 해서는 안 되고, 샐러드 드레싱으로 쓰든, 아니면 그냥 마셔야 올리브의 건강에 좋은 성분을 최대한 얻을 수 있다는 것은 잘 알고 있을 것이다.

두 가지 올리브유를 시음했는데, 사진에서 보듯이 오른쪽은 노란빛이 돌고, 왼쪽은 녹색 빛이 돈다. 아무런 정보도 없이 시음을 한 결과 대부분이 녹색 올리브유에 한 표를 던졌는데, 난 노란 올리브유에 한 표를 던졌다. 왜냐면 노란 올리브유가 목을 타게 하는 느낌을 더 주었기 때문이다. 맛과 향으로 따지자면 녹색 올리브가 우리에게 보통 익숙한 어린 올리브로 짜서 과일향의 아로마가 강한 것이다. 올리브유의 질을

❖ 올리브유 종류

판단하는 기준 중 하나가 마셨을 때 목을 약간 따끔거리듯 열기가 느껴지게 하는 성

분, 즉 폴리페놀이다. 급히 흡입하면 기침을 유발하기까지 한다. 이 폴리페놀의 항산화 작용은 너무나 잘 알려져 있는데, 노란색 올리브유에 들어있는 폴리페놀 성분은 보통 올리브유 보다 300배 이상이라고 한다. 왜냐고? 그 이유는 바로 나이가 오래된 야생 올리브 나무에서 딴 올리브로 만들었기 때문이란다. 이런 올리브유는 당연히 가격이 만만치 않아서 감히 요리에 쓰고 싶어도 쓸 수가 없고 그냥 약처럼 마시는 것이 나을 것이다. 하지만 대부분의 터키 올리브유는 노란색을 띤다. 왜냐하면 일찍 수확한 올리브유는 향과 맛이 강한데, 터키에서는 모든 요리를 올리브유로 하고 또 그 사용양이 많다보니 향이 약한 것을 선호하기 때문이다. 하지만 그렇다고 질이 떨어지는 것은 절대 아니다. 와인과 마찬가지로 올리브유도 개인적인 취향이 다를 뿐이다. 내 부엌에는 터키에 살면서 찾아낸 최고의 올리브유가 최소 3가지 종류가 있고, 그것들을 필요에 따라 골라서 사용한다. 정말 질 좋은 올리브유는 그냥 빵에 찍어서 먹거나 수저로 떠서 마시는데, 그럴 때면 터키 올리브유 특유의 아몬드와 허브향을 100%로 느낄 수가 있다.

이곳에서 묵은 곳은 오 군 부모님의 옛 이웃 분들이신데, 은퇴를 하시고 이 천국 같은 곳에 있는 올리브 나무들에 둘러싸인 집에서 낚시로 생선을 잡으며 단조로운 노년을 보내고 계신다. 우리는 기대한 만큼 신선한 채소와 생선으로 저녁을 맛있게 먹었다. 그러다가 빵이 맛있어서 빵에 대해서 여쭤보았더니, 직접 발효종으로 만드신다며 떠나는 날 발효종 한 덩이를 선물로 받아 그 발효종과 함께 남은 여행을 했다. 발효종도 살아있는 생명체라 얼마나 신경이 쓰이던지, 죽이기 않기 위해 매일 매일 밀가루와 물로 밥을 주면서 함께 여행을 했던 기억이 있다. 떠나는 날 아침에도 터키식 팬케이크로 우리의 배를 채워주시고 떠나는 우리들에게 물세례를 해주셨다.

이즈미르에서 터키 커피점치고, 아프로디지아스에서 스타되기

뜨거워지는 햇살을 느끼면서 끝없이 달렸다. 셀축과 쉬린제 마을은 이미 전에 여행을 했으므로 건너뛰기로 했다. 쉬린제 마을은 가이드 책에 예쁘다고 소개되고, 실제로 관광화가 되기 전까지는 이름처럼 예뻤던 마을이었는데, 지금은 경치를 감상하기도 힘들 정도로 노점상들이 골목을 **빽빽**하게 메우고 있다. 터키 구석구석을 여행하고 쉬린제보다 예쁜 마을이 너무 많다는 사실을 알고 난 후, 내가 처음에 고생해서 거기까지 찾아갔던 것과 터키석을 터무니없는 가격에 샀던 아픈 기억을 상기하고 싶지가 않았다. 왜 아름다운 여행지들이 여행 책자에 소개되고 난 후로 본래의 아름다움을 잃는지 종종 생각한다. 피할 수 없는 운명인가? 아니면 피할 수 있는데 우리는 그냥 자본주의의 노예가 되어 그냥 방관하는 걸까? 어쨌든 우리는 곧바로 이즈미르의 서쪽 깊숙이 들어가는 반도, 그리스보다 그리스 같은 알라차트(Alaçatı) 마을이 있는 체스메(Çesme) 반도로 향했다.

이즈미르를 지날 때면 잊지 않고 사 먹는 것이 녹색 무화과이다. 한 바구니 가득 사고 5리라, 한국 돈으로 2,3천 원 밖에 하지 않는다. 그래서 차 안에서 심심풀이로 먹기에 좋다.

키 작은 야생 나무들이 듬성듬성 있는 척박한 땅에 구불구불 난 좁은 길을 차를 타고 가니 어지럽기까지 했다. 종종 눈에 들어오는 양치기 아저씨와 양떼들에게 반가운 미소를 던질 뿐, 파란 바다만 쳐다보며 한 시간 가량을 갔다. 그때 갑자기 오 군 아버님에게서 전화가 왔다. 터키도 가족들의 정사들이 입을 통해 빠르게 전달이 되는 편인데, 어떻게 우리의 여행 계획이 이곳까지 전달이 되었는지는 모르지만 이 근처에 고모님의 아들이 와 있으니 들러야한다는 명령이 떨어졌다. 부모님의 말씀이 하느님의 말씀과도 같은 터키인지라 계획을 바꾸어 반도의 꼬리 위쪽 끝에 있는 카라부룬으로 한 시간 반 정도 차를 타고 더 갔다. 가기 전에 열을 식힐 겸 유명한 아이스크림을 하나 먹고 가는 게 낫지 않을까? 이 지역은 매스틱(Mastic)이라고 불리는 나무의 진을 독점적으로 생산하는 키오스 섬(Chios)과 가까워서 그것을 이용한 음식들을 맛 볼 수가 있다. 그 섬사람들이 그것 하나로 부를 축적했을 정도로 귀했던 이 재료가 바로 우리에게 친숙한 터키 로쿰과 아이스크림에 쫀득쫀득한 질감을 주는 것이기도 하다. 처음에는 이상했던 이 맛도 이제는 점점 익숙해지고 가끔씩 생각이 날 때도 있는 것을 보면 인간이 환경의 동물이 맞긴 맞나보다.

카라부룬(Karaburun)은 그리스인들이 떠나고 난 후에는 거의 버려졌던 마을인데, 최근에 터키 현지인들이 여름 별장을 지어서 여름 휴가를 보내는 곳이다. 이곳은 또한 독일로 이민을 갔던 터키인들이 되돌아와서 작은 마을을 형성하고 사는 곳이기도 하다.

터키를 여행하다보면 현대 역사가 고대 역사에 대한 관심에 묻혀서 잊히곤 한다는 생각을 가끔씩 하게 된다. 이 기회에 터키의 20세기 정세를 잠깐 살펴보자. 터키는 19~20세기에 서양 강대국의 세력 싸움에 휘말려 고충을 많이 겪었다. 특히 독일과 터키의 끈끈한 외교 관계는 1차 대전 직전에 독일이 야심적으로 계획한 베를린과 바그다드를 잇는 철도건설을 위해 비밀 하에 체결된 조약에서부터 시작된다. 터키는 독일편에 서서 싸웠는데, 만약 독일이 전쟁에 이겨서 터키 땅과 중동 석유자원 지역의 통제권을 차지했었더라면, 과연 독일인들 사이에 나치가 생겨났을까? 그리고 그렇지 않았더라면 역사가 어떻게 바뀌었을지 한번 상상을 해보았다. 2차 대전 때 터키는 나치의 압력에도 불구하고 중립을 지켰는데, 흥미로운 것은 독일에 광물 조달을 하면서 한편으로는 위기에 처한 많은 유대인들을 터키로 피난시키는 조직 활동에 적극적으로 참여 했다는 것이다. 학자들은 종종 터키의 속담 '터키 커피 한잔은 40년의 우정을 쌓는다.'의 비유를 들면서, 같은 땅에서 함께 오랫동안 형제처럼 살아왔던 유대인들을 배신하지 않았다라고 해석하기도 한다.

터키 커피 이야기가 나오니, 내가 처음으로 터키 점을 봤던 때가 생각난다. 셀축을 여행할 때 묵었던 집의 호스트 아저씨께서 본인이 커피 점을 잘 보신다며 식탁에 있던 모든 가족들의 점을 봐주셨다. 참고로, 터키 커피는 커피 가루를 제즈베(cezve)라는 긴 손잡이가 달린 작은 주전자에 끓인다. 물이 끓어버리면 커피 맛을 잃기 때문에 물이 끓기 직전에 불에서 떼

❖ 터키 커피

야하므로 주전자를 지켜보고 있어야 한다. 커피를 마실 때에는 커피 잔 바닥에 커피가루가 진흙처럼 가라앉아 있기 때문에, 조심스럽게 가루가 보일때까지만 마신다. 조심스럽게 마셔도 입에 커피가루가 약간 들어가므로 보통 터키 커피는 입을 헹구라는 의미에서 물과 함께 준다. 그리고 나서 커피 가루가 남아있는 잔을 커피 잔 받침으로 덮은 후 두 번 시계 방향으로 돌리고 셋을 셀 때 컵을 뒤집는다. 그리고 식을 때까지 기다린 후에 컵을 뒤집어서 가루가 커피 잔 벽면에 남긴 자국들을 보면서 점을 친다. 그분은 나에 대한 지식이 하나도 없었는데도 불구하고 내 직업을 맞추셨고, 또 내가 키

큰 터키 남자와 결혼을 해서 한적한 시골에서 살게 되는데, 때때로 지루해하지만 행복한 삶을 살게 된다고 예언 하셨다. 결혼 나이에 가까웠던 나로서는 결혼 이야기가 나오니 귀가 솔깃해지면서 과연 그 분이 말씀하신 키 큰 남자가 누구일지 궁금해지기 시작했다. 지금에 와서는 그 키 큰 남자가 바로 지금의 오 군일까 하고 나름대로 연결고리를 찾기도 한다. 드디어 86세의 할머니, 그 분의 어머님 차례가 돌아왔다. 그 할머니의 커피 잔을 뒤집어 보니 벽면이 깨끗했다. 그 아저씨는 "어머니는 점 칠 것이 없네요. 남은 시간 아무 걱정 없이 편히 지내시다 가시겠어요."라고 하셨고, 다 같이 웃었다. 첫 장에서 내가 언급한 별에 관한 예언을 기억하는가? 이 커피 잔은 나의 인생을 바꿔놓은 두 번째 예언이었다. 오해를 할까봐 미리 말해두는데, 나는 예언을 믿는 운명론자가 아니다. 다만, 지금의 나의 상황을 보면서, 과거의 사건들과 연관 관계가 있는지 해석을 하다 보니 이러한 우연의 일치들이 발견되는 것뿐이다. 가끔은 운명이라고 생각할 때 욕심도 버리게 되고 현실을 받아들이는데 도움이 되기도 한다.

　카라부룬에 도착해서 그 친척 분을 만났는데, 그 분은 상당히 박식하셨지만 괴짜셨다. 아버지가 돌아가신 후 독일 생활을 접고 터키로 돌아와 사시는데 아버지 때문에 자신의 의지와는 상관없이 독일에서 살아야했던 것에 대해서 불만이 많으신 듯 했다. 정치 이야기를 많이 하니 조심하라고 오 군 아버님께서 살짝 귀띔을 해주셔서 우리는 질문을 할 때마다 그냥 "네"라고만 대답을 했고, 무난히 하룻밤을 넘겼다.

　카라부룬은 작은 어촌 마을이이라서 신선한 생선을 먹을 수 있는 곳이다. 내가 생선을 좋아한다는 이야기를 오 군 아버님으로부터 전달받으셨는지, 그 분께서 낚시를 하자고 제안을 하셔 신나게 응했다. 그런데 알고 보니 밤낚시였다. 드디어 해가 질 때쯤 작은 통통배를 타고 광활한 바다로 나갔다. 어렸을 때 물에 빠진 경험이 있어서 물공포증이 있지만, 물을 피하기보다는 물과 가까이해서 그 공포를 이겨내려고 바다가 있는 나라에서만 살기를 고집해 오긴 했어도 밤낚시라니…… 물을 마시는 한이 있더라도 다이빙을 하고 스노클을 하긴 했지만, 어두움과 보이지 않는 무언가가 배 밑을 어슬렁거린다는 상상 때문에 침을 삼키며 공포를 밀어내야 했다. '파이 이야기 (Life of Pi)'란 책을 읽었을 때의 그 장면들이 떠올라서였을지도 모르고, 아니면 호주에서 상어를 본 경험 때문이었을 수도 있고, 아니면 뉴질랜드에서 돌고래가 내가 타고 있던 카누를 뒤집었던 경험 때문이었을지도 모른다.

다른 3명의 일행들은 고기를 잘 잡는데 내 낚싯줄만 한산했고, 그래서 지루해지기 시작했던 나는 하늘에 뜬 보름달을 보면서 잠이 들고 말았다. 다음날 전날 저녁에 잡았던 생선을 먹고 해수욕도 하고 동네 산책도 하면서 오 군은 태어나서 생전 처음으로 만나는 사촌과 지난 시간들이 만든 공백 페이지를 메웠다. 오랜 시절을 타국에서 보낸 사람들이 들려주는 고국에 대한 이야기

❖ 식당 고양이

는 항상 흥미로운 것 같다. 특히나 고국을 떠나는 것이 자유롭지 않은 터키인들에게는 바깥 세상에 대한 이야기는 더더욱 큰 의미가 있다. 그 사이에 나는 홀로 부둣가를 거닐면서 사람 구경을 했고 , 고양이 떼들이 한 식당의 테이블 아래에서 먹을 것을 기다리며 모여 있는 모습이 너무나 귀엽고 평화스러워서 사진 한 장을 찍었다. 터키 여행을 하다 보면, 나중에는 유적지 사진보다는 고양이 사진이 더 많다는 말이 맞는 모양이다.

다음으로 소개할 곳인 이즈미르에서 온천수와 목화성으로 유명한 파묵칼레까지는 예부터 좋은 토양과 기후 때문에 와인 생산을 많이 했던 곳이고, 아직도 와인 제조사들이 많이 있다. 그리고 아소스 신전 다음으로 내가 가장 좋아하는 그리스 신전이 있는 옛 아프로디지아스(Aphrodisias)란 도시가 있다. 로맨틱한 삶을 궁극적인 목표

로 삼는 나에게 아프로디테 여신은 우상인 셈이다. 그리고 그녀를 섬기는 사랑의 도시는 딱 나에게 맞는 도시란 생각이 들었다. 이곳에 들어가는 순간 터키에서 가장 유명한 고대 도시인 에페수스(Ephesus)와는 사뭇 다른 기운이 느껴졌다. 사교를 목적으로 지어진 도시답게 무려 3만 명이나 수용하는 최대 규모의 고대 경기장을 비롯해서 예술 활동을 했던 열린 광장과 온천 등 웰빙이 인간의 교감과 예술에 바탕을 두었음을 그대로 보여준다. 주변 자연 경관도 에페수스보다는 더 아름답다고 해야 하나? 지각이 상승해서 해안선이 멀어지기 전에는 아마도 에페수스도 지금보다는 더 멋진 경치를 자랑했을 것 같기는 하다.

길이가 270미터나 되는 경기장 끝에서 끝까지 바라보고 있으니 정말 아찔한 기분이 든다. 관중들로 꽉 채워졌을 당시를 상상하니 열기가 느껴지고 함성이 들리는 듯 했다. 아직 발굴 작업이 시작 단계이다 보니 에페수스만큼은 당시의 모습이 잘 복원되어있지는 않지만, 장소에서 느껴지는 기운은 에페수스에 뒤지지 않았다. 더군다나 내부 박물관에는 이곳에서만 감상할 수 있는 수많은 조각상들이 있어 하루 종일 구경을 하며 시간을 보내고 광장을 산책해도 지루하지 않을 정도이다.

계획 없이 여행을 하다보면 뜻밖의 행운을 만난다는 말처럼 생각지도 못한 특별한 마을에 떨어졌다. 마을 이름은 크즐자뵐릭(Kızılcabölük). 마을 입구에 들어서자마자 심상치 않은 화기애애한 분위기가 감돌았다. 연례 마을 문화 축제가 한창이었던 것이다. 관광지가 아니다 보니 호텔도 하나 밖에 없어 선택의 여지가 없었다. 호텔 아저씨가 열정적으로 마을에 대해서 설명을 해 주셨는데 이 마을은 역사적으로 직물 제조업으로 유명한 곳으로 수백 명의 기능 보유자들이 있었으나 중국의 싼 노동력으로 경쟁력을 잃어 현재는 10명도 채 남지 않았다고 한다. 그래도 이 마을에서 영화 '트로이'의 의상을 디자인했다며 자랑스러워했다. 또 한국 전쟁 때 동네 거의 모든 청년들이 참전 용사로 떠났다며 한국인을 처음으로 만나서 영광스럽다고 하셨다. 잠시 있으니 동네 사람들이 한국인을 구경하기 위해 모여들기 시작해 어느 순간 십대 여자 아이들이 기쁨의 비명을 지르면서 나에게 다가와서 사진을 찍자고 호들갑을 떨었다. 갑자기 유명 스타가 된 기분이었다. 그 중에서 사라졌던 한 아이는 집에서 한국 드라마와 영화 매거진을 가져오더니 한국 연예인을 너무 좋아한다면서 흥분을 감추지 못했다.

이 아이들이 우리를 이끌고 데려간 곳은 동네 문화 회관에서 열리는 전통 문화 전시회였다. 전통 가옥 내부를 재현한 공간에는 직물을 짜는 전통 기구들과 소품들, 그리고 각종 의상들이 전시되어 있었고, 옛날 학교 교실도 재현이 되어 있었는데, 그 작은 책상과 의자에 앉으니 마치 잃어버린 동심의 세계로 돌아간 듯 했다. 잠시 후에는 초등학교 남학생에 의해 학교로 끌려가서 학생들의 과학 및 재능 전시회를 구경하기도 했다.

동네 골목에 선 큰 장에는 사람들로 북적거렸고, 광장에서는 음악 축제 등의 행사가 펼쳐지고 있었는데, 가는 곳마다 동양인, 그것도 한국인을 처음 보는 사람들의 흥분된 시선과 마주쳤다. 상상도 못 했던 관심이 나에게 쏟아지는 것을 목격한 오 군도 놀란 듯이 옆에서 지켜보면서 나를 놀렸다. "터키나 되니까, 네가 이런 스타 대접도 받고, 좋지?" 이렇게 스타가 된 기분을 느껴보는 것도 나쁘지 않다는 생각을 하는 사이 신데렐라의 몽상에서 깨어날 12시가 다가왔다. 현실로 돌아온 나는 시끄러운 음악 소리 속에서 잠을 자야할 걱정을 해야 했다.

그리스보다 그리스 같은 보드룸, 그리고 세상에서 제일 좁은 국경

우리는 비록 정신은 없지만 화기애애한 저녁을 함께 보내준 동네 사람들에게 작별인사를 하고 보드룸을 향해 달렸다. 보드룸은 터키의 코트다쥐르(Cote d'Azur)라고 불리고 터키에서는 바다 휴양지로 유럽인들에게 제일 먼저 알려진 곳이다. 역사적으로는 그리스의 유명한 역사가 헤로도토스의 고향이고, 고대 7대 불가사의인 카리아 왕 마우솔루스의 무덤과 15세기 성 요한 기사단이 지은 보드룸 성 등으로 알려져 있지만, 유적물은 얼마 남아있지 않아서 유적지 때문에 보드룸을 찾는 관광객들은 흔치 않고 터쿠아즈색 바다를 즐기기 위한 국내외 여행객들로 붐빈다. 알다시피, 터쿠아즈(turquoise)란 단어도 터키에서 나던 보석이 유럽으로 전해졌을 때 붙여진 불어 이름이다. 이곳은 1900년 중반쯤에 엘리트층 중 극단파와 반정부주의자들이 귀양을 왔던 곳인데, 어쩌면 이렇게 멋진 곳으로 귀양을 보낼 생각을 했을까? 혹시 아름다운 자연과 무료함이 지식인을 광인으로 만들 것이라 기대를 했을까, 아니면 당시에 땅이 척박해서 농사를 많이 짓지 않던 곳이어서 그냥 아사를 하라는 뜻으로 보낸 것일까. 1925년에 귀양을 온 한 작가가 그 마을의 아름다움에 매혹되어 친구들과 '굴렛'이라고 불리는 돛단배를 타고 주변 무수한 만들을 돌아다니면서 시간을 보냈다고 한다. 그리고 그 경험을 책으로 썼고 그때부터 보드룸이 지식인들 사이에서 각광을 받게 되었으며 그가 했던 크루즈가 '블루 항해'란 이름으로 유명해지기 시작했다고 한다. 현재 보드룸은 유럽인들에게 크게 알려져 터키의 산토리니라고 불릴 정도이다. 언덕 위에는 하얀 돌집이 많이 지어지고 그리스보다 더 그리스 같은 이미지를 풍기게 되었으며 여름의 열정을 즐기려는 여행객들로 붐비게 되었다. 관광화가 되었음에도 불구하고, 보르룸은 아직도 예쁘고 아기자기한 골목들과 자연 경관을 그대로 유지하고 있어서 가고 또 가고 싶은 곳 중의 하나이다. 단지, 물가가 비싸서 현지인들 사이에는 가고 싶지만 갈 수 없는 곳으로 인식이 되고 있는 것이 안타까울 뿐이다.

❖ 보드룸 언덕 집

　　아소스를 천국에 비유했으니, '블루 항해'는 무엇에 비유를 해야 할지 내 부족한
어휘력에 호소하게 된다. '백일몽'이라고 해야 하나? 보드룸에 와서 블루 항해를 해보
지 않으면 보드룸 그리고 터키 지중해의 매력을 제대로 보았다고 할 수가 없다. 이 지
역 특유의 '굴렛'이라는 닻이 달린 배를 타고 항해를 하면서 수영을 하고 자고 먹고 하
는 것은 정말 낭만적인 꿈 그 자체이다. 지중해는 터키어로 '악데니즈(Akdeniz)', '하
얀 바다'라고 불리는데, 물이 하얗고 깨끗해서 붙여진 이름일까? 깨끗한 바닷물이 만
들어내는 하얀 파도를 상상해 보면 그럴 듯한 이름이다. 사실 지중해를 '하얀 바다'라
고 부르는 이유는 옛 이슬람과 아랍 문학에서는 지중해를 '로마의 바다'로 불렀고, 로
마는 '서양 민족(백인)'을 상징했기 때문이다. 그 외에도 수백만 년 전에 지중해 해저

바다가 거대한 소금사막이어서 하얗다는 별명이 붙었을지도 모른다. 지중해는 알다시 피 막힌 바다에다 기후가 높아서 물 증발량이 공급량보다 많다보니 물이 상당히 짠데, 동쪽으로 갈수록 물이 짜다는 것을 느낄 수가 있다.

그리스, 페니키아, 로마, 아랍 등 여러 민족이 정복을 반복했던 곳인 만큼 해안을 따라 그들의 흔적들을 쉽게 찾아 볼 수가 있는 것이 지중해 바다의 많은 매력 중 하나이다. 보통 한국 관광객들이 여행코스로 가는 페티예의 올루데이즈 해변의 하늘 색깔 바다도 환상적이지만, 보드룸의 바다 색깔, 짙은 파란색, 터키어로 '마비(Mavi)'는 보는 이의 시각을 마비시킬 정도로 매혹적이다. 보드룸에서 다차(Datça), 마마리스 (Marmaris) 그리고 페티예까지 이어지는 해안을 따라 항해를 하다보면 수많은 크고 작은 반도와 만을 만나게 된다. 모두 한결같이 때가 묻지 않은 순수한 자연의 모습 그대로인 탓에, 언제라도 어디선가 고대 리디아인이 튀어나올 것만 같은 느낌을 받는다. 진한 파란색에서부터 시작하여 녹색에 이르기까지 다채로운 채도로 그린 수채화처럼 펼쳐지는 바다를 바라보고 있으면 정말 초현실적이다.

보드룸은 몇몇 유명한 해변들 말고도 작은 만들이 많아서 크고 작은 별장 단지들이 많이 지어져있고, 각 단지마다 독점하고 있는 해변이 있다. 휴가철 관광객들이 장기간 임대를 할 수도 있어서 바다를 좋아하는 사람들이 장기간 자연을 만끽하는 휴가를 보내기에 최고이다. 맛있는 자연식과 싱싱한 생선을 싼 값에 즐길 수 있을 뿐만 아니라, 매주 열리는 농산물 장터에서 유기농 또는 수재 식재료를 사서 요리를 할 수 있는 특권도 있다. 에게 지역은 향기로 느끼는 곳이라고 할 정도로 야생 채소와 허브들이 풍성해서 보고만 있어도 건강해지는 느낌이다. 시장 구경을 하다보면 함초처럼 낯익은 음식도 보이고 호박꽃잎 쌈과 같이 낯선 음식들도 눈길을 끈다.

❖ 보드룸 시장. 함초. 허브

　이번에 우리가 보드룸에 간 목적은 휴양보다는 내 개인적인 욕구를 충족하기 위해
서였다. 다름 아닌 치즈를 만드는 것이었는데, 오군이 20대에 아르바이트 했던 음반서
적 출판사 사장님이 보드룸에서 유기농 농장을 운영하고 있다는 말을 듣자마자, '이런
기회가 또 어디 있어?'하며 방문을 결정 했다. 나는 상당히 호기심이 많아 좋아하는 것
이 생기면 꼭 가지거나 해봐야 하는 욕심이 있는 편이다. 오군의 전 사장님 또한 '한국
인' 치즈 마니아를 만난다는 기대감으로 기다리고 계셨단다.

　　　　　　　　맛있는 우유를 주는 예쁜 녀석들은 각
자 번호가 아닌 이름이 있고, 특별한 음식
을 먹으며 매일 매일 보살핌을 받고 있었
다. 치즈 만들기는 우유를 짜는 것부터 시
작이라 겁은 났지만 소젖 짜기에 도전했다.
소젖 짤 시간이 되니 클래식이 흐르고 소들
이 한 마리씩 자리에서 일어나 이동했다.
태어나서 처음으로 만져보는 소 젖꼭지의 느낌은 너무나 이상했다. 소도 초보 손길에
깜짝 놀랐는지 한발짝 물러섰는데, 소가 겁을 내니 먼저 다리를 쓰다듬어서 안심을 시
킨 후에 젖을 만지라는 사장님 말씀을 따라했더니 소가 정말로 얌전히 있었다. 따끈한

우유를 작업실로 옮겨서 치즈를 만드는 작업에 들어갔는데, 프랑스에서 거위 간을 만들었을 때보다 더 조바심이 났다. 치즈는 온도가 조금만 달라도, 그리고 응고제의 양이 조금만 달라도 기대한 결과가 나오지 않기 때문이다.

치즈가 굳어서 숙성되는 동안 우리는 근처 해변에서 신나게 수영을 했다. 길도 몰라 무작정 운전을 해서 찾아간 해변인데, 지금까지 가 본 해변 중에 최고로 아름답고 낭만적이었다. 그곳에 있는 식당 주인(건축가란다)이 해준 저녁도 너무나 인상적이었는데, 다음 해에 보르룸에 갔을 때 다시 찾아가려고 했으나 결국 찾을 수 없었다. 아직도 그 식당이 어디 있는지 궁금하다. 너무 좋은 기억이었어서 무슨 일이 있어도 꼭 찾아낼 작정이지만...

결국 첫 치즈 만들기는 실패로 돌아갔다. 만드는 과정에서 뭔가 잘못되었던 것 같다. 첫 시도로 성공할거라고는 기대하지 않았지만 그래도 실망하지 않았다면 거짓말일 것이다. 다음에 다시 와서 재도전을 하겠다고 약속을 하고, 그리고 다음에 올 때는 농장에서 사장님께서 기르는 포도로 와인을 만들어 보겠다고 도전장까지 던지고 작별인사를 했다.

보드룸은 여러 그리스 섬들을 끼고 있어서 동시에 두 나라, 그리고 두 문화를 함께 체험하기에 좋은 곳이기도 하다. 가장 쉽게 닿을 수 있는 곳이 의학의 아버지 히포크라테스의 마을 코스(Kos)인데, 그곳에서 그리스 문화와 터키 문화를 비교해보는 것도 꽤나 흥미롭다. 페리를 타고 고작 20분 갔는데 항상 눈에 따라다니던 터키의 빨간 국기는 온데간데없이 사라지고 유럽연합기와 그리스 국기가 함께 보이고, 모스크의 미나렛 대신에 교회의 십자가가 보였다. 선착장에서 마을의 풍경을 바라보는데, 수학시간에 많이 보았던 알파 베타의 언어인 그리스어로 된 간판들이 묘한 느낌을 자아냈지만, 솔직히 그 외에는 아직 다른 나라에 있다는 것을 느낄 수가 없었다. 시내로 들어가 보니 몇 가지 차이점이 발견되었는데, 첫째는 차들이 건널목에서 신호등과 상관없이 사람이 서 있으면 서 준다는 것이고, 둘째는 사람들의 표정들이 덜 밝다는 것이었다.

코스에는 인구 교환 기간에 떠나지 않고 남은 터키인들이 한 마을을 이루며 아직까지 대대로 살고 있는데 그 숫자가 약 3000명이나 된다. 그중에는 오 군의 친척들도 있어서 우리는 그들을 만나 당시 그리스가 겪고 있었던 경제난을 비롯해서 소수민족으로 그리스에서 사는 터키인들의 생활을 간접 체험하였다. 그들이 들려주는 이야기를 들으면서 당시 그리스의 경제 상황이 내가 생각했던 것보다 훨씬 나빴다는 것을 알았다. 아마도 그래서 사람들의 표정에 생기가 없어 보였는지도 모른다. 목구멍이 포도청이다 보니 평소에 서로 도와주고 가족처럼 지내던 이웃들이 하루아침에 서로 도와주기 전에 얼마를 줄 건지 돈 이야기를 먼저 꺼내기 시작했다고 한다. 코스는 관광객들 덕분에 다행스럽게도 다른 도시보다는 상황이 그나마 나은 편이었지만 그래도 섬 분위기와 섬사람들의 인심이 예전 같지가 않다고 하시면서 고모님께서 눈물을 글썽이기까지 하셨다. 순진한 내가 그분들께 "상황이 그렇다면 왜 터키에 가서 살지 않으세요?"라고 질문하자 나이가 많아서 터키에 가도 일자리를 구할 수 없을뿐더러, 터키 정부에서도 그들을 그리스인으로 취급해서 도움을 주지 않는다고 하셨다. 터키와 그리스 관계를 악화시킨 최고의 사건은 1950년대에 일어난 폭동인데, 그때 터키 국수주의자들이 그리스인을 비롯한 소수민족들에게 적대감을 품고 폭동을 일으켜 거의 모든 소수민족들이 괴롭힘을 견디지 못하고 터키 땅에서 쫓겨나듯 떠나야했다. 이 일로 그리스 정부 또한 코스에 사는 터키인들의 동네에 철조망을 치고 감시 관리를 했고, 통금시간도 있었을 뿐만 아니라 터키인 자녀들은 학교도 갈 수가 없었다고 한다. 한국의 독도 문제처럼 그리스 사이프러스 섬 소유권을 두고 두 나라가 겪고 있는 반복되는 분쟁도 있다. 그럼에도 불구하고 그리스가 1999년에 있었던 터키 대지진 때 서로에게 보여준 우애와 협력으로 관계가 완화되었고 또한 그리스는 터키의 유럽연합 가입을 지지하는 나라이기도 하다. 젊은 세대들 사이에는 윗세대들이 만들어 놓은 두 나라간의 적개심을 없애고 지나간 역사는 역사로 묻어두려는 노력이 이루어지고 있다. 현재 터키 정부도 그리스인들이 다시 예전에 살았던 에게 해 지역에 다시 돌아와서 살 수 있도록 하는 방침을 고려하는 중이라니 반가운 소식인 것 같다.

코스에서 며칠간 휴양을 즐기면서 터키에서 먹지 못했던 돼지고기 요리도 실컷 먹고 해수욕도 하면서 가깝고도 먼 나라인 터키와 그리스, 한때 같은 땅에서 형제처럼 살았던 두 나라의 복잡한 관계에 대해서 눈으로 확인하고 피부로 느꼈다. 지내는 동안 느낀 두 나라 문화는 너무나도 비슷했고 또한 사람들 사이에 별다른 적대감을 느낄 만한 경험도 하지 못했다. 단지 하루에 다섯 번 들리는 모스크의 기도문 소리가 들리지 않는다는 것과 어느 식당에서든지 집에서 직접 담근 하우스 와인을 싸게 즐길 수 있다는 차이를 느꼈을 뿐이다. 마지막 날에 친척 분께서 저녁식사 초대를 하셨는데, 10명이 먹어도 다 먹지 못할 정도로 많은 양의 음식이 식탁 위에 정성스럽게 준비되어 있는 것을 보고 너무나 감동을 받았다. 말로 다 표현할 수 없는 애정을 음식에 담아 전달하는 터키인들의 마음은 그들이 어느 나라에 몸을 담고 있는지에 상관없이 여전하다는 것을 느끼는 순간이었다.

❖ 코스 저녁식사

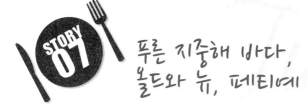

푸른 지중해 바다, 올드와 뉴, 페티예

다시 터키 땅으로 돌아와서 여행의 종착지이자 지중해 바다의 낙원인 페티예로 향했다. 남동쪽 해안을 따라 가면 시대가 더욱 거슬러 올라가 청동기 시절의 히타이트와 리키아 제국의 유적지들이 보이기 시작하는데, 산마다 보이는 절벽 무덤들이 그 한 예이다. 드디어 귀가 닳도록 들었던, 터키어로 '사해'라는 뜻의 올루데니즈(Oludeniz)에 도착했다. 도착하자마자 발걸음을 멈추고 말을 잃은 채 멍하니 바다를 쳐다보았다. 그 녹색빛 에메랄드, 일명 터키석이라고 부르는 터쿠아즈 색을 드디어 눈으로 목격을 하는 순간이었다. 세상에 이런 색깔의 바다가 존재할 것이라 누가 상상이나 할 수 있을까! 이 비현실적인 색감을 가진 물속에서 수영을 하고 있으니, 마치 다른 세계에 있는 듯한 느낌이 들었다. 캐러비언 해변이나 태평양 섬들의 바다처럼 속 깊은 곳까지 들여다보이는 크리스털처럼 맑은 바다와는 비교할 수 없는 특별한 분위기를 자아냈다. 아마도 소금과 미네랄 성분이 높아서 물에 빛이 반사할 때 시각적으로 특이한 현상을 일으키는 것 같았다.

❖ 올루데니즈

진짜 물이 짰다. 처음에 실수로 물을 마셨을 때 물이 너무 짜서 머리가 어지러울 정도였다. 태평양 바다와 지중해 바다의 차이가 확실히 느껴지는 한편, 물이 짜서 둥둥 잘 뜨니 수영하기에는 편하다. 내가 바닷물에 대한 공포를 극복하고 수수깡(키판) 없이도 수영을 할 수 있게 된 곳이 페티예이다.

보통 관광객들은 이곳에서 패러글라이딩과 섬 보트 투어를 주로 한다. 특히, 보트를 타고 하루 종일 작은 만과 섬을 돌아다니면서 수영 하다 보면 사람 구경하는 재미도 있다. 한창 '강남 스타일' 노래가 세계를 휩쓸었을 때 터키에서도 그 노래가 하루 종일 들렸다. 들어가는 가게마다, 그리고 타는 미니버스마다 그 노래를 틀어주곤 했는데 한국 가요가 그렇게 인기가 있으니 상당히 기분 좋은 일이었다. 그 해에 보트 투어를 갔을 때도 한 섬에 정박해 있던 모든 보트 위의 관광객들이 음악에 맞춰서 신나게 춤을 췄던 기억이 난다.

❖ 패러글라이딩

❖ 보트 투어

❖ 괴즐레메 파는 부부의 보트

놀다 출출해질 즈음, 배에서 괴즐레메를 만들어서 파는 부부를 만났을 때는 기가 막혀 웃음이 나왔다. 배달 문화에 대해서 다시 언급 하겠지만, 바다에까지 나타날 줄은 몰랐다. 조금 있으니 아이스크림을 파는 배도 나타난다. 정말 대단한 국민들이다.

나는 오랫동안 사회생활을 해 발이 넓은 오 군 덕에 다양한 계층과 직업군의 사람들을 만났다. 페티예에서 인연이 된 사람은 전에 함께 일했던 부자 사장님이었는데 그분 덕분에 꿈에도 생각지 못했던 사치스런 요트 투어를 하게 되었다. 백만장자들 소유의 요트가 정박되어 있는 마리나에서 부자들은 어떻게 생겼는지, 그리고 뭘 하는지 관찰했다. 이 사장님은 젊었을 때부터 열심히 일해 자수성가 하신 분으로 검소하고 사람과 돈의 소중함을 아는 분이다. 그래서 부와 여유를 누리면서도 과시도 전혀 없이 참으로 모범적인 생활을 해오서 오 군의 존경을 받는 분이다.

❖ 요트 휴양

　　사장님, 오 군, 그리고 선장님과 함께 5일 동안 필요한 음식을 배에 싣고 멀리 사람들이 없는 한적한 만으로 항해를 해 나가 열린 바다에서 수영을 했다. 처음엔 깊은 물로 바로 들어가는 것이 두려웠던 것과 달리, 이제는 제법 다이빙도 하고 지중해를 즐길만한 기본을 갖춰가는 나를 보면 뿌듯하다. 외국인들은 왜 한국인들은 삼면이 바다인데도 수영을 할 줄 아는 사람이 없냐고 자주 묻는데, 한국에 있을 때는 생각도 못했던 질문을 받을 때면 난감하다. 그래, 왜 그럴까? 공부하느라 수영할 시간이 없는 걸까? 생존에 필요한 기본 기술인 수영을 한국 부모님들은 영어와 수학보다 더 하찮게 생각하지는 않나 생각이 든다. 나는 아이가 태어나면 바닷물에 던져서 혼자 헤엄쳐서 살아남도록 강하게 키울 생각이다. 바다에서 하루 종일 수영하고 선장님이 해주는 맛있는 음식을 먹고 밤에는 잔잔한 파도소리를 들으며 요람처럼 흔들리는 배에서 잠을 잤다. 항상 남에게 요리를 해 주다보니 남이 해주는 요리를 먹는 게 익숙하지 않아서 자꾸 벌떡벌떡 일어나서 도우려고 하는 나를 선장님께서는 말리신다. 나는 운이 좋아서 개인 요트를 타고 나왔지만, 투어 상품들도 있고 요트를 빌릴 수도 있으니 바다

❖ 클레오파트라 섬, 세디르

로 나가서 낚시하고 하룻밤을 보내는 것도 특별한 추억을 만들기에 좋을 것 같다. 안토니오가 클레오파트라를 위해 조개껍질을 갈아서 고운 모래사장을 만들었다고 전해지는 해변이 있는 세디르(Sedir) 섬이 투어 보트가 들르는 코스 중 하나라고 하니, 듣기만 해도 낭만적이지 않은가!

하나 더, 페티예에서 안탈랴로 가는 향하는 남동해안에는 기원전 약 1200년경에 형성된 그리스 국가인 리키아 왕국이 존재했던 지역이다. 이곳저곳 산 절벽마다 보이는 석굴무덤이 으스스한 분위기를 자아낸다. 도대체 어떻게 암석을 파고 깎아서 무덤을 만들었는지 궁금해졌다.

❖ 달란 석굴 무덤

페티예하면 잊히지 않는 기억 하나를 꼽자면, 바로 11세기 그리스 도시 위에 지어진 카야쾨이(Kayaköy)라고 불리는 버려진 유령마을을 갔을 때이다. 앞에서도 그리스와 터키 사이에 치유되지 않는 역사의 상처에 대해서 언급을 했는데, 1923년 인구 교환이 남긴 상처를 또렷하게 느낄 수 있는 곳이 바로 카야쾨이, 그리스인들이 레비시(Levissi)라고 부르는 마을이다.

당시 터키인들은 담배, 병아리콩, 그리고 무화과와 자두를 생산했고, 그리스인들은 포도를 키워 와인과 과일 잼을 만들고 비단을 짜거나 자수로 직물을 짜면서 함께 평화롭게 지냈다고 한다. 그러다 인구 교환 후에 그리스 마케도니아에 살던 터키인들을 이 마을로 이주시켰는데, 농업이 주요 생산 수단이었고 단순한 생활 방식을 가졌던 터키인들에게는 단층으로 된 그리스 가옥과 복잡한 마을 구조가 맞지 않았고 또한 땅이 농업에 적합하지 않았기 때문에 모두들 그냥 마을을 떠나버렸다고 한다. 역사상의 시간과 가치를 비교할 수는 없지만, 이탈리아 폼페이를 갔을 때도 이와 비슷한 느낌을 받았다. 아마도 깊은 상처를 남긴 역사적 사건 이후로 두 곳 모두 잊혔기 때문에 당시에 살았던 사람들의 흔적과 영혼이 아직도 느껴지기 때문일까? 폼페이에서 보았던 뜨거운 화산재를 손으로 가리려고 몸부림치다 그대로 묻힌 희생자들의 석상들이 눈앞에 생생이 아른거리듯이, 카야쾨이 마을의 해골 같은 집들과 교회 안에서 보았던 돌로 찍힌 벽들과 뼈들도 아직 잊히지 않는다. 가파른 언덕을 따라 나란히 서있는 돌집들은 오랜 세월동안 방치되고 훼손되어 있지만, 각 집들의 위치와 방향이 해를 최대한 받을 수 있도록, 그리고 똑같은 경치를 즐길 수 있도록 비탈진 언덕에 차곡차곡 배열된 모습이 전형적인 그리스 마을을 보여준다. 벽만 남은 텅 빈집들 사이에서 당나귀와 염소가 가끔씩 불쑥 얼굴을 내밀기도 하고, 좁은 골목길마다 나는 진한 무화과나무 향기가 후각을 자극하였다. 600가구의 집들은 세월을 버티지 못했지만 그나마 집 내부의 구조와 마을 광장, 그리고 교회들에 남아 있는 흔적들을 살펴보면 당시 그리스인들의 생활 모습을 상상할 수 있다. 교회 안으로 들어가 보니, 벽화들의 얼굴 부분들이 돌로 찍히고 홈이 파여 있는 것을 보았다. 이제는 비둘기들의 안식처가 되어 버린 초라한 교회의 모습 속에서 수세기 동안 함께 살았던 민족이 한순간에 적이 되었던 아픈 역사를 목격할 수 있었다.

❖ 카야쾨이

　그늘을 만들어 주는 나무 한 그루도 없는 텅 빈 마을을 한 시간 동안 멍하니 걷다 보니 유일하게 지붕이 남아있는 집 한 채가 보였고, 그 앞에 한 남자가 말없이 액세서리를 만드는데 집중을 하고 있었다. 가까이 다가가니 우리를 알아채고 간단히 그 집의 역사에 대해서 설명을 해 주었다.

　집 안으로 들어가니 당시 가족들이 사용했던 가구들도 있고, 방 안 벽면 한쪽에 당시 그 집에서 살았던 가족들의 사진들이 붙어 있었다. 그리고 그 사진들 아래에는

❖ 카야쾨이 집 안

6000명이 넘는 주민들을 그들의 조상들이 600년이 넘게 살아온 땅과 갈라놓고 그 아픔을 그 후손들에게 대대로 물려주는 결정을 내린 당시 정치인들을 향해 쓴 글귀가 있었다. 그 글귀는 지금 시대를 살아가는 우리에게 같은 과거를 되풀이 하지 말자고 상기시키는 교훈이 되는 글이었다. 떠날 준비를 위해 소지품을 챙기면서도 마지막 그 순간까지도 현실이 믿기지 않아 언덕 꼭대기에 올라가서 앙카라의 선포를 초조하게 기다렸던 사람들, 그리고 급기야는 눈물로 딸을 배에 실어서 보내고 본인은 태어난 땅에서 묻히겠다며 홀로 남은 어머니의 이야기는 듣는 이의 눈시울을 뜨겁게 한다. 배에 탔던 사람들이 파란 바다의 하얀 물거품 뒤로 멀어져가는 마을을 보면서 얼마나 통곡을 했는지 당시 초등학생이었던 한 그리스인에게서 들었다. 그리고 그곳에 남아서 친구와 이웃들과 작별 인사를 해야 했던 당시 12세였던 무슬림 터키인의 이야기도 들었다. 이 두 이야기를 들으면서 당시 관련된 나라들이 죄 없는 6000여명의 사람들에게 얼마나 용서받지 못할 일을 저질렀는지 실감할 수가 있었다. 집을 떠나는 순간에도 다시 돌아올 거라는 믿으면서 평상시처럼 문을 잠그고 집 밖을 나섰던 사람들의 심정을 느껴보려고 했다. 창문 밖을 내다보니 동네의 모습이 한 눈에 들어오고, 골목길에서 뛰어노는 아이들의 모습을 바라보았을 어머니의 모습을 상상을 하다 보니 눈물이 마구 쏟아졌다. 역사책에서는 그늘에 가려진 역사를 흙으로 덮으려고만 했지 가르치지 않았고, 그래서 나도 몰랐다. 그저 그리스 로마 신화 이야기만 듣고 읽으면서 서양 문화에 대한 환상만 키웠었던 내 자신이 부끄러워졌다. 현대 역사가 고대 역사에 가려져서 어쩌면 우리는 지금 우리가 살아가는데 진정으로 필요한 역사적 지식과 교훈이 부족하지 않나 하는 생각도 해보았다. 페티예와 카야쾨이를 떠났던 그리스인들의 일부는 근처 로도스와 크레타 섬으로 갔고 나머지는 아테네에 도착했는데, 이들은 그곳에 마을을 형성해서 계속 터키어를 사용하며 함께 살아가고 있다고 한다. 그리스 테살로니카에서 카야쾨이로 쫓겨 온 한 가족의 2세대가 전하는 이야기도 머릿속에 맴돈다.

> "카야쾨이 마을 사람들은 제 어머니에게 따뜻하게 잘 해주었지만, 그래도 항상 그리스 테셀로니카에서 살았던 이야기를 끊임 없이 하셨다. 특히 그곳에 밀이 더 많이 난다고 항상 자랑을 하셨다."

이제서라도 젊은이들과 정부가 역사를 바로잡으려고 노력을 하고 있으니 그래도 조금이나마 희망이 보인다. 단지 이 희망이 다시 정치적 이해관계 때문에 다시 꺾이지 않기를 바랄 뿐이다.

카야쾨이는 마을 전체가 평화를 상징하는 야외 박물관으로 운영되며, 그리스 분위기의 평화로운 휴가를 원하는 여행자들이 종종 찾고 있다. 보드룸이나 안탈랴의 파티 분위기와는 다른 자연과 함께 하는 조용한 휴양을 즐길 수가 있다. 그래서 페티예를 갈 때마다 난 항상 이 마을에 잠깐이라도 들리려고 한다. 고요함이 가득한 마을에서 밤하늘을 가득 메운 별들을 올려다보

❖ '진박' 바베큐 식당

면 영혼이 깨끗해지고 마음이 평화로워지는 것 같다. 이 마을을 가는 또 다른 이유 하나는 먹거리 때문이다. 이곳에 양고기 숯불구이 가든 식당이 있는데, 그 마을에서 기른 어린 양을 직접 요리하기 때문에 신선하고 맛있어서 양고기를 처음 먹는 사람은 소고기인 줄로 착각할 정도이다. 포도 덩굴 아래 그늘에서 자유롭고 화개 애애한 분위기 속에 야외 바비큐를 즐기고 난 후, 유령 마을 문턱에 있는 400년이 넘는 건물에 자리잡은, 터키에서 가장 오래된 와인 바에 앉아서 그 마을을 올려다보는 것도 잊지 못할 추억의 하나가 되었다. 경치와 분위기뿐만 아니라 와인 애호가들에게는 터키에서 가장 오래된 와인 양조장에서 만든 와인을 맛보기도 하고 와인 셀러에서 오래된 빈티지

❖ 레시비 와인 바 ❖

병들도 구경할 수 있는 좋은 기회이다. 그곳에서 그 와인을 마시지 않았더라면 아직도 터키 와인의 진가를 느끼지 못했을지도 모른다.

해마다 일 때문에 또는 휴가로 한 번씩 가게 되는 페티예는 이제는 집처럼 느껴질 정도로 친숙하고, 갈 때마다 기분이 좋아진다. 기후, 자연 그리고 바다가 최적이기 때문이기도 하지만, 페티예 사람들의 밝고 여유롭고 개방적인 사고방식 때문에 그럴지도 모른다. 아니면 안탈랴나 보드룸처럼 크게 관광화가 되지 않아서 때가 묻지 않아서일까? 현지인들 사이에서는 안탈랴는 러시아 관광객이 많아서 시끄럽고, 보드룸은 젊은 서유럽 관광객이 많아서 비싸고, 그리고 페티예는 영국 관광객이 주류여서 다소 여유롭다고들 한다. 편견을 부르는, 세계인을 일반화한 발언이지만, 실제로 여러 나라를 여행하다보면 왜 이런 말이 생겨났는지 이해가 되기도 한다. 페티예에 사는 영국인은 7천 명으로 추정 되는데, 이들은 은퇴 후에 날씨 좋고 싸고 먹을 것 많은 곳에서 말년을 여유롭게 보내기 위해서 이주를 하는 경우가 대부분이다. 그래서 이곳은 '작은 영국'이라고 불릴 정도로 영국적인 요소들이 많고 오히려 이스탄불보다 세계 음식, 특히 인도와 중국 음식을 맛보기에 더 좋다. 페티예가 더 매력적인 이유는 아름다운 그리스 시대의 학자의 도시, 로도스(Rhodos)에 쉽게 방문할 수가 있기 때문이다. 로도스는 고대 7대 불가사의인 콜로수스 동상이 있었고 십자군 기사단의 발자취가 있고 전형적인 유럽 중세 성곽도시를 그대로 잘 보존하고 있어서 볼거리가 상당히 많다. 터키 해안 인근의 그리스 섬 중에서는 당연히 최고로 꼽을 수 있어서 페티예까지 와서 로도스를 보지 않는다면 나중에 후회를 하게 될 것이다.

❖ 로도스 섬

현지인들이 최고로 뽑는 보석 같은 휴양지는 차가 없으면 가기 힘들다는 단점이 있다. 또 페티예와 안탈랴의 딱 중간지점에 있어서, 여행자로서는 한 곳을 선택하기도 난감하다. 한 해에 안탈랴에서 페티예까지 해안을 따라 운전을 한 적이 있는데, 정말 새삼스럽게 터키의 땅이 얼마나 큰지 느꼈다. 발길이 멈추는 곳마다 고대와 중세 역사 가 숨 쉬고 있고 보고 또 봐도 아름다운 자연이 있다. 이래서 지중해가 전 세계인의 갈 망인가 보다. 오 군의 여동생은 해년마다 친구들과 카쉬(Kaş)로 휴가를 간다. 카쉬가 제일 아름답단다. 그곳에서 스쿠버 다이빙을 하면 컬러풀한 지중해 해양 생명체만 보 는 것이 아니라 역사까지 본다는 것 때문에 더욱 매력이 있다고 한다. 아직 스쿠버 다 이빙은 해보지 않았지만 언젠가 도전을 해 봐야겠다.

카느야륵(Karnıyarık) – 배 갈린 가지

터키인이 가장 자주 먹는 요리로 점심시간에 직장인들이 가는 가정식 식당에 빠지지 않고 나온다. 입에 녹을 정도로 부드러운 가지와 채소, 그리고 다진 소고기의 맛이 잘 어우러진 일품요리로, 보통 쌀밥이나 터키식 불구르 밥과 함께 먹는다.

재료(4인분) : 가지 4개, 다진 소고기 200g, 양파 1개, 마늘 4개, 토마토 3개(조리용 2개, 장식용 1개), 올리브유 약간, 소금과 후추, 생 파슬리, 뜨거운 물 3/4컵, 토마토 페이스트 1큰술, 청고추(장식용), 고춧가루 약간(선택)

〈조 리〉

❶ 가지꼭지 주위의 파란 껍질을 떼어내고 가지껍질을 세군데 정도 벗긴다. (가지가 요리되었을 때 모양을 유지시키기 위한 절차.)

❷ 보통 프라이팬에 기름으로 튀기지만, 가지에 올리브유를 충분히 바르고 가지 하나씩 호일에 싸서 강온의 오븐에 20–30분 정도 가지가 부드러워질 때까지 굽는다. 오븐 그릇에

가지를 가지런히 놓아둔다.

❸ 팬에 올리브유를 두르고 다진 양파와 마늘을 볶다가, 다진 고기와 소금, 후추, 그리고 기호에 따라 고춧가루를 약간 넣고 고기가 익을 때까지 5분 정도 볶는다.

❹ 껍질을 벗겨 다진 토마토 2개를 넣은 후 뚜껑을 덮고 10분간 더 조리한다. 불을 끄고 다진 파슬리를 넣어 섞은 후 간이 맞는지 확인한다.

❺ 오븐 그릇에 놓아둔 가지를 껍질과 껍질 사이로 손가락을 넣어 조심스럽게 속을 연 다음, 고기 속을 채워 넣는다. 남은 토마토 하나를 얇게 썰어 장식하고 기호에 따라 청고추도 함께 장식을 해도 좋다.

❻ 토마토 페이스트와 뜨거운 물을 잘 섞어 오븐 그릇 바닥에 골고루 부어준 후, 미리 170도로 달구어진 오븐에 넣고 15~20분 정도 굽는다.

❼ 접시에 가지 하나씩 올리고, 밥과 함께 차린다. 기호에 따라 가지 위에 치즈를 뿌려서 구우면 색다른 맛을 즐길 수 있다.

〈응용〉 오븐이 없는 경우

❶ (2)번에서 프라이팬에 기름으로 조리한다. 단, 조리 전에 가지를 소금으로 비벼서 20분간 놓아 물기를 제거하면 조리가 빨리되고 기름이 덜 밴다.

❷ (5)번에서 충분한 넓이의 팬에 속 채운 가지를 놓고 약불에서 50~60분 정도 푹 요리를 한다.

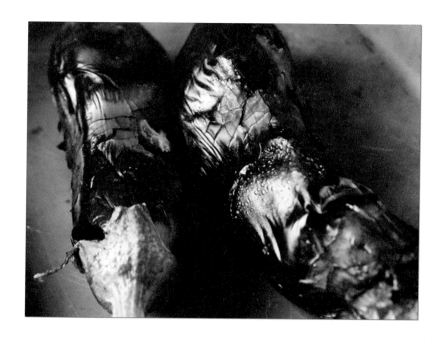

PART 03
터키의 종교
그리고 동서 문화의 교차

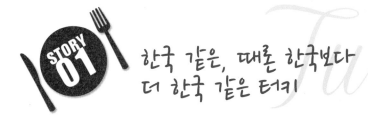

한국 같은, 때론 한국보다 더 한국 같은 터키

터키에서 일을 하면서 다양한 직종에 종사하는 다양한 연령의 여행자들을 접했다. 그중에는 긴 인연을 이어가는 사람도 있고, 친구가 된 사람들도 있다. 여행자들은 나를 통해 현지인의 눈으로 터키를 경험할 수 있는 기회이고, 또 타지 생활을 하는 나에게는 한국이 어떻게 돌아가는지 등의 뉴스를 접하고 향수병을 치료할 수 있는 기회여서 항상 감사하는 마음으로 대한다. 다시 가고 싶은 나라가 있는 반면, 여행하긴 좋지만 두 번 가고 싶지 않은 나라가 있다. 터키 여행자들은 이구동성으로 터키는 사람들이 너무 밝고 친절해서 마음이 편안하다고 한다. 어떤 분들은 그런 이유로 여러 번 오고, 올 때마다 보이는 것은 새롭지만 받는 느낌은 한결같이 좋다고 한다.

이스탄불 초창기 시절에 동네를 산책하면서 내가 어렸을 때 살았던 동네를 걷는 듯한 느낌을 많이 받았다. 학교 문구점, 전파상, 과일과 채소를 실은 트럭과 리어카들, 목청 좋은 고물상 아저씨들의 목소리들도 새록새록 옛 기억을 되살려주었다. 공원에 있는 운동 기구들을 보았을 때는 내가 한국에 있는 줄 알았다. 한국, 일본, 중국 등 아시아 국가들에서만 볼 수 있을 법한 운동 기구들을 터키에서 볼 줄은 몰랐다. 지금은 서양 국가들에서도 종종 볼 수 있다고는 하지만, 유럽 여행을 하면서 운동 기구를 목격을 하지 못한 나에게는 신기하게 다가왔다. 알고 보니 공원 운동 기구는 2008년 베이징 올림픽이 있기 전에 정부가 국민에게 운동에 대한 관심을 심어주기 위해서 설치한 것이라고 한다. 내가 별 사소한 것에 관심을 갖는다고 할지는 모르지만, 언제부터인가 사소한 것들에서 재밌는 사실들을 발견한다는 것을 느끼고 난 후로는, 이것저것 가리지 않고 관심을 갖게 되었다. 관심을 갖고 보면 터키는 한국과 정말 비슷한 점이 많은 나라이다.

일단, 터키인들은 대단한 깔끔쟁이들이고 건강에 무척 신경 쓴다. 집안에 들어서면 신발을 벗어야하고 청소에 열과 성을 다한다. 학교를 비롯한 공공건물을 출입할 때, 가끔은 호텔에서 조차도 비닐덮개로 신발을 싸야 하는 경우도 있다. 집마다 발코니 너머로 빨래가 널려있고 특히나 이스탄불의 전형적인 사진으로 많이 등장하는 모습인 집과 집을 연결한 공용 빨랫줄에 가지런히 널려있는 빨래들과 카펫들도 자주 볼 수가 있다. 처음에 살던 집에서 빨래를 발코니 밖에 달린 빨랫줄에 널 때마다 아래를 내려다보며 현기증이 날 정도로 아찔해하곤 했었다. 빨래는 그렇다 치더라고 창문과 창문틀에 낀 먼지를 닦는 여인네들을 보면, 지나치다 싶을 정도로 깔끔을 떤다고 느껴질 때도 있다. 아파트나 맨션의 경우 내 창틀을 닦지 않으면 이웃과 싸움이 날 정도이다. 그런데 오래 살다보니 왜 창틀을 그렇게 자주 닦는지 알 것도 같았다. 건조한데다가 공사도 많아서 먼지가 많이 날리는 것이 사실이긴 하다. 세차를 해도 2-3일 있으면 금세 먼지가 쌓이고 밤새 비라도 내리며 흙과 먼지 자국으로 차가 뒤덮인다. 터키인들은 차가 더러워지는 것에는 별로 신경을 안 쓰기는 하지만...

❖ 빨래

　식당마다 물수건을 주는 것도 비슷한 점이다. 다른 점이 있다면 한국은 물수건을 식사 전에 주는 것이 일반적인 반면, 터키에서는 요구를 하지 않으면 보통 식사 후에 준다는 것이다.

　터키에서는 집들마다 화장수인 '레몬 콜로냐'가 항상 비치되어 있어서 주인 가족 중, 보통 어르신들이 콜로냐를 들고 문 앞에서 손님을 맞이하고 그럴 경우 손님은 두 손을 펼쳐서 일명 콜로냐 세례(?)를 받아야한다. 또한 식당에서 식사를 마치고 나가는 손님들에게 콜로냐를 뿌려주기도 한다. '알코올'은 아랍인이 처음으로 발명했는데, 그것을 바탕으로 한 장미향과 레몬향의 향수가 들어오면서 터키인들도 즐겨 사용하며 중요한 문화의 한부분이 되었다. 장미와 아랍 문화는 큰 연관이 있는데 오래 전 바빌로니아 때부터 장미는 널리 사용되었고, 많은 그리스와 이집트 유적지에서 장미 문양들이 발견된다. 클레오파트라는 욕조에 우유와 장미 잎을 채워서 목욕을 했고 안토니오의 발에도 장미를 가득 뿌려서 성욕을 자극했다고 전해진다. 장미는 공자의 저서에서도 많이 언급되었는데, 그것이 로마에 전해져 장미 열풍이 불기 시작했고, 로마인들은 장미 정원을 많이 만들어 팔아 부를 축적했다고 한다. 이스탄불에서도 오스만 때 지어진 귈하네(Gülhane)를 비롯해서 많은 장미 정원들을 만들었고, 장미수나 장미 향이 들어간 디저트가 행복 호르몬 분비를 돕는다고 믿고 널리 사용했다. 일화로 코에 장미를 대고 향을 맡는 초상화로 많이 알려진 정복자 메흐메트는 아야소피아 성당을 모스크로 쓰기 전에 내부를 장미수로 청소하도록 명령을 내렸다고 한다. 이처럼 장미는 역사적으로 소독 및 항균제와 화장품으로 널리 사용되었고, 터키에는 이스파르타(Isparta)에서 독점적으로 고품질의 장미 제품을 생산하고 있다. 1800년대 서유럽 문화가 도입 되면서, 오렌지, 녹차, 로즈마리 같은 허브를 바탕으로 한 콜롱이 대중화되기 시작하였으나 아직 터키인들에게 가장 인기가 있는 것은 레몬향이다. 이들은 머리가 어지럽거나 피로할 때 상쾌함을 주기 위해서 또는 항균제로 손에 뿌려서 비비고 얼굴까지 비빈다.

한번은 이런 일도 있었다. 친구 집에 방문했는데 한 꼬마 아이가 콜로냐 병을 들고 와서는 내 손에 뿌려주는 것이었다. 그때쯤에는 이제 터키어도 제법 할 때라 어르신이 뿌려주면 정중히 거절을 해야겠다고 맘을 먹었었다. 그런데 뜻밖에 어린 아이가 뿌려주어 거절도 못하고 다 같이 배꼽을 잡고 웃었는데, 그 정도로 터키인의 콜로냐에 대한 집착은 강하다. 유로 공중화장실을 사용하면 티슈를 건네주며 화장수를 손에 뿌려주는 것도 자주 볼 수 있다. 이들은 향수, 즉 좋은 냄새에 상당히 집착을 한다. 이스탄불을 거닐다 보면 도시 전체가 레몬과 장미향으로 가득한 듯 한 느낌을 받는 것도 이런 이유에서이다. 난 개인적으로 향수를 좋아하지 않아서 어른들이 손에 화장수를 뿌려줄 때마다 상당히 난감해하지만 거절을 할 수도 없고, 좋다고 감사하다고 하며 따라서 할 수밖에 없다. 자동 분사용 공기 청정기도 집집마다 자주 눈에 띄어, 가끔은 한국 가정집에 있는 듯한 착각도 하게 된다.

터키는 아직도 전통적인 가부장제가 남아있어서 어르신을 공경하고 서열을 중시하며 가정과 자식이 무엇보다도 일순위인데, 이런 점도 유교 문화와 비슷하다는 느낌이 들 때가 많다. 선후배 관계도 뚜렷하고 외식을 할 경우 남자나 선배가 지불을 하는 경우도 흔하다. 어르신들은 남의 자식도 자기 자식처럼 대하는지, 길에서 버릇없게 행동하는 아이를 혼내거나 심한 경우 엉덩이를 때리는 것도 본 적 있다. 터키 속담 중 '살 껍질은 당신 것이고, 뼈는 내 것입니다.'라는 게 있는데, 그 문화를 기가 막히게 표현한 것 같아 웃음이 나왔다.

부모님들이 손자들을 귀하게 여기는 탓에 아이를 친정이나 시댁 부모님들에게 맘 편히 맡길 수 있다. 집을 비울 때 베이비시터를 찾아야하는 문화는 전혀 아닌 것이다. 집안에서는 남자들이 부엌일을 하지 않는다는 것과 명절이 되면 친척들을 찾아뵙고 인사를 드리는 풍습도 아직 남아있는데, 웃어른께 드리는 인사를 처음 봤을 때 무척 인상적이었다. 아직도 볼 때마다 뭔가 말로 표현할 수 없는 미묘한 감정을 일으키는데 그 인사란 바로, 어르신의 손등에 키스를 하고 그 키스한 손을 이마 위에 갖다 대는 것이다. 보고 있으면 정말 존경심이 느껴질 정도로 경건하다.

'손키스' 이야기가 나올 때마다 재밌는 일화가 생각난다. 터키에는 라마단 기간의 종결을 축하하는 명절 휴가인 '셰케르 바이람(Şeker Bayram)'이 있는데, 단 것을 나

뉘먹는다고 해서 '캔디 축제'라고도 불린다. 이날은 어린이들이 새 옷을 입고 친척들을 방문하면서 캔디 같은 맛있는 것들을 먹으며 용돈도 받는 날이다. 한국의 설날에 절하고 세뱃돈 받는 풍습과 많이 흡사하다. 하루는 친구를 따라 그 친구의 큰 고모 댁을 방문했는데, 친구 따라 인사를 하려고 시도했다가 망신을 당했다. 너무 긴장해서였는지 갑자기 인사 절차가 헷갈려서 당황한 나머지 그 분 손등에 키스를 하고나서는 그 손을 그 고모분 이마 위에 올렸다. 내 이마에 올려야하는데 말이다. 그 분이 얼마나 황당했을지... 기분은 나쁘지 않았을지 아직 알 수가 없다. 그날의 일은 그냥 서로 침묵을 지키기로 했다. 뭐, 외국인이 그랬으니까 귀엽게 너그러이 봐주셨으리라고 본다.

❖ 카페골목 신구(新舊)카페들

두 나라가 윗사람을 대하는 문화에 약간의 차이점이 있다면, 그것은 아마도 터키에서는 나이와 상관없이 담화를 나누고 길에서나 대중교통 안에서 또는 카페에서 옆 테이블에 앉았을 경우에 자연스럽게 대화를 나누는 등 세대 간의 폭이 더 좁다는 게 아닐까 싶다. 한국에서는 젊은이들이 가는 곳과 어른들이 가는 곳이 뚜렷하게 구분되어 있지만, 터키는 신구문화가 공존한다. 모던 카페와 전통 커피하우스가 공존하는 카페 골목을 거닐 때면, 또한 잔치나 결혼 식장에서 다 같이 춤추고 노래하며 즐거운 시간을 보내는 것을 볼 때면, 한국도 젊은 세대들이 윗세대들을 불편하고 위협적인 존재라기보다는 존경스런 친구처럼 여길 수 있으면 좋겠다는 생각이 들곤 한다. 터키, 특히 이스탄불에는 오히려 구세대들 중에 서구 문화를 더 자유롭게 즐기고 높은 질의 교육을 받은 엘리트들이 많다. 한국의 60-70세 연령층은 전쟁을 겪으면서, 또 그 이전 연령층은 일제 강점기를 겪으면서 박해와 빈곤을 경험했었던 것과는 달리, 이스탄불의 고령층은 오히려 서구 학문과 예술을 누리며 지냈다. 그래서 아직도 그때 프랑스나 영국 상류층처럼 카페나 바에서 음악을 듣고 춤을 추면서 자유로움을 즐겼던 날들을 회상하며 모임을 즐기는 분들도 주변에서 많이 본다.

터키인들도 남 이야기하는 것이 한국인 못지않다. 그래서인지 이들은 사생활 보호에 무척이나 신경을 쓴다. 전 세계에서 페이스북 유저가 가장 많은 나라 중 하나임에도 불구하고 이들이 페이스북을 이용하는 습성은 다른 나라 사람들과 사뭇 다르다. 보통 사람들이 시시콜콜한 자기들의 일상의 모습들을 사진을 통해 공유하는 반면, 체면 손상에 민감한 터키인들은 페이스북에 사생활을 노출하는 사진들을 잘 올리지 않는다. 아까도 언급했듯이, 남 이야기 하는 것을 좋아하는 습성을 서로 잘 알기에 서로 남의 입담에 오르지 않기 위해 조심을 하는 듯하다.

그 대표적 예가 바로 커튼이다. 주거형태의 특성상 집들이 다닥다닥 붙어있어서 사람의 눈을 피하고 싶어도 피할 수가 없는 현실 때문에 커튼은 필수이다. 농담반 진담반으로 남편이 집에 왔을 때 커튼이 열려있으면 부부싸움으로 이어진다는 설도 있다. 이들에게 커튼은 유일한 보호막이다. 베벡 부촌으로 이사를 간 친구마저도 호기심이 가득한 터키인들의 눈을 피할 수는 없었다. 멋진 풍경을 보여주는 거실의 커다란 창이 바로 바깥 버스 정류장을 향하고 있고 창문을 내다볼 때마다 정류장에서 기다리면서 창문을 빤히 쳐다보는 사람들의 눈과 마주쳐서 불편하더니 급기야는 그 창문을 블라인드로 아예 덮어놓고 이용을 하지 않게 되었다. 인구가 많다보니 그만큼 개인 공간이 부족하고 사건사고도 많으며 이들은 남들의 사건사고에 지나칠 정도로 관심을 갖는다. 아직도 어른들이 버릇없는 아이들을 길에서 혼을 낼 수도 있고, 또 길에서 낯선 사람이 사고를 당하거나 도움이 필요한 상황이 생기면 주저하지 않고 도와준다는 장점들이 있지만, 터키인들의 남에 대한 관심과 호기심은 때로는 선을 넘기도 한다. 가끔씩 관광지역 식당이나 길거리에서 터키 상인들이나 식당 종업원들이 관광객들에게 지나치게 친근감을 표시하며 형제나 친구인 냥 어깨를 쓰다듬거나 다독거릴 때면 보통 동양인들은 가볍게 웃으면서 귀엽게 봐주는데 유럽인들은 불쾌감을 표현할 때가 종종 있다. 그뿐만이 아니라 발코니에서 밥을 먹거나 책을 읽다가 고개를 들어보면 길 건너 아파트에서 구경하는 이웃들을 목격할 때가 자주 있다. 처음엔 "볼 테면 보라지. 숨길 것도 창피할 것도 없는데 뭐" 하며 별 신경을 쓰지 않았는데, 시간이 갈수록 스스로 커튼을 치기 시작하는 나를 발견하면서 문화에 적응한다는 것이 이런 것이구나 하고 느낀다. 여러 문화에서 살아본 나는 문화적응력 하나만큼은 뛰어나다고 자부하는 편인데, 초면부터 너무 사적인 질문을 던지는 터키인들이 처음엔 상당히 부담스러웠다. 터키인들은 직업, 연봉, 나이 등에 대한 질문을 누구를 막론하고 거리낌 없이 하는 경향이 있어 호주에 사는 동안 그런 개념을 잊고 살던 나는 한동안 사교 기피증이 생기기도 했었다.

시간이 흐르면서 문화에 대해 더 잘 알게 되면서 깨달은 사실 중 하나는, 터키 언어 자체가 가진 직설적인 특성 때문에 터키인들의 말이 가끔 외국인에게는 도전적으로 들릴 수도 있다는 것이었다. 아니, 실질적으로 그렇다는 이야기를 많이 듣는다. 그들은 왜 영어권 사람들이 '미안하다'란 말을 그렇게 자주하는지 이해가 안 간다고 한다. 길에서 사람과 부딪히면 'sorry', 문에서 누가 먼저 들어갈까 서로 눈치를 볼 때도 'sorry', 약속 장소에 늦으면 수선을 떨면서 'sorry', 작은 실수만 하면 'sorry'가 입에서 자동으로 나온다. 참고로, 터키인들은 미안하다는 말을 잘 하지 않는다. 모르는 것도 아는 척하는 경향이 있으며, '괜찮다' 또는 '문제 없다'라는 말을 자주 쓴다. 또한 터키에서는 길을 물을 때 최소한 3명한테는 물어봐야한다는 개념이 있다. 길을 물은 사람들이 잘못된 길을 알려주는 일이 반복적으로 생기자, 궁금해서 터키에 오랫동안 산 선배들과 만났을 때 물어보고서야 알게 된 사실이다. 일부러 골탕을 먹이려고 길을 잘못 가르쳐줄 리는 없을 테고, 모르면 모른다고 해야 하는데 도와줘야겠다는 마음이 워낙 앞서서 그러지 않을까 해석을 해보았다. 또는 외국인을 만난 것이 신기해서 흥분한 탓에 알던 길도 잘못 가르쳐주는 걸까? 아니면 모른다고 하는 게 창피해서 그럴까? 이것은 현지인이든 외국인이든 간에 상관없이 공통적인 경험담이다. 하지만, 재밌는 것이 그들의 이런 모습들에 불평을 하면서도 같은 우랄알타이 언어인 한국어를 쓰는 나로 서는 라틴어 계통의 서양인들보다는 그들을 너그럽게 이해하고 넘기기가 쉽다는 것이 다. 그래서 혹시라도 터키인들의 직설적인 면에 부딪혔을 때 이러한 언어적 차이를 알 면 사람들을 이해하는 데 도움이 될 것이다.

한국만 배달민족인 줄 알았더니, 터키 에도 한국 못지않게 배달문화가 발달해 있 다. 맥도날드 같은 패스트푸드 점들도 배 달을 하며, 동네 식당들은 배달을 해야 돈 을 번다는 개념이 있을 정도이다. 집 배달 도 많지만 사무실 배달도 많은데, 오토바이 로만 배달하는 것은 아니다. 시장에서나 동 네를 지나다 보면 비닐봉지에 담은 음식을 배달하는 청소년들도 자주 볼 수 있고, 쟁 반에 음식이나 차 등을 올려 도보로 가까운 거리에 배달도 많이 한다. 그중에서도 가장 나의 눈을 사로잡았던 광경은 우유 배달이 었다. 매일 아침마다 도심 속 고층 아파트 가 즐비한 골목길을 자전거 또는 마차로 다 니면서 시골에서 직접 짠 우유를 배달하는 사람들이 보인다. 도시에 사는 어르신들이 신선한 우유 맛이 그리워서 배달을 할 수도

있고, 건강을 생각하는 신세대들이 고열처리 우유보다는 농장 우유를 원해서일 수도 있다.

터키인들도 여름에 야외에서 시간을 보내고 피크닉을 많이 하는데, 이때 터키인 의 배달문화를 제대로 경험할 수가 있다. 목이 마르다 싶다하면 "물, 물!"을 외치며 작 은 카트가 다가온다. 또 빵이나 술안주 또는 군것질거리가 생각난다 싶으면 스낵카트 가 나타난다. 맥주나 티 같은 마실 것을 실은 카트가 또 나타나고 마지막으로 디저트 가 필요할 때는 초능력자처럼 마음을 읽고 아이스크림 마차가 나타나는 등 깜짝쇼가

끊이지 않는다. 움직이는 것을 좋아하지 않는 터키인의 습성을 너무 잘 보여주는 예가 아닌가 싶다. 그 후로는 피크닉할 때 뭔가 빠뜨렸다 싶어도 걱정을 하지 않게 되었다.

이 광경을 공원에서만 볼 수 있는 것은 아니다. 일반 도로에나 고속도로에서도 자질구레한 물건을 파는 사람들은 많다. 지금은 많이 사라졌지만, 한국 고속도로에 많았던 잡상인들을 터키에 와서 다시 보니 신기하다. 파는 제품이 두 나라가 다르다는 것도 재미있는 일이다. 예를 들어, 저녁 퇴근 시간에 교통체증에 걸려서 지루해하는 사람을 위한 군것질거리 헤이즐넛과 터키의 국민 빵인 시밋을 먹다보면 목이 마를 시간을 계산이라도 한 듯 100미터 더 가면 물을 파는 상인들이 나타난다. 그리고 또 500미터 정도 더 가면 꽃을 파는 이들이 나타난다. 왜 도로에서 꽃을 파냐고? 부인이나 여자 친구들에게 잘못을 해서 용서를 빌어야 하는 남자들을 위한 거라고들 하는데 진짜 근거가 있는 말인지 농담인지는 모르겠다. 한 가지 확실한 것은 터키 남자들은 아직도 꽃 선물을 하는 것을 좋아한다는 것이다. 그러다가 또 조금 더 가면 장난감 바이올린이 나타난다. 아빠를 기다리는 아이를 위한 선물일 것이다. 그런데 가끔은 활과 화살도 보인다. 그건 도대체 왜 파는 것일까?

이 밖에도 터키를 한국인 양 착각하게 하는 것들이 많은데, 한국인이어서 얻는 이익들이 불이익보다는 알게 모르게 꽤 많다는 것을 느낀다. 개인마다 경험이 다르기 때문에 이 또한 반박을 할지도 모른다. 하지만 이 글은 어디까지나 나의 개인적인 경험담이고 그것에서 나온 생각이라는 것을 다시 한 번 상기시키는 바이다. 터키인들은 동양인들에게 상대적으로 우호적이라고 느끼게 된 건, 그들의 입으로 서양인들은 정이 없고 가식적이라고 말을 하기 때문이다. 같은 돌궐족의 피가 섞였기 때문인지, 한국전 참전 용사 때문인지, 월드컵 응원 때문인지, 아니면 K-Pop과 한류의 인기 때문인지 정확한 이유는 알 수 없지만, 한국인들에게 친절한 것은 사실이다. 한 예로 지금 사는 동네의 베이커리 아르바이트생은 갈 때마다 기다리는 동안 먹으라고 쿠키를 하나씩 주고, 덤도 몇 개씩 넣어준다.

이렇게 우리와 비슷한 정서의 문화를 가지고 있는 터키지만 한국이 벌써 10여 년 전부터 뒤로 하기 시작한 제도와 문화들이 아직도 곳곳에 남아있다. 차가 조금 막히면 바로 빵빵거리는 운전자들이 대표적이고, 무단 횡단을 하거나 줄을 서지 않고 막무가 내로 지하철에 오르내리는 사람들도 한 예이다. 이런 모습들이 질서에 익숙한 사람들의 눈에는 무질서하고 교양 없는 것으로 보일지도 모르고, 혹은 색다르고 신선하게 보일지도 모른다. 어느 잣대로 재느냐에 따라 다른 것이다. 여행을 할 때에는 비교하지 말고 그 문화를 있는 그대로 받아들이는 것도 여행의 경험을 두 배로 하는 지혜이다. 색안경을 벗고 바라보면 갑갑하고 틀에 박힌 규칙에 따라 생활해야하는 현대사회에 아직도 내 판단과 상식에 따라 문제를 해결하고, 어쩔 수 없는 실수에 대해서는 서로 이해 해주는 사회가 있다는 것에 감사하게 될 것이다. 한번은 이런 일도 있었다. 공항 으로 가는 배를 ─그렇다 터키는 카드쾨이에서 배를 타고 공항으로 갈 수도 있다─ 기 다리면서 마지막 순간까지도 먹어보지 못한 터키 음식을 먹어보겠다는 일념으로 음식 하나를 주문했는데, 배가 떠날 시간이 되어 일어나려고 할 때야 음식이 나왔다. 음식 값을 내야할 지 난감하다는 표정을 짓고 있으니 웨이터가 음식은 신경 쓰지 말고 빨리 뛰어가라며 오히려 더 호들갑을 떨었다. 가끔은 문제가 생겨서 해결 불가능이라고 체 념 하려고 할 때쯤 어디선가 해결책이 요술처럼 튀어 나온다. 그래서 불가능이 가능한 나라, 예측불가능한 나라를 상징하는 표현으로 '여기는 터키다 Burası Türkiye(부라스 투르키예)!'라는 말이 생겨났나보다. 세상만사는 신의 의지에 의해서 일어나는 것으 로, '신의 뜻대로'라는 의미로 '인샬라 İnşalla!'라고 외치며 두 손을 공중에 체념한 듯 이 올리는 것을 무슬림 국가들에서는 많이 볼 수 있다. 인간의 힘으로 미래를 좌지우 지할 수 없는 것이고 문제가 생기면 긍정적인 자세로 해결책을 생각하면 된다는 사고 방식이 더 이상 답답해지지 않을 때 '나는 드디어 터키에 적응을 하는 구나'라고 느끼 게 될 것이다.

외국 관광객들이 가지고 돌아가는 가장 큰 추억 중 하나가 항상 웃는 터키인들의 모습이듯, 외국에 살고 있는 터키인들 또한 그리워하는 것이 터키인들의 정이다. 이 '정' 문화를 이해하는 민족들이 많지가 않은데 그중 하나가 터키이다.

'만두'에서 찾은 몽골족 뿌리의 흔적

터키를 여행하다 보면 유럽, 아시아, 아프리카를 동시에 여행을 하는 것 같아 다른 나라를 여행할 필요가 없을 것 같다고들 한다. 과장된 표현 같지만, 그 만큼 터키는 다양한 민족의 문화가 공존하는 곳이라는 것을 증명하는 말이다. 유형 문화제를 떠나서 음식 문화를 따졌을 때도 그렇다. 만두라는 음식은 보통 중국에서 유래했다고 알려져 있지만, 더 정확히 따지면, 투르크 족에 의해 전파된 것인데 그 증거를 모양과 이름에서 찾을 수 있었다. 터키에서 만두를 먹었을 때 놀란 이유는 바로 이름이 우리와 비슷했기 때문이다. 만두는 터키어와 위구르어로는 만트(manti)로 불리는데, 몽골어와 중국어로는 부쯔 또는 바오쯔라고 불린다. 이를 보면 돌궐족의 일부였던 위구르족이 몽골족을 피해 남하 하면서, 또는 그 전부터 실크로드를 통해 서부로 전파가 되었다는 결론이 나온다. 그리고 그때 여러 지역으로 전파된 만트가 여러 지역을 퍼지면서 지역마다 다른 모습으로 변형되어 지금까지 존재한다고 볼 수 있다.

한국의 만두는 크지만 터키 만두는 작고, 작으면 작을수록 좋다. 그 이유는 투르크와 몽골족의 '기마민족이 건조되거나 냉동된 만트를 가지고 이동하면서 모닥불에 빨리 끓여서 먹었다'는 기록에서 찾을 수 있다. 그러기 위해서는 작고 가벼워야했을 것이다.

터키 만트의 고장은 중부 아나톨리아의 중심 도시 카이세리(Kayseri)인데, 이곳에는 실크로드 무역 대상들이 쉬고 갔던 여관과 창고들이 있었고 따라서 이곳에서 다음 여정을 위한 음식을 조달했던 것을 상상해볼 수 있다. 또 내가 짐작하건대, 그 당시 인구를 모두 먹이기에는 육고기의 양이 턱없이 부족했기 때문에 새끼손톱 보다 적은 양의 고기를 넣어서 고기 맛만 보도록 했었는지도 모른다. 카이세리의 전통 중의 하나가 결혼하기 전에 남자 쪽 부모님이 신부될 여자에게 만트를 빚게 하는 것인데, 작게 빚으면 빚을수록 우수한 신붓감으로 간주된다고 한다. 당시에 결혼하기 전에 만트를 빚어야하고 카펫을 두 개씩 손으로 짜야했던 여자들을 생각하면, 내가 그때 태어났더라면 아마도 결혼을 못하고 평생 노처녀로 살지 않았을까하는 생각을 떨쳐버릴 수가 없다. 아시아 지역의 만두 요리와는 달리 중동과 터키의 만두 요리는 매운 토마토 소스와 마른 민트를 마늘이 섞인 요거트 위에 뿌려서 먹는다. 에게 지역에서는 토마토 소스 대신에 고추기름과 민트를 다른 지역보다는 묽은 마늘 요거트 위에 뿌리는데, 이것이 내가 개인적으로 제일 좋아하는 스타일이다.

❖ 이 음식(위)에 오스만 궁전 요리사의 손이 닿으면 이렇게(아래) 변한다. 모양도 내용물도 한 단계 업그레이드되는 것이 눈에 확실히 드러난다.

만두는 없는 나라가 없을 정도로 전 세계에 퍼져있다. 이탈리아의 라비올리를 비롯해 나라마다 특유의 모양과 만두소가 있어 비교해 보는 재미도 있는 것 같다. 그래도 만두하면 역시 속이 푸짐한 함경도의 꿩만두가 대가(大家)가 아닐까? 그런 비슷한 만두를 조지아(그루지아)에서 먹고 감동한 적이 있다. 어쩌면 그것은 속이 꽉 찬 왕만두여서일 수도 있지만, 더 큰 이유는 돼지고기가 들어서일 것이다. 반면 내가 제일 싫어하는 만두는 러시아 만두인데, 감자가 들었기 때문이다.

여기서 재밌는 이야기 하나 해보자. 만두는 아시아에서 유럽까지 찾아볼 수 있는데, 왜 마르코 폴로가 중국에서 가지고 왔다는 국수는 터키를 건너뛰고 이탈리아로 갔을까 하는 것이다. 터키 요리에서는 긴 국수를 찾아볼 수가 없다. 이야기에 따르면, 베네치아 출신인 마르코 폴로의 아버지와 삼촌도 당시에 라틴 제국 지배하에 있었던 콘스탄티노플에서 상업을 하고 있었다. 운이 좋게도, 그들은 도시가 다시 비잔틴에게 넘어갔던 해 직전에 재산을 모두 보석으로 바꿔서 콘스탄티노플을 떠나 아시아로 가는 바람에 악을 품은 비잔틴의 잔인한 처형을 피할 수 있었다고 한다. 비잔틴인들은 베네치아인들을 잡히는 대로 눈을 찔러 맹인으로 만들었다고 하는데, 참으로 잔인한 중세 유럽인들 이야기는 끊이지가 않는구나. 어쨌든, 마르코 폴로는 당시 몽골제국의 쿠빌라이 칸을 만나고 그의 지시하에서 상업을 한 후, 아시아 여행을 마치고 베네치아로 돌아가는 길에 터키의 '아다나', '트라브존'과 '콘스탄티노플'을 거쳤던 것으로 알려진다. 그런데 그는 당시에 터진 베네치아와 제노아 전쟁에 가담을 했다가 터키의 아다나와 레바논 사이에서 잡혀서 전쟁 포로가 되었다. 그리고 그 감옥에서 만난 이탈리아 소설가에게 들려준 이야기가 바로 '동방견문록'으로 편찬되었다. 그렇다. 그는 국수를 비롯한 다른 위대한 아시아의 기술들을 이탈리아에 도착하기 전까지 비밀로 했던 것이다. 또 다른 자료에서는 국수가 그 이전

부터 페르시아인들이 새해에 '가족이 함께 얽힘'을 상징하는 의미에서 먹었고, 또 성지 순례와 같은 긴 여행을 앞두고 축복의 의미로 먹었다고 한다. 이런 역사적 이야기들과 상관없이, 터키인들이 국수를 먹지 않은 이유는 어쩌면 단순히 포크나 젓가락을 사용하지 않았기 때문일 수도 있다. 왜냐하면, 긴 국수

는 없지만 짧은 길이의 수제국수는 있기 때문이다. 짧은 파스타와 같은 이 국수는 요리하기가 간편하고 포크가 없어도 수저로도 떠먹을 수 있다. 그러고 보면, 대부분의 대도시에는 중국인들이 많은데 이스탄불은 '차이나타운'이 없는 도시라는 것도 의아하다. 추측컨대, 두 민족이 예로부터 서로 견제를 했던 민족들인데다가, 습성이 비슷해서 같이 일하면 충돌만 일어날 것 같기는 하다. 그런데 더 정확히 말하면, 중국인들 특유의 뛰어난 상술이 만만치 않게 뛰어난 상술을 가진 터키인들에게는 통하지 않아서일 것이다.

❖ 야프락 사르마

만두 이외에도 또 아시아 문화의 흔적을 찾아볼 수 있는 것이 바로 '말이' 음식이다. 터키를 여행하다보면 눈에 가장 많이 뜨는 음식이 바로 포도잎 말이, '야프락 사르마(yaprak sarma)'일 것이다. 사르마(sarma)는 터키어로 '말이'라는 뜻으로 생긴 것도 손가락 김밥처럼 생겼다. 내용물로 밥과 잣 그리고 마른 커런트 베리가 들어가는데, 오스만 궁중 요리 중 하나로 전형적이고도 뿌리가 깊은 음식이다. 또한 터키인들에게는 술안주로 빠지지 않는 음식이기도 하다. 이와 비슷한 말이 요리를 전(前) 오스만 영토였던 불가리아, 세르비아 등 발칸 국가에서도 만날 수 있다. 단지 그 나라들은 포도 잎 대신에 양배추를 사용하는 경우가 많다. 이 '야프락 사르마'는 전형적인 여름 향기가 나는 요리로, 포도 잎이 무성할 때 가지를 치면서 그 잎을 뜯어서 요리를 했을 것으로 생각된다. 그리스, 오스만, 아르메니아... 어디가 원조인지는 모르지만 포도 재배를 많이 했던 지역임에는 틀림없고, 현재는 아르메니아가 원조라는 설이 가장 강하다. 쌀은 인도에서 페르시아로 처음 건너왔으니 그 주변 국가를 중심으로 쌀 요리가 발달했음은 틀림없다. 그리고 아르메니아 고산 지대는 역사에서 가장 오래된 포도 재배지로도 알려져 있으니 자연스러운 결론이 아닐까 싶다. 그런데 터키만큼 '사르마'의 맛이 다양한 나라는 없다. 대부분 중동 국가의 포도 잎 말이 요리는 통틀어 '돌마'로 불리고 다진 고기와 토마토가 들어가는데, 터키에서는 고기 대신 잣과 견과류, 계피가 들어가고 또 차갑게 먹는 형태가 존재하며, 터키어로는 '올리브유 포도 잎 말이' 또는 '가짜 포도 잎 말이(yalancı dolma)'라는 이름으로 불린다. 터키의 포도 잎 말이에만 유독 들어가는 중요한 재료 중 하나가 '잣'이라는 것을 보면 실크로드를 통해 들어온 너트를 사용했던 귀한 음식이었다는 것도 짐작할 수 있다. 그래서 손님이 오면 손이 많이 가는데도 불구하고 이 음식을 대접하는 것이다.

터키의 포도 잎 말이 이야기가 나온 김에 밥에 대해서 이야기를 하자면, 터키인들은 밥으로 속을 채우는 요리를 좋아한다. 그런 요리들은 터키어로 '채우다'란 뜻의 '돌마(dolma)'라고 부른다. 갑자기 베르사유 궁전보다 화려한 '돌마바흐체 궁전'이 생각난다고? 그렇다. 19세기에 지어져 200년 동안 오스만 제국의 궁전으로 사용되었던 그 궁전은 정원을 만들기 위해서 바다를 흙으로 채워 해안선을 일직선으로 만들었다고 해서 붙여진 이름이다. 식료품 가게마다 주렁주렁 달려있는 마른 채소들이 바로 돌마를 위한 것인데, 속을 파낼 수 있는 채소는 무조건 속을 파서 밥으로 채운다. 터키 가정에서 식사를 할 때 항상 빠지지 않는 요리가 아마도 돌마일 것이다. 이 돌마 요리는 다 똑같아 보이지만, 맛을 보기 전까지는 평가를 할 수가 없다. 가끔은 속을 열었을 때 어떤 맛일지 조마조마 하기도 하다. 돌마 요리는 가정마다, 또 누가 만들었느냐에 따라 맛이 다르다. 딱히 정해진 조리법이 없고 각자의 고향에 따라, 그리고 가정마다 들어가는 내용물과 향신료가 약간씩 다르기 때문이다. 하지만 확실한 것은 '말고, 채우는 것'은 아시아 문화라는 것이다.

다시 만트 이야기로 돌아가서, '만트'도 터키어가 몽골어 또는 한국어와 비슷한 예들 중 하나이지만, 터키어 공부를 하면서 비슷한 발음의 단어들이 상당히 많다는 것을 깨달았다. 처음으로 알게 되었던 터키어 단어가 '수(su)'인데, 물이란 뜻이고, '카박(kabak)'도 호박처럼 들리고, 부엌이란 뜻의 '무팍(mutfak)'도 부뚜막처럼 들린다. 또한, 사람이란 뜻의 '인산(insan)'도 인간과 비슷한데, 더욱 흥미로운 사실은 터키어로 사람을 '아담(adam)'이라고 부르기도 한다는 것이다. 이것은 이슬람이 아담과 이브의 이야기를 공유한다는 것을 증명해 주는 것이어서 흥미로웠다. 하지만 무엇보다도 터키어와 한국어가 같은 알타이어족에 속해서 어순이 같고 접미사가 바뀌는 어법도 비슷하다는 것에서 오는 문화적 동질감을 무시할 수 없다. 왜냐하면 그것이 사람이 생각하는 방식과 의사소통에 가장 큰 영향을 미쳐 사람들이 의도하는 바를 정확히 이해하는데 도움을 주기 때문이다. 피부색과 생김새가 다른 민족들과 그들의 언어 속에서 공통점을 찾는 것은 언어에 관심이 많은 나에게는 흥미롭다. 지금 생각해보면, 예전에 처음으로 핀란드 친구를 만났을 때, 키가 나보다 2배는 크고 금발에 파란 눈을 가진 그 친구와 금방 친해졌던 것도 아마도 언어 덕분일지도 모른다.(핀란드 어도 우리와 어순이 비슷하다.) 참고로 현재 터키어는 오스만 시절의 터키어와는 다소 차이가 있다. 오스만 시대 때는 공식어로는 아랍어를, 문학과 예술에는 페르시아어를 쓰고 서민들이 쓰는 구어는 또 따로 있었는데, 공화정 첫 대통령 아타튀르크가 라틴 알파벳을 바탕으로 한 문어를 만들어서 터키인의 문맹률을 낮추었다. 그 대통령은 터키어에 침투되어 있던 유럽 언어들을 당시 터키어와 통합했기 때문에, 현대 터키어에는 불어와 영어 외래어가 많이 있다. 종종 프랑스인들이 터키에 왔을 때 가장 신기해하는 것이 터키인들이 '실례합니다'란 뜻으로 불어인 '파르동(pardon)'을 사용한다는 것이다. 그 외에도 자전거는 비시클렛(bisiklet), 바지는 판탈롱(pantalon), 흥미롭다는 앙테레쌍(interessant) 등 불어 외래어가 상당히 많다.

중부 아나톨리아의 매력에 빠지다

터키는 정말 땅이 넓다. 왜 터키인들이 한 지역에서 태어나서 그곳에서 평생 살고 다른 지역으로 구경을 잘 가지 않는다고 하는지, 그리고 지역마다 사람들의 특성과 문화가 극히 다르다고 하는지 이해가 간다. 끝에서 끝까지 기차로 5시간 내에 충분히 갈 수 있는 한국과는 달리, 터키는 서쪽 끝에서 동쪽 끝까지 가는데 이틀이 걸린다. 항공편으로 갈 시 유럽에 가는 것보다 더 비싸다. 철도망 구축이 미흡하기 때문에 기차를 이용해도 또 버스로 갈아타야 하는 불편함이 있고, 1900년대에 건설되어 운행되었던 구철도망은 현재 새 고속철도 개설과 유럽과 아시아 대륙을 연결하는 해저 터널인 마르마라이(Marmaray) 공사로 무기한 서비스가 중단된 상태다. 한마디로 여러모로 국내 여행이 쉽지 않은 상황이다. 그래서 카드쾨이의 상징인 역사적인 하이다파샤(Haydarpaşa) 기차역은 빈 상태로 서 있다.

터키는 앙카라를 기점으로 보통 서쪽과 동쪽으로 나누는데, 자연 경관과 민족 구성, 그리고 음식을 비롯한 문화가 극적으로 크게 달라진다. 보통 수도 앙카라와 유명한 카파도키아가 있는 카이세리 주변을 중부 아나톨리아라고 부르는데, 서해와 지중해는 도로 여행을 했지만 솔직히 중부는 도로 여행이 엄두가 나지 않았다. 또한 중부는 땅이 비옥하지 않고 나무도 없는 삭막한 지역이어서 차를 타고 가면서 밖을 내다보아도 볼 것이 없다. 가도 가도 끝이 없는 사막과도 같은 회색의 산들 뿐이어서 푸른 산에 둘러싸여서 사는 한국인들은 중부 지역을 5일 이상 여행하면 아마 우울증에 걸리지 않을까 의심될 지경이다.

카이세리와 그 주변은 그리스와 로마시대 때부터 실크로드 대상들의 여관 등 시설들이 많았고, 역사적으로 가장 오래된 지역에 속한다. 중부 아나톨리아 지역은 히타이트 인들로부터 인류 역사가 시작되어 마케도니아와 비잔틴 제국을 거쳐, 7세기에 아랍 우마이야즈 왕조하에 있었다. 그리고 12세기에 셀주크 투르크에 점령을 당했다가 다시 13세기에 몽골 제국의 영역하에 들어갔다가 마지막으로 15세기에 오스만 제국의 영토가 되어 지금까지 이어져 오고 있다. 터키 공화정 시대에 들어서도 이 중부 아나톨리는 상업적으로 중요한 역할을 하였고, 특히 4,50년대에 재벌 그룹들이 이 지역에서 탄생했다. 그중에서 가장 유명한 그룹이 사반즈(Sabancı)로 이 회사 로고가 적힌 건물들을 터키 어디에서나 자주 접하게 된다. 제조와 무역을 바탕으로 급성장을 한 소규모의 기업들로 인해서 2004년에는 하루만에 139개의 공장이 시동을 개시해 기네스북에 올랐다고 한다. 사회과학계에서는 이렇게 자본주의와 개혁주의 사상을 받아들이고 터키의 경제 발전을 이끌어가는 사업가들을 '이슬람 칼뱅주의'라고 부른다고 한다.

카이세리가 외국인에게 잘 알려진 이유는 세계인이 죽기 전에 꼭 가보고 싶어 하는 곳 중의 하나인 카파도키아(Kapadokya)에 가기 위해서 거쳐야하는 곳이기 때문이다. 터키의 그랜드 캐니언이라고 불리는 카파도키아, 영어로는 Cappadocia. 이 단어를 들을 때면 복잡한 감정이 뒤섞여 몰려온다. 터키 여행자들의 숨을 멎게 하고, 다시 오고 싶다는 소망을 갖고 떠나게 하는 이곳은 설명할 수 없는 기운이 도는 곳임에는 틀림이 없다. 단순히 신비로운 지형과 동굴 호텔 때문만은 아닌 것 같다. 그 매력에 빠져서 여행 도중 카파도키아에서 장기간 머물기를 결정하는 사람들도 종종 있다. 괴레메 마을에서 머물렀을 때 해질녘에 숙소 뒤편에 있는 언덕에 올라가서 카파도키아의 파노라마 전경을 내려다보았을 때, 뭔지 모를 전율을 느꼈다. 아소스에서 느꼈던 천국에 있는 듯 한 전율과는 또 다른 감정이었다. 10분간 그 신비로운 경치를 바라보고 있으니 순간 두려움이 나를 사로잡았다. 그리고 갑자기 내 큰 이모의 이야기가 생각났다. 항구도시에서 태어나 항상 바다를 바라보며 살다가 산으로 둘러싼 내륙 도시로 시집을 갔었던 이모는 한 달도 못되어 바다가 그리워졌고 혹시나 바다가 보일까 하고 산꼭대기로 올라가기 시작했단다. 바다는 보이지 않았지만 그래도 탁 트인 경치가 답답한 마음을 달래주었기 때문에 계속 산을 올라 다니셨다고 한다. 몇 개월이 지난 후 도저히 바다가 없는 곳에서는 살 수 없다고 느낀 이모는 고향으로 도망치듯 내려왔고, 이모부가 결국 일과 가족을 포기하고 이모의 고향에 와서 살게 되었다고 한다. 아마도 내가 느낀 것이 그것과 비슷하지 않을까 싶다. 무슨 평생 살 것도 아닌데 여행자가 그런 생각까지 하냐고? 나는 역마살이 있어 항상 발길이 닿는 곳은 일시적 안식처로 생각을 하는데, 아마도 전생에 메소포타미아 지방 유목민이 아니었나 싶다.

히타이트 시대 때부터 역사를 지속해 왔던 크고 작은 현지 부족 왕들로 이루어진 카파도키아 왕국은 페르시아 제국 때부터 세계 역사에 본격적으로 등장하게 되는데, 이름 또한 페르시아어로 '아름다운 말의 땅'이란 뜻의 'Katpatuka'에서 유래되었다고 한다. 현재보다 더 큰 영역을 포괄하던 카파도키아는 동서양의 세력을 절충하며 경제

❖ 카파도키아

적 부를 누렸던 곳이고, 4세기에 기독교가 공식화되기 전까지 기독교인들이 숨어서 지내는 은신처였던 지하도시가 형성된 곳이기도 했다. 로마시대 때는 폼페이, 안토니우스 그리고 옥타비아누스 손을 두루두루 거쳤을 정도로 서로 탐을 내던 곳이었다. 정말 신이 조각을 한 것처럼 매력적인 이곳을 보고 반하지 않을 사람이 누가 있을까? 7세기 아랍 이슬람 세력이 서방으로 확장하던 시기에는 아르메니아 왕조가 자리했고 수많은 아르메니아 군사들이 비잔틴 제국과 함께 이슬람 세력과 대응해서 싸웠던 지역이기도 하다. 지금은 동굴 교회와 데린쿠유와 같은 지하도시에 남아있는 흔적만으로 초기 소수 기독교 민족들의 역사를 들여다볼 수 있는데, 기독교가 자리 잡기 전 숨어서 신앙생활 하느라 기독교인들이 얼마나 힘든 삶을 살았을지 상상하면 경이로움을 감출 수가 없다.

6,70년대에 들어서면서 이 지역의 많은 사람들이 다른 대도시로 이주를 하거나 유럽으로 노동이민을 갔지만, 네브쉐이르(Nevşehir)라는 도시가 형성되면서 관광화가 본격적으로 시작되어 카파도키아인들이 많은 돈을 벌어들이기 시작했다. 그래서 이곳에는 알부자 또는 현금부자들이 많다고 한다. 여행사와 숙박업소를 운영하는 외국인들도 꽤 많고 더 높은 월급과 조건 때문에 그랜드캐니언에서 이주해온 열기구 조종사들도 많다고 한다. 워낙 세계적으로 알려진 곳이라 터키 관광지 중에서는 제일 조직화되어있어서 여행자들이 할 수 있는 프로그램들도 많고 편의시설이 잘 되어있어서 좋다. 특히 동굴 숙소에서 잠을 자는 경험은 평생 잊지 못할 추억으로 남는다. 수천 년 전에 일어난 화산폭발로 형성된 지형은 화산재로 만들어진 부드러운 응회암이 단단한 현무암을 뒤덮고 이 두 암석이 바람과 물에 의해 침식이 되어 기이한 협곡과 바위들이 탄생했다. 이 믿기지 않는 경치를 바라보고 있으면 자연의 힘이 얼마나 대단한지, 그 힘 앞에 겸손해진다. 어쩌면 이렇게 정교하게도 석상들을 만들었는지, 어떤 바위들은 이슬람 사원의 첨탑 같기도 하고 보초를 서는 사람 같기도 하고, 또는 동물 같기도 하여 우리의 상상력을 자극한다.

부드러운 응회암석에 구멍을 파서 방을 만들고 식구가 늘어나면 더 구멍을 파서 집을 늘리며 살아갔던 사람들의 생활을 한번 상상해 보면 그들의 생활력과 창의력에 감탄하게 된다. 중부지역은 여름에는 살을 태우듯 햇볕이 뜨겁고 겨울에는 상당히 추운데, 카파도키아의 동굴 집들은 자연적으로 여름에는 시원하고 겨울에는 따뜻해서 냉난방기가 필요 없다. 아직도 저녁에 갑자기 기온이 떨어지면서 심한 모래 바람이 불었던 괴레메를 기억한다. 왜 괴레메 숙소들의 옥상에는 장식들이 부족한가 했더니, 강한 바람이 모든 것을 날려버리기 때문이란다. 일교차가 상당히 커서 여름에도 밤에는 기온이 많이 떨어져서 춥고, 특히나 열기구를 타기 위해 새벽 4시에 일어나야 할 때는 너무 추워서 코트나 재킷을 입어야한다. 나는 여행을 가볍게 하는 편이어서 재킷을 챙기지 않았고 그냥 숙소에서 아저씨에게 재킷을 빌려서 탔다.

척박한 땅이라 농작물 재배가 어려울거라 생각했는데, 공중에서 내려다 보니 포도밭이 많이 보였다. 이 지역이 포도 제품, 특히 포도 액기스(Pekmez)의 주요 생산지이고, 와인으로 유명하다는 증거이다. 그리스인들이 많이 살던 20세기 초까지 양질의 와인을 대량 생산해 왔지만 그 후로는 거의 와인 생산이 중단된 상태였다가, 투라산(Turasan)이란 와인 제조사가 카파도키아 와인의 명성을 다시 일으켜보기 위해 노력을 한 결과 지금은 국제 대회에서도 메달을 탈 정도로 질이 높아졌다. 이 지역의 토양의 특징상 레드 와인보다는 화이트 와인의 질이 더 탁월하다. 아로마가 풍부하고 맛이 좋은 포도를 생산하는 데는 토양뿐만 아니라 큰 기온 차도 중요한 역할을 하며 카파도키아는 그에 딱 맞는 기후조건을 가지고 있다.

❖ 저녁식사 와인

종종 터키 여행자들 중에는 와인에 관심이 있는 사람들이 있는데, 레드 와인 애호가의 한 사람으로서, Turasan의 칼레직 카라스(Kalecik Karası)를 권한다. 터키의 토속 품종으로 만들어진 이 와인은 프랑스 피노누아(Pinot Noir)처럼 우아하고 부드러운 맛에 향이 좋으며 여러 음식과 조화가 맞다. 그런데 이 칼레직 카라스를 아는 사람들은 별로 없고, 터키 와인 제조사들도 대부분 이 품종에 별로 관심을 두지 않고 가장 보편적인 외퀴즈괴쥐(Öküzgözü) 품종으로 만든 와인을 많이 생산한다. 나는 개인적으로 스위트한 와인을 좋아하지 않아서 외퀴즈괴쥐는 발음하기도 힘들뿐더러 맛도 내 입에는 잘 안 맞는 편이다. 한국인에게는 아직 프랑스와 칠레 산이 압도적인 인기고, 터키에 와인을 마시러 오는 사람은 거의 없다. 하지만 터키의 와인은 내추럴 와인, 다시 말해 사람의 손이 최대한 덜 관여하도록 하고, 농약과 같은 화학제품의 사용 없이 자연스런 조건에서 생산된 포도를 자연적으로 발효해서 만드는 와인이다. 이러한 와인들은 포도의 본연의 맛이 오크 향에 가려지지 않고 포도의 발효과정에서 독특한 아로마를 생성하는데, 그 매력에 빠지면 다른 와인을 마셨을 때 인공적인 느낌을 받게된다. 음식 전문가다 보니 음식 이야기를 하다보면 너무 흥분해 자제가 되지 않는 것이 탈이지만, 그래도 와인과 관련된 이야기는 나중에 기회가 되면 다시 나누고 싶다.

❖ 꿀

카파도키아 하면 생각나는 다른 하나는 벌이다. 멋진 경치를 감상하면서 숙소 옥상에서 아침 식사를 하는데, 벌떼들이 공격을 해왔다. 그런데 이 녀석들이 이상하게도 잼이나 꿀처럼 단 음식을 먹는 게 아니라, 햄을 먹는 것이었다. 경치만 기이한 것이 아니라, 사람과 벌들의 식성도 기이한 걸까 싶다. 주변이 온통 메마른 암석뿐이고 꽃이 부족해서 육식을 하게 되었나 싶기도 하고, 그래서 꿀이 그렇게 맛있는 건가 싶기도 했다. 이처럼 진한 색과 맛의 꿀을 처음 맛보았다. 너무 반해서 숙소 아저씨께 조금 달라고 해서 이스탄불로 가지고 왔다. 나중에야 알게 된 것인데, 카파도키아의 꿀은 햄먹는 벌들이 만드는 것은 아니고, 카이세리 주변에 많은 특별한 보라색 꽃을 먹는 벌들이 만든다고 한다. 이 꿀은 케벤 꿀이라고 불린다.

이 지역은 또 오스만 시절에는 터키식 소고기 햄인 파스트르마(pastırma)를 대량으로 생산하여 대상들 뿐만 아니라 전국에 공급을 했었다. 파스트르마는 보통 햄을 만드는 방식인 훈제 건조 방식과는 달리 소금, 마늘 그리고 파프리카 가루와 향신료로 고기를 덮어서 건조를 하는 독특한 햄이다. 솔직히

❖ 파스트르마

햄이라기보다는 스페인 하몽 같은 질감을 가지고 있다. 이것은 킬로당 가격이 꽤 비싸다. 터키인들 중에는 파스트르마를 많이 먹으면 암내가 심하게 난다며 많이 먹지 않는 사람들도 있는데, 햄 가장자리에 붙어있는 양념만 빼고 먹으면 괜찮다고 한다. 보통 술안주로 이것을 단기간에 과잉 섭취하기 때문에 암내 관련된 설이 있는 것이지, 종종 아침 식사로 오믈렛에 넣어서 먹는다고 암내에 크게 영향을 미칠 것 같지는 않다.

카파도키아를 돌아다니다 보니, 일본어가 쓰인 여행사들과 팸플릿이 많이 보여 일본인 관광객이 많이 방문하는가 보다, 짐작을 했다. 나중에 알게 된 사실인데 카파도키아에 살고 있는 일본 여성들이 100명이 넘는단다. 특이한 것은 일

❖ 눈 덮인 마을

본인들은 겨울에 눈 덮인 카파도키아를 보러 많이 온다고 한다. 직접 눈으로 보지는 못해서, 눈으로 덮인 카파도키아를 상상해 보았다. 눈에 쌓인 마을을 동굴 집 안에서 바라보고 있으면 그 멋과 운치도 꽤 좋을 것 같다는 생각이 들면서도, 한편으로는 상당히 고립된 듯 한 느낌이 들지 않을까 싶었다. 하지만 카파도키아가 정말 마음에 들어서 그곳에서 한 달을 머물렀다는 지인의 이야기를 들어보니 예쁘긴 한가 보다. 나도 나중에 기회가 되면 겨울에 한번 가봐야겠다.

STORY 04 실크로드 따라 가을 나들이 *Turkey*

터키를 여행 하면서 마음에 동요가 오지 않는다면 터키를 제대로 경험했다고 할 수가 없다. 돈이면 뭐든지 할 수 있다고 생각하는 세상에 살면서 점점 닫히고 굳어진 심장과 머리에 새로운 자극을 주는 곳이 바로 터키의 땅이 아닐까? 우리나라 방송에서 한 터키인이 '터키에는 전 세계에서 볼 수 있는 모든 것이 다 있다'고 했을 때, 사람들은 아마도 그가 거만하고 자국에 대한 애착이 지나치다고 하며 비웃음 지었을지도 모른다. 터키에 살면서 개인적으로 만난 많은 사람들에게서 비슷한 말을 많이 듣는데, 그때마다 나는 고개를 갸우뚱거렸다. 그러나 터키에서 3년이란 시간을 보내고 나니 이제는 그들이 의미한 바가 무엇인지 알 것 같다. 땅이 넓다보니 평생 부지런히 곳곳을 다녀도 다 돌아보지 못하는 곳, 그리고 사람들의 발길이 닿지 않아 때 묻지 않은 자연과 함께 순박한 인간미가 그대로 남아있는 곳이 참 많다. 겨울에도 남쪽으로 가면 수영을 할 수 있고, 여름에도 동부로 가면 눈을 볼 수 있다.

한동안 터키 정치에 관심을 갖게 되면서 타입 에르도안(Recep Tayyip Erdogan, 신임 터키 대통령)과, 그의 지지자들이 많은 곳들을 꺼리기 시작했다. 터키에 살다보면 평소에 관심을 두지 않던 정치에도 관심을 갖게 된다. 그래서 동부 여행도 내키지 않아 미루었고 그의 고향인 홍차의 도시 '리제(Rize)'와의 연관성 때문에 홍차마저도 끊으려고 했다. 그리고 산 절벽에 세워진 경이로운 슈멜라 수도원(Sümela Manastırı)이 있는 트라브존(Trabzon)을 비롯한 흑해 지방에도 발을 들여놓고 싶지가 않았다. 나는 다른 사람들보다 조금 더 주변 환경과 교감을 하는 터라 장소에 따라 심적으로 영향을 많이 받는 편이라고 여겨 그랬다. 흑해 지방이 고향인 친구들도 그 지방 사람들은 보수적이고 고집이 세고 배타적이라면서 가지 말라고까지 했기에 더욱더 갈 의양이 없었다. 하지만 터키는 기대하지 않은 무언가로 사람을 놀라게 하고, 사람들의 인성이 좋은 만큼 장난기가 많다는 것, 그리고 '사랑'과 '미움'이 교차하고 깊은 역사만큼이나 알아가는 재미가 쏠쏠한 나라임을 느끼게 된 순간이 있었다.

흑해 지역에 대한 복잡한 감정들과 실랑이를 하면서도, 단풍이 물든 가을 산이 보고 싶어서 참을 수가 없었다. 나무가 우거진 산이 없는 터키에서 어떻게 단풍을 구경할지 고민을 하다가 유일하게 나무가 우거진 높은 산들이 있는 흑해 지방으로 주말 여행을 가게 되었다. 어디를 갈까 지도를 보면서 찾던 중에 사프란볼루(Safranbolu)를 선택했다. 역사적으로는 비싼 향신료인 사프란 재배와 실크로드 무역으로 중요했고, 요즘은 문화유산으로 보존된 오스만 시절 가옥들이 있는 예쁜 도시로 알려져 관광객들이 많이 찾는 곳이다. 관광화된 도시는 가지 않겠다는 생각으로 한동안 피해왔지만, 비수기라 괜찮을 거라는 것이 오 군의 생각이었다. 나는 사프란볼루에서 군복무를 해서 그 주변을 잘 아는 오 군 말을 따르기로 했다. 흑해 지방이 선사하는 최고의 아름다움을 만끽할 수 있는 계절에 딱 맞춰 여행을 하게 된 행운에 기뻐하면서 창밖 풍경을 감상했다. 사프란볼루로 가는 길에 펼쳐진 경치는 내가 기대했던 것보다 훨씬 더 장관이라 산에 대한 목마름을 단숨에 해결해주었다. 나는 갑자기 숨겨진 보물이라도 발견한 듯이 행복했다.

❖ 사프란볼루 가는 길

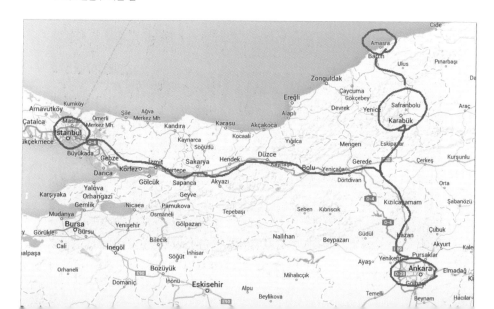

성수기가 끝난 시기라 한산한 사프란볼루 마을은 기온도 떨어지고 가랑비가 내리고 있었지만 그 때문에 오히려 오래된 오스만 가옥들의 굴뚝에서 내뿜는 연기가 더욱 옛 분위기를 자아냈다. 아니나 다를까, 사프란볼루의 문화유산인 오스만 전통 가옥은 겨울을 위해서 디자인되었다고 한다. 햇볕을 최대한 받기 위해서 언덕으로 제각기 다른 방향으로 향하게 짓고 창문을 많이 낸 지혜가 보인다. 오스만 가옥을 이야기할 때 가장 눈에 띄는 특징이 바로 돌로 된 1층 기반에 2층부터 나무와 흙을 사용해서 주거 공간을 만들었다는 것이다. 이러한 외부 디자인은 비잔틴 건축양식을 응용한 오스만 건축의 특징이다. 대신 당시 사람들의 생활상을 엿볼 수 있는 내부는 이슬람적인 요소들을 많이 갖고 있다. 특히 눈에 띄는 것은 2층에 밖으로 돌출된 베이창(bay window)으로, 이것을 통해 여성들은 앉아서도 바깥에 누가 있는지, 그리고 어떤 일이 벌어지는지를 광장 끝까지 다 볼 수가 있었다고 한다. 이 베이창은 아랍 건축에서 상당히 중요한데, 베이창을 본 베네치아인들이 나중에 유럽에 퍼뜨렸고 더 화려하게 장식이 되면서 영국에서는 빅토리아 시대를 대표하는 건축양식으로 자리 잡았다.

내부를 박물관처럼 공개하는 어떤 주지사의 집인 코낙(konak)을 방문했을 때 가장 인상 깊었던 것 중 하나가 남녀의 생활공간이 엄격히 구별되어 있었다는 것이다. 예를 들어, 부엌에서 여성이 요리한 음식들은 두 공간을 나누는 벽면에 회전식 선반에 음식을 놓아지고 바깥에서 선반을 돌려 음식을 가져갔다고 한다. 걸을 때마다 삐걱거리는 나무 바닥 소리와 못을 사용하지 않고 지은 나무 천장에서 동양 가옥의 기운이 느껴졌다.

밖으로 나와 과거에 귀한 향신료인 사프란(saffron)을 사기 위한 실크로드 상인들로 북적거렸을 광장과 상점들이 즐비한 좁은 골목들을 누비면서 그들의 발자취를 찾아보았다. 사프란은 고대로부터 성자와 귀족들의 의복 염색제와 약으로 쓰이던 귀한 향신료이다. 인도와 동남아시아 불교 스님들이 노란 가운을 두르는 것도 이것에서 유래한다고 한다. 미용에 뛰어난 효력이 있어 클

❖ 사프란 꽃

레오파트라가 사프란 물로 목욕을 하거나 화장품으로 썼다는 것도 잘 알려져 있다. 뿐만 아니라, 흑사병까지 치유하는 효력을 보여서 당시에 사프란 값이 폭등했다는 이야기도 있다. 손으로 일일이 꽃에 있는 사프란을 분리해야 하기 때문에 100g당 100달러 이상으로 무척 비싸다. 지금은 이 도시에서는 연간 고작 5-6kg 정도밖에 재배를 하지 않는데, 예전에 오스만 궁전에서나 사용했지 터키인들은 일상생활에서 거의 사용하지 않는다. 사프란에는 우울증을 치료하고 기분을 좋게 하는 성분이 있다는데, 사프란을 먹지는 않지만 그래도 그 향기 덕분인지 사람들 표정이 모두 밝은 듯 했다. 그래서일까, 쌀쌀하고 눅눅한 날씨 속에 울퉁불퉁한 돌길을 걸으면서도 마냥 즐거웠다. 이 땅에는 장미, 사프란, 계피, 강황 등 행복 호르몬을 분비시키는 향신료들도 많아서 복 받은 나라라는 생각도 들었다. 사프란에 관심이 없더라도 이 귀한 향신료를 이곳에서 냄새라도 맡아볼 수 있다는 것도 중요하다고 본다. 가게에 들어가면 1등급과 2등급 사프란을 비교할 수가 있는데, 1등급 사프란 냄새를 맡고나면 정말 마법에 걸린 듯 온 감각이 살아난다. 사프란만의 독특한 아주 진한 꿀 향기 끝에 은은히 베어 나오는 녹슨 철과 같은 냄새...... 과연 상상이 가는가?

이 마을은 또한 동제품 수공예로 유명해서 싼 가격으로 질 좋은 물건들을 살 수가 있다. 그래서 나도 부엌을 장식할 접시와 냄비 등을 샀다. 또 새 집으로 이사한 지 얼마 안 되어 '악마의 눈'이 아직 없다는 것을 깨닫고, 한 할아버지가 직접 손으로 만든 '악마의 눈'도 몇 개 샀다. 역시 손으로 직접 만들어 공장에서 찍어 낸 것과는 큰 차이가 있고, 세월의 흔적이 보였다. 몇 개 남지 않은 수제품을 손에 넣을 수 있어서 너무나 기뻤다.

추운 기온 탓인지 따뜻하고 포근한 카페가 자주 생각난다. 전통적인 마을이어서 술을 파는 식당이나 바가 없다보니 차와 커피를 번갈아서 쉬지 않고 마시게 되었다. 비 오는 날 재즈 카페에서 와인을 마시며 음악을 들으면 좋겠다 싶은데, 전통 커피 하우스에서 커피를 마시며 터키 전통 음악을 듣는 것도 운치가 있었다. 아니, 고요하고 구슬픈 단조 음악에 맞춰 고개를 끄덕이면서 손가락으로 테이블을 북처럼 두드리는 나를 발견하고 놀랐다. 사람들이 모였다 하면 술을 마시는 문화에 익숙했으나 차와 커피를 마시며 음악을 듣는 이 문화가 더 이상 낯설지가 않고 마음 깊숙이 다가왔다. 갑자기 손님 중 한 피아니스트 분이 자발적으로 지원을 해서 함께 즉흥적으로 연주를 했는데, 자주 듣던 낯익은 노래였고, 그러다 보니 내 자신이 터키인과 하나의 공감대를 형성한 듯해서 특별한 감흥을 받았던 것 같다. 나는 사람이 보물이고 마음씨가 선하고 착한 사람들과 있으면 천금만금이 부럽지 않다는 사실을 터키에서 깨달았다. 그래서 터키는 나에게 더욱 특별한 의미다.

세상은 안과 밖의 모습이 다르다는 것을 알지만, 터키만큼 안과 밖이 크게 다른 나라가 또 있을까. 전기포트를 사용하는 카페가 많은 이스탄불과는 다르게 한 잔씩 정성껏 만들어서 잔에 부어주고, 단돈 오천 원도 안 되는 금액으로도 내가 세상에서 제일 중요한 사람인 양 대접을 받을 수 있는 등 따뜻한 인간미가 곳곳에서 느껴졌다. 왜 내가 그렇게 느꼈는지, 정성스럽게 보살펴 주셨던 숙소의 사장님과 오 군의 이야기를 듣고 나니 이해할 수 있었다. 아직 관광지화가 덜되어 순수함이 변질되지 않았고 또한 타지에서 오로지 돈을 벌기 위해서 오는 사람들 보다는 마을을 사랑하는 주민들이 자부심을 가지고 전통을 지켜나가려는 공통된 목표가 있기 때문이란다. 항상 웃고 서로를 챙기고 세상 만물에 감사하는 이것이 바로 여러 민족이 거쳐 간 터키 땅이고, 동양과 서양의 철학과 문화가 사람들의 의식 속에 자연스럽게 스며들어 나름대로의 지혜와 생활방식이 형성되었을 것이다.

가무의 민족, 종교와 대륙을 초월한 결혼식에 가다

Turkey

한국인을 일컬어 음주가무의 민족이라고 하는데, 터키인들도 음주가무의 피가 끓고 있다고 느낄 때가 많다. 그런데 정확히 말하면 음주를 뺀 가무를 즐긴다는 표현이 더 맞는지도 모르겠다. 왜냐하면 전통적인 터키 사람들은 결혼식, 장례식, 생일잔치 등 공공장소에서는 술을 잘 마시지 않기 때문이다. 사람들이 모이는 곳에는 항상 술이 있는 문화에 익숙해서 인지, 술을 마시지 않고 흥을 내고 즐길 수가 있을지 상상이 가지 않아 그 문화에 적응하는데 시간이 걸렸다. 물론, 각 가정의 문화에 따라 관습이 다르기 때문에 술 문화에 대해서 일반화를 하기는 어렵다. 하지만 본인은 술을 마시지 않더라도 남이 술을 마시는 것에 대해서는 간섭을 하지 않기 때문에 나만 어색하거나 불편하지 않으면 마셔도 상관은 없다. 술을 떠나서 모든 결혼식의 공통된 특징은 춤이다. 터키인들은 춤을 좋아해서 결혼식 때 오후 늦게부터 춤을 추기 시작해서 밤새도록 춤을 춘다. 공주처럼 예쁘게 보여야하는 신부도 드레스와 화장이 흐트러지든 말든 개의치 않고 하객들과 신나게 춤을 춘다. 결혼식이 신랑 신부가 주인공이고, 그들이 축복을 받으며 마음껏 즐겨야하는 날임에도 불구하고 한국은 결혼식이 축복의 의미보다는 남에게 보여주는 행사로서의 의미가 더 짙어지지 않았나 싶을 때가 많다. 그래서 젊은 세대들은 영화 '맘마미아'와 같은 지중해 결혼식에 대한 환상을 키우거나, 실제로 남들과 다른 이색적인 결혼식을 하는 사람들이 늘어나고는 추세인 것 같다.

터키의 결혼식 풍습은 지방마다 그리고 가정마다 다르다. 전통적인 가정에서는 아직도 전통 관습대로 3일 동안 결혼식을 치르는데, 가족과 친지는 물론이고 동네 사람들 전체가 참여하는 잔치이다. 반면, 특별한 장소에서 소수의 하객들만 초대해서 결혼식을 치르거나, 구청에서 마련된 예식장에서 간단히 식을 올리고 저녁에 친구들끼리 피로연을 하는 현대적인 커플들도 많아지고 있다. 사회가 점점 서양화되면서 요즘은 도시에서는 연애 결혼을 많이 하고, 결혼 전 동거나 이혼이 더 이상 사회적 터부로 간주되지 않는다. 3일 결혼식의 경우는 보통 소도시나 시골에서 보편적인데, 현재는 많은 시골 사람들이 도시로 옮겨와 살고 있기 때문에 가끔씩 도시에서도 전통적인 결혼식을 구경할 수가 있다. 전통적인 결혼식은 상당히 시끌벅적하다. 첫날은 '헤나의 밤'으로서 신부가 친정집에서 친구들과 손에 헤나를 그리면서 신부가 친정집에서의 마지막 밤을 보내고, 둘째 날은 신부 집에서 파티를 한다. 셋째 날, 드디어 공식 결혼식이 신랑 집에서 이루어지는데, 초대받지 않은 사람들도 아무나 지나가다가 들러서 함께 축하를 할 수 있다. 간혹 길을 가다가 궁금해서 기웃거리고 있으면 들어와서 음식을 먹으라고 손짓을 하는 사람들을 보게 될 것이다. 결혼식이 있는 마지막 날 아침에는 신랑과 신랑의 베스트맨들이 북치고 폭죽을 쏘면서 동네 전체를 깨우면서 신랑 집에 깃발을 꽂는 것으로 결혼 예고식을 하고, 오후에는 신랑 쪽 일행이 신부 집에 가서 신부를 눈가리개를 씌우고 말에 태워서 데려온다. 눈가리개를 하는 이유는 신부가 어디로 가는지를 알지 못하게 하기 때문인데, 이는 몇 독자들은 눈치를 챘겠지만 나중에 신부가 신랑 집에서 도망가지 못하도록 하기 위해서이다. 지금은 말 대신에 빈 캔들과 꽃으로 장식된 차를 타고 이동을 하는데, 그때 뒤따르는 신랑 측 행렬은 북을 치면서 군중을, 특히 아이들을 끌어 모으고 이들 때문에 차가 빠져나가지 못하는 상황에 처한다. 그런데 재밌는 것은 일부러 그런 교통마비를 일으킨다는 것이다. 이럴 경우 돈 봉투를 꺼내서 길을 막고 있는 사람들에게 건네주면 길을 빠져나갈 수가 있다. 이렇게 큰 소동을 피우는 것은 바로 그만큼 결혼이 중요한 행사라는 것을 보여주는 일이다. 그런데 가끔은 예식장에서 빠져나오는 일이 007 만큼이나 스릴 넘치는 일이 되기도 한다. 한번은 오 군의 친구 결혼식을 갔는데 구청 앞에 경찰차들이 많아서 물어보니, 요새 결혼식을 빌미로 불량한 집시들이 조직적으로 차를 막고 돈을 요구하는 사건이 잦아서라고 했다. 우리는 신부를 숨겨서 몰래 잘 빠져나왔다고 생각했는데 코너를 돌자마자 갑자기 3명의 남자가 차를 막았다. 처음으로 당하는 일이라 나는 겁에 질려 떨었고, 친구들은 "문 잠그고 그냥 속도 내!"라고 외쳤다. 그런데 우리가 속도를 내자 한 남자가 차량 위로 올라타는 것이다. 깜짝 놀라 비명을 지르며 어찌나 조마조마 했던지... 아직도 앞 유리창을 주먹으로 몇 번치고 안 되겠다 싶으니 달리는 차에서 그냥 뛰어내린 그 남자의 얼굴이 아른거린다.

그럼 결혼식에서는 어떤 음식들을 먹을까? 한국의 결혼식에 잔치국수가 있듯이, 터키의 결혼식에는 '케쉬켁(keşkek)'이라는 닭죽과 비슷한 요리가 있다. 아까 말했듯이, 터키 결혼식은 열린 행사이다 보니 하객들의 수가 상당히 많고 이들에게 충분한 음식이 돌아가도록 하는 방법이 바로 닭고기를 작게 잘라서 밀알과 함께 끓인 닭죽과 비슷한 요리가 아니었을까 추측된다. 그렇다고 쉬운 요리는 결코 아니다. 왜냐하면 이 닭죽을 1-2시간 동안 쉬지 않고 저어야하기 때문이다. 내가 처음 케쉬켁을 먹었을 때 맛이 한국의 닭죽과 비슷해서 상당히 정겹게 느껴져 깍두기만 있으면 안성맞춤이겠다는 생각을 했다. 동부에서는 요거트와 밀가루로 만든 스프를 먹는데, 케쉬켁 만큼 맛있지는 않다.

음식도 먹고 결혼 서약서 서명이 끝나면 본격적으로 춤을 통한 무아지경에 빠진다. 춤을 출 때는 모든 것을 잊는다. 나이도 잊고 출신도 있고 걱정 근심도 잊고 즐긴다. 전통적인 부족 사회 때부터 이들은 춤을 통해서 스트레스 해소를 하고 공동체 의식을 쌓았는데, 수 세기가 지난 지금도 그 문화를 간직하고 있다는 사실이 대단했다. 한국의 가무 문화와는 또 다른 면을 터키의 춤 문화에서 찾는다.

보통 예식장에서 많은 하객들이 찾아와서 신랑 신부에게 축하 인사와 함께 축의금을 주는데 그 방식이 한국과 조금 다르다. 한국은 하객들이 돈 봉투를 주는 반면에, 터키에서는 하객들이 한 명씩 돌아가면서 신부의 드레스에 둘러진 리본에 무게가 1.75 그램의 납작한 금 동전을 달아주고 사진을 찍는다. 그런데 이 의식을 볼 때마다,

수백 명의 하객들에게서 한 명씩 금 동전을 받고 키스를 하고 사진을 찍는데 시간이 꽤 걸리는데도 불구하고 그것을 참아내는 신랑 신부가 존경스러웠다. 금 동전 의식이 끝나면 드디어 모두가 기다리는 춤 시간이 시작되는데, 남녀노소 모두 함께 원 모양을 그리며 춤을 추는 모습을 지켜보고 있으면 정말 흥미롭다.

터키의 결혼식은 여러 민족이 섞인 문화의 모습과 터키인의 열정을 최대로 보여주는 예이다. 이들은 술 대신 콜라를 마시면서 밤새도록 춤을 춘다. 열정적인 민족인 만큼 흥을 즐길 때는 음악 소리도 동네가 떠나갈 정도로 크게 하고 제대로 즐긴다. 다른 소위 선진국에서는 소음 공해니 사생활 침해니 여러 가지 이유로 이웃들에게서  항의가 들어올 것이 분명하다. 하지만 터키인들은 그들의 삶에 위협이 되지 않는 한은 항의를 하지 않고 남들의 즐길 권리를 존중해 준다. 결혼 당사자에게는 평생에 한 번 있는 행사이고, 본인들에게도 일 년에 몇 번 있을까 말까 하는 일을 가지고 크게 왈가불가 에너지 소모를 할 필요가 없다고 보기 때문이다. '빅브라더' 쇼처럼 모든 행위들이 법화 되고 그 법을 어기면 대가를 치러야하는 사회에서 살았던 나에게는 사람들이 상식에 따라 행동을 할 수 있다는 사실이 인간적으로 보였다. 그렇다고 그것이 무질서를 의미하는 한다고 보기보다는 오히려 사람들끼리의 무언의 계약이라고 해석을 하고 싶다.

터키의 음악 스타일은 지역마다 다르고, 그리스, 페르시아, 아랍, 발칸 등의 다양한 민족의 영향이 섞여서 참 흥미롭다. 피리와 페르시아 특유의 기타와 같은 현악기인 '탄부르'가 자아내는 소리에서 슬픔과 한이 담겨져 있는 한국의 민요의 흔적을 찾아보면서 들으면 그 감회가 새롭다. 또한 한국의 판소리의 구슬픈 음률과 목 기둥을 굴려서 부르는 창법뿐만 아니라 판소리 특유의 꺾임까지도 비슷한 음악들이 들릴 때면, 그 창법이 아랍 반도에서 실크로드를 따라 한국까지 전해졌다는 가설이 맞는 것 같기도 하다. 터키인들은 음악과 춤의 대가로 아제르바이잔 사람들을 꼽는데, 그들의 음악은 '아제리' 음악으로 불리며 상당히 잘 알려져 있다.

다시 터키의 춤 이야기로 돌아가자면, 기본적인 터키의 춤은 보통 흥에 맞춰서 추기 때문에 동작을 몰라도 금방 따라할 수 있지만, 어렸을 때부터 리듬에 익숙해져야 하는 복잡한 스텝을 가진 춤들도 있다. 동부의 민속춤의 경우 북과 장구 소리, 피리소리 등의 우리의 민속음악과 비슷한 음악에 맞춰 단체로 손을 잡고 덩실 덩실 춤을 추고, 개인기도 가끔가다 부린다. 이들이 추는 춤을 보고 있으면 정말 신이 나고, 가끔 귀신같이 소리를 지를 때는 꼭 신이 든 사람들 같기도 하다. 반면, 에게 해 스타일은 그리스풍의 리듬이 접목되어 커플이 밀었다 당겼다하면서 서로를 감칠맛 나게 하면서 추는데 로맨틱하면서도 경건한 느낌이 든다. 흑해 지방의 춤은 사람들 습성만큼이나 춤도 독특한데, 박자가 빠르고 손을 잡고 빠른 발동작을 하거나 점프를 하는 등 역동적이다. 그런데 가장 흥미로운 춤이면서 또한 가장 대중적인 춤은 바로 집시 춤이 아닐까 싶다. 양팔을 활짝 펴고 어깨를 들썩이면서 추는 이 춤을 처음 접했을 때는 마치 한국 사람의 관광버스 춤 같기도 하면서 엉덩이를 흔드는 것은 샤키라의 라틴 춤 느낌도 주었다. 그런데 알고 보니 이 춤이 집시 벨리댄스였다. 벨리댄스는 전부터 알고 있었지만, 터키 집시 벨리댄스는 내가 알고 있던 이집트 풍 벨리댄스와는 조금 달랐고, 엇박자의 동작이 상당히 습득하기 어려웠다. 사람들이 잘못 알고있는 사실 중 하나. 벨리댄스는 상당히 이국적이고 섹시한 춤으로만 알려져 있는데, 실제로 벨리댄스는 일반 사람들이 잔치나 축제 때 추던 대중적인 춤이고 종종 남자 무용가들이 공연을 하곤 했다고 한다. 당시에 벨리댄스는 오스만 궁전에서 살고 있는 궁녀들이 동료 궁녀들을 위해서 췄던 것이지, 술탄이나 남자 관료들을 위해서 공연을 하지는 않았다고 한다. 그러다가 이 춤이 유럽에 알려지기 시작하고, 특히 북미로 이주를 한 집시들이 붐을 일으켜서 국제적으로 인기가 급증하게 되었다. 박자가 느리고 의상부터도 조금 보수적인 이집트 벨리댄스와는 달리 터키 벨리댄스는 그냥 '오리엔탈 댄스'로 알려져 있는데 박자도 빠르고 율동도 과격해서 공연으로서 더 재미가 있으며 의상도 노출이 심하다. 오스만 시절에 집시들이 유입되면서 음악과 춤에 큰 영향을 미쳤고 당시에 생겨난 술집, 메이하네에서 주로 연주가 되었다. 그 이유로 집시 음악은 하층민의 음악이라고 불리지만 모든 사람들이 즐기는 대중음악으로서의 역할을 무시할 수가 없을 만큼 문화 깊숙이 자리 잡고 있다.

그러고 보면, 유럽 전역에서 박해를 받는 집시들이 터키에서는 나름대로 사회에 동화되어 살아가고 있는 듯 보인다. 나를 무식하다고 해도 좋지만, 나는 이전까지는 집시가 루마니아 출신이라고 생각했다. 실제로 주변에서도 많은 사람들이 그렇게 알고 있다는 것을 알고 나서야 처음 가졌던 난처함이 약간 수그러들었다. 현재 집시들, 다른 말로 '로마니인(Romany)'이 동남부 유럽에 집중적으로 분포되어 사회적인 문제를 일으키고 있어서 현지 국민들에게 좋지 않은 인상을 주고 있다는 것을 잘 알고 있을 것이다. 집시들이 왜 그리고 언제 유랑 생활을 시작했는지에 대해서는 확실한 증거가 없지만, 그들의 기원은 북인도에서 시작했다고 학자들은 인정을 하고 있다. 보통 기원전 250년부터 서기 900년 사이에 동부와 서부 여러 곳으로 퍼진 것으로 알려지는 이들은 당시 비잔틴 제국을 통과하는데, 일부는 남고 일부는 서유럽으로 이동을 계속하면서 뿔뿔이 흩어지기 시작했다고 한다. 그런데 유럽인들이 이들이 이집트에서 온

것으로 추측을 해서 '작은 이집트'란 뜻으로 집시라고 부르기 시작했다고 한다. 이 집시 민족은 통과하거나 정착한 나라의 음악과 춤에 큰 영향을 미쳐왔는데, 코카서스 지방의 음악과 춤, 스페인의 플라멩코 춤, 터키의 주막에서 연주되는 음악들이 모두 집시의 영향을 받은 것이다. 그중 터키에 정착한 집시들은 원래 종교가 없지만 오스만 제국 때 이슬람으로 개종을 많이 했고, 당시에 쇠공예를 비롯한 다양한 손기술을 요하는 일에 종사를 했다. 이스탄불을 여행하다 보면 배 위에서 아코디언을 연주하면서 구걸하는 집시들도 보이지만, 길 노점상에서 꽃을 파는 집시들도 보게 된다. 길에서 북치면서 구걸을 하고 돌아다니는 꼬마 애들도 종종 있는데 이 아이들은 조금 성가신 존재들이긴 하다.

결혼식에서 추는 춤은 아니지만, 터키 문화의 하나로 유명한 춤을 소개하려고 한다. 앞에서도 잠깐 언급했던 이슬람 수피즘의 메블라나, 즉 성자인 루미(Rumi)가 오래 기억되는 이유 중의 하나가 터키의 콘야(Konya)에 메블레비(Mevlevi)라고 불리

는 신비주의 종파들이 수도원을 창립한 것 때문이다. 메블레비파들은 메블레비하네(Mevlevihane)라는 수도원에 모여서 시, 음악 그리고 세마(sema)라고 불리는 춤을 통해서 신에게 가까이 가려고 했던 전통이 있었다. 공화정 수립 후 아타튀르크 대통령이 모든 종교 활동을 금지함으로써 메블레비하네도 문을 닫았지만, 세마춤의 독특함과 역사적 의미 때문에 후에 유네스코에 등록이 되고 그 수도원은 박물관으로 재개장을 하였다. 내가 세마춤을 처음 접했던 것은 우연한 기회에 터키의 무대 공연 '아나돌루 아테쉬(Anadolu Ateş)'를 보았을 때였다. 제목만큼이나 '아나톨리아 땅의 불타는 열정'을 너무나 잘 보여주는 공연이었다.

❖ 세마춤

아나돌루 아테쉬 공연은 꽤 오랫동안 전 세계에 순례 공연을 해 오고 있었는데, 운이 좋게도 내가 터키에 왔을 때 이스탄불에서 공연을 하고 있었다. 아니 그것도 내가 사는 동네 공연장에서 공연을 하다니! 당연히 춤에 관심이 많은 나로서는 그 황금 같은 기회를 놓치지 않았다. 결혼식에서 터키인들의 춤 실력을 맛보기는 했지만, 전문 무용가들이 보여주는 터키 전통춤들은 과연 놀라웠다. 역동적인 템포의 음악에 맞춰서 함께 함성을 지르면서 열정적으로 쉬지 않고 몇 십분 동안 뛰는 무용가들의 체력에 감탄을 하지 않을 수가 없었다. 열기가 절정에 오르더니, 갑자기 경건한 음악이 흘러나오고 하얀 의복에 신기하게 생긴 긴 모자를 쓴 무용가들이 무대에 등장 했다. 관객들은 달아오른 흥분을 갈아 앉히면서 신비로운 율동에 집중을 하였고, 나 또한 단순하지만 의미심장한 율동에 빨려 들었다. 오른손은 하늘을 향해, 왼손은 땅을 향해서 들고 한 자리에서 빙글빙글 돌기만 하는 단순한 춤인데, 그 동작에 집중을 하고 있다 보니 마치 명상을 하는 느낌이 들었다. 무용가들이 얼마나 어지러울까 걱정을 하면서 지켜보고 있는데 10분이 지나도 20분이 지나도 끝날 기미가 보이지 않았다. 공연이 끝난 후에서야 그 춤이 '세마춤'이라는 것을 알게 되었는데, 어떻게 그들이 그 춤을 추면서 무아지경에 빠지는지를 이해할 수가 있었다. 마치 땅에 몸을 담고 있는 세속적인 나를 잊고 하늘에 있는 신에게 다가가기 위한 몸부림처럼 느껴졌다. 한편으로는 불교에서 말하는 무아지경과 비슷한 것 같기도 했고, 인류를 초월하는 자연의 법칙과도 일맥상통하는 것 같았다. 당연히 세마춤은 종교적인 춤이고 정신적 수행을 통해서 일정한 경지에 올라야 가능하다.

　　루미의 시구와 그의 7가지 교훈을 되새기면서 보고 있으니 　그가 강조한 사랑과 관대함에 대한 의미가 마음에 와 닿는 듯 했다.

'남의 허물을 덮는 것을 밤처럼 하라'
'분노와 원망을 죽음처럼 하라'
'있는대로 보고 보는대로 행하라'

　　다른 나라와 마찬가지로 터키에서도 날씨가 좋은 계절에 결혼식을 많이 한다. 그래서 휴가로 페티예에 갈 때마다 결혼식에 초대가 되거나 또는 동네 공공장소에서 열리는 결혼식 구경을 자주 하게 된다. 한국은 야외 결혼식을 하는데 제한이 많은데, 터키는 야외 결혼식을 할 장소들이 많아서 좋은 것 같다. 언덕 위의 드라마틱한 결혼식도 있고, 해변에서의 로맨틱 결혼식도 있고, 배 위에서 하는 럭셔리 결혼식도 있고, 취향에 따라 다양한 장소를 섭외할 수가 있다.

네 가지 믿음의 라마단 투어,
그리고 우연한 발견

터키가 세속적인 나라이지만 그래도 이슬람 전통이 아직 문화 깊은 곳에 자리 잡고 있다 보니 종교적인 금식 기간인 라마단, 터키어로는 라마잔(Ramazan)이 아직 행해진다. 많은 사람들이 라마단 기간에 터키를 여행하게 될 경우 낮에 식당들이 문을 여는지, 여행하는데 불편함은 없는지, 그리고 현지 분위기는 어떤지 궁금해 한다. 터키에 오기 전에는 이슬람이란 종교에 대해서 많이 알지 못했기 때문에 한 달 동안 내내 단식을 하는 줄 알고 놀랐다. 그런데 와서 보니 해뜨기 전과 해가 지고 난 후에 밥을 먹고, 해가 떠있는 시간 동안만 모든 음식과 음료를 금하는 것이었다. 그래서 과연 13-14시간 동안 단식을 하는 것이 정신 단련에 얼마나 도움이 될지, 오히려 힌두교나 기독교처럼 3일에서 1주일간 짧은 기간 동안 완전 단식을 하는 것이 효과가 있지 않을까 생각도 했다. 그러다 3년 동안 터키에서 라마단 기간을 체험하면서 이전에 가졌던 궁금증들도 많이 풀리고, 가끔씩 라마단 금식에 참여를 해 볼까 하는 생각까지 하게 되었다. 다음 해부터 단식을 하게 될지는 두고 볼 일이지만, 일단은 내가 그동안 경험한 라마단의 모습들을 나누고자 한다.

터키 문화에서 이슬람의 색채가 사라지기 시작한지 오래라 솔직히 터키의 라마단에서 사람들이 일반적으로 생각하는 성스럽고 종교적인 느낌을 받기는 어렵다. 그래서 라마단 기간이어도 이질감이 느껴진다기 보다는, 긴 명절처럼 축제 분위기여서 좋다. 라마단 기간도 다른 평일처럼 일상이 계속되고 관심을 갖지 않으면, 특히 무슬림 인구가 많지 않은 곳에 주로 사는 재외국인의 경우는 라마단이 끝나갈 무렵 휴가가 다가올 때쯤에야 '아, 라마단 기간이구나.'라고 깨닫게 될 정도이다. 유적지의 박물관과 식당들도 라마단이 시작되는 날과 끝나는 날만 오전을 제외하고 평상시대로 운영된다. 예전에 살던 동네처럼 무슬림들이 많이 사는 동네에서는 아침 일찍 단식 시작을 알리면서 북을 치고 골목을 돌아다니는 사람의 소리가 들리곤 했는데, 시내 쪽으로 이사를 오고 나서는 들리지 않았다. 그 북소리도 엄밀히 따지면 불법이라고 한다. 하지만 워낙 이전에 종교적 활동을 심하게 탄압을 했던 탓에 요즘은 약간의 종교적 관습은 그냥 눈감아주곤 하는 듯 보였다. 무엇이든지 정도가 지나치면 탈이 난다는 것이 진리인 모양이다. 이 라마단 기간도 마찬가지로 사람들이 혹시 생활 속에서 지나치게 하는 것이 있다면 중단을 하고 뒤를 돌아보고 마음과 생활 습관을 다스리자는 의미로 생각할 때 좋은 전통인 것 같다. 하지만 그 라마단을 의무감에서, 신이 무서워서 하는 사람들에게는 지옥 같은 기간일 수도 있다. 라마단 기간에는 먹는 것과 마시는 것만 금하는 것이 아니라, 세속적인 욕망이나 악한 생각과 행동도 금하는 기간이다. 종종 여행자들의 글 중에는, 라마단 기간에 여행을 하다보면 불친절한 식당 종업원들을 만나게 되는데, 그것이 아마도 더운 여름에 물도 못 마시고 금식을 하다 보니 성질이 날카로워서 그럴지도 모른다는 얘기들이 있다. 분명히 터키에서는 금식이 선택 사항이지 의무 사항이 아니다. 금식을 함으로써 자신에게 그리고 타인에게 부정적인 영향을 끼친다면 자신이 진정한 무슬림인지를 의심해 봐야 하지 않나 싶다. 믿음은 말로 생기는 것도 아니고 누군가 강요를 한다고 해서 생기는 것도 아니고, 남에게 자신의 믿음을 심어주기 위해서는 행동으로 보이는 것이 최선이라고 생각한다.

라마단 기간이라 좋은 것은 교통 체증이 덜 하다는 점이다. 보통 라마단 기간에는 가족들과 금식을 깨고 일몰 후에 먹는 만찬인 '이프타르(iftar)'를 위해 퇴근을 일찍 하고 바로 집으로 가기 때문에 평소에 그렇게 막히던 도로들도 한산하다. 그리고 동네 공원들은 이프타르 음식을 먹으면서 축제 분위기를 즐기는 사람들로 북적거린다. 동네 모스크에서는 무료로 이프타르 음

❖ 탁심

식을 제공하고 무슬림이든지 비무슬림이든지, 터키인이든지 외국인이든지 상관없이 누구나 환영한다.

터키의 명동거리라고 불리는 3km의 이스띠끌랄(İstiklal) 거리에도 매년 공동 이프타르 식사가 이루어지고 분위기가 화기애애하다. 단식을 하는지 안 하는지를 떠나서 모든 사람이 함께 나눠 먹고 즐길 수 있는 축제 같은 분위기를 느낄 수 있고, 문화를 공유한다는 점에서 뜻깊은 시간이기도 하다. 대부분의 신세대들과 '문화적 무슬림'들은 라마단 기간에 단식을 하지 않으며, 그래서 그런 인구들이 분포된 지역의 공원과 해변가에 가면 평소처럼 피크닉을 즐기며 술을 마시고 음악을 연주하며 즐기는 사람들도 가득하다. 그렇다고 해서 이 사람들이 단식을 하는 사람들을 구시대적 사고를

가진 사람들이라고 무시하거나 단식을 하는 사람들 앞에서 보란 듯이 음식을 먹는 것은 아니다. 친구들 중에는 매년은 아니어도 가끔씩 단식을 하는 친구들도 있는데, 단식을 하는 방식은 다양하다. 어떤 친구는 30일 중에 20일 또는 10일만 하는 친구도 있고, 어떤 친구는 물은 허용하고 음식만 금기하고, 어떤 친구는 음식은 먹되 술만 금기하고, 또 어떤 친구는 그 기간에 남과 가족을 돕는 것에만 집중하는 등 라마단을 지키는 방식이 다양하다. 이러한 모습이 터키이기에 가능한 것이고, 그래서 지난 100년간 전통, 종교 그리고 민주주의의 조화를 이루려고 노력해 온 터키인들을 존경한다.

터키에 살면서 다양한 무슬림을 만났다. 대부분이 남에게 해를 끼치지 않고 자신의 믿음에만 충실한 무슬림이고, 아주 보수적이고 극단적인 무슬림들을 접한 적은 거의 없다. 딱 한번, 무슬림 친구와 저녁 식사를 위해 만났을 때 당황했던 적이 있었다. 그 친구가 아제르바이잔에서 온 친구를 데리고 나왔는데, 평소처럼 단골 식당에 들어가서 자리를 잡고 앉았는데 아제르바이잔 친구가 한참 시간이 지나도 안 들어오는 것이었다. 그래서 내 친구가 나가 보니 식당에 술을 파니까 들어갈 수가 없어서 망설이고 있었다고 한다. 터키의 무슬림에만 익숙했던 나인지라 그런 상황에서 조금 당황스러우면서도 그 한 친구 때문에 나머지 3명이 맛집을 포기해야하나 하고 약간 기분이 상했었다. 또 한번은 이란인 친구를 만났을 때 내가 손을 내밀어서 악수를 하려고 하자 그 친구가 "미안하지만, 난 다른 여자와 악수를 할 수가 없다. 이해해 달라."고 했고, 그때 다른 나라의 무슬림들은 터키 무슬림들과 다르다는 것을 느꼈다. 이렇게 다양한 무슬림들을 접하는 과정에서 이슬람도 기독교와 마찬가지로 종교 자체가 문제가 아니라 그것을 수용한 나라, 그리고 그것을 믿는 개개인의 자세에 더 큰 책임이 있다는 것을 깨달았다. 한국에서도 내가 기독교에 대한 불신을 가졌던 이유는 기독교 단체들의 위선적인 모습을 직간접적으로 워낙 많이 경험을 했던 탓이다. 종교도 인간과 같이 환경에 적응하는 것처럼 같은 종교도 다른 나라들에 다른 방식으로 전해지고 발전하는 것을 우리는 볼 수 있다.

영문학을 전공해서 영국 소설을 많이 읽었는데, 아일랜드 소설을 읽을 때마다 항상 우울한 느낌이 들었다. 종교인이 아니라 종교에 대해서는 깊이 알지는 모르지만, 성경도 읽었고 요한복음서도 읽었고 기독교 문화에서도 수년간 살았기 때문에 기독교에 대해서 완전히 무지하다고 할 수는 없다. 하지만 카톨릭에서 전제로 하는 '인간은 죄를 가지고 태어난 존재'라는 것에 나는 동의를 하지 않는다. 하지만 인간이 나약한 존재이고 유혹에 약하므로 스스로의 단련과 절제가 필요하다는 것에는 오히려 동의를 하는 편이다. 이슬람도 정신 수양을 무엇보다도 중요시 하는데 라마단이 바로 그것을 실천을 하는 기간이다. 자칫하면 라마단이 종교적인 억압인 양 인식이 되는데, 실질적인 의미를 알고 나면 라마단에 대한 편견을 버릴 수 있을 것이다. 그와 동시에 모든 이슬람 국가에 존재하는 라마단이 21세기 사회의 구조에 과연 맞는지도 생각을 해 본다. 가끔은 라마단이 이슬람 종교와는 상관 없이 옛날 자연 신앙을 믿던 시기에 달의 신을 숭배하기 위해서 행해졌던 축제였던 것이 어쩌다가 이슬람교도가 지켜야하는 5대 강령 중 하나가 되었는지에 대해서 의문을 던지는 이들도 있다. 이들은 라마단이 시대의 흐름에 어긋나고 나라의 발전에 걸림돌이 된다고 주장한다. 잘 행해지면 좋은 전통이지만 그렇지 않을 경우는 사회적으로 큰 손실인 것 같다고 느끼는 바이다. 라마단 풍습이 시작된 고대 시대에는 연중 날씨가 가장 덥고 음식도 귀했기 때문에 일정 기간동안 단식을 해서 음식을 아끼고 활동량도 줄여서 돌아오는 해에 생산성을 높이기 위함이라는 긍정적인 의도가 있었을 거라고 나름대로 짐작을 해 본다. 하지만 예전과 달리 음식도 풍족하고 많은 사람들이 농사가 아닌 상업에 종사하는 지금 시대에 한 달동안 먹는 것에만 집중을 하는 것은 재정 낭비이며, 경제 발전에 걸림돌이 되는 것은 아닐까 싶다.

어쨌든, 라마단이 종교인들에게는 신성한 달이고, 비종교인들에게는 축제의 달이자 일 년에 한 번 밖에 먹지 못하는 음식들을 맛 볼 수 있는 달임에는 틀림없다. 이 기간에 슈퍼마켓에 가면 저녁에 준비할 만찬을 위해 쇼핑을 하는 사람들로 평소보다 더욱 분빈다. 하루 한 끼 식사에 세 끼 분량을 다 먹어야 하니 얼마나 많이 준비해야할지 상상에 맡기겠다. 이 기간에는 베이커리들도 비상에 걸린다. 단식을 깨는 '이프타르' 시간이 보통 저녁 8시 30분 정도 되는데, 그래서 7시 반에서 8시 사이에 베이커리들 앞에는 따끈따끈 갓 구워 낸 '라마단 피데'

❖ 라마단 피데 줄

를 사기 위한 사람들의 줄 행렬이 시작된다. 이 기간에는 사람들이 다른 빵은 잘 먹지 않고 오로지 이 빵만 먹는다. 따뜻한 피데빵을 품에 안은 사람들의 표정을 보면 보물을 안은 듯이 행복해 보인다. 무엇이길래 사람들은 이렇게 열광을 하는가? 일반 피데 빵과 거의 비슷한데 계란과 참깨가 토핑에 뿌려진다는 것 외에는 큰 차이가 없다. 하지만 갓 구워 낸 피데를 온 가족이 함께 정성껏 준비한 음식과 함께 먹는다는 것, 그리고 라마단 기간에만 먹을 수 있다는 것에 큰 의미를 두는 것 같다. 급속도로 개인화되어 가족이 한 자리에서 식사를 하기 어려운 한국 사회를 돌이켜 볼 때, 라마단이 있어서 가족 간의 사랑 그리고 이웃 간의 정이 아직 남아있는 것이 아닐까 생각해 본다.

다른 가정들은 어떨지 모르겠지만, 오 군의 가족들에게 라마단 기간은 절제와 검소 그리고 선행을 베푸는 기간이다. 따라서 라마단 기간이 시간되기 전, 온 가족이 모여 만찬을 즐겼다. 오 군 여동생과 친구가 따뜻한 피데 빵을 사왔고, 오 군 아버지는 여느 때와 마찬가지로 요리를 하느라 분주하셨다. 보통 여자들이 요리를 하느라 부산을 떠는데, 오 군 집에서는 항상 남자들이 부엌에서 바쁘다. 맛있게 차려진 음식을 먹으면서 테이블에 앉은 여성 식구들이 오 군 아버지에게 레시피를 묻느라 호들갑 떠는 모습도 터키에서 흔히 볼 수 있는 광경은 아니다. 평소에는 식사와 함께 와인과 라크를 한 잔씩 하시는 오 군 부모님들도 라마단 기간에는 라마단을 지키는 이웃들을 배려하는 마음에 음주를 자제하신다. 하지만 그것에 대해서 불편해한다는 느낌보다는 존중하고 배려를 하는 듯 너무 자연스럽다는 인상을 더 많이 받는다. 그래서 저녁 식사와 항상 와인을 한 잔씩 하는 나 또한 라마단 기간에 오 군 부모님 댁에서 식사할 때는

❖ 라마단 저녁

그분들이 권해도 거절을 하게 된다. 술을 마시지 않았던 오스만 술탄들도 유럽 대사관과 식사를 할 때는 술을 거절하지 않았다는데, 이것이 바로 종교와 이성이 조화된 이상형이 아닐까? 어쩌다가 보니 종교에 대해서 중언부언하게 되었는데, 여기서 그만하고 재밌는 음식이야기로 넘어가자.

라마단 기간에만 먹을 수 있는 음식이 또 하나 있다. 그것은 바로 귈라취(Güllaç)인데 오 군이 가장 좋아하는 디저트이기도 하고, 그래서 오 군이 라마단 기간에 행복해하는 이유이기도 하다. 오 군은 이렇게 맛있는 귈라취를 왜 라마단 기간에만 먹을 수 있는지, 왜 베이커리에서 연중 내내 만들지 않는지 불만스러워 한다. 이 귈라취는 말 그대로 '귈', 즉 '장미'향이 풍기고 부드러운 우유 맛이 느껴지는 디저트이다. 이

❖ 귈라취

디저트를 만들기 위해서는 쌀과 옥수수 전분으로 만든 반죽이 있어야 하는데 이 반죽을 라마단 기간 이외에는 구하기가 힘들다. 라마단 기간 한 달 내내 먹어서 질려서 사람들이 찾지 않아서 일까, 아니면 그 반죽 생산량이 많지 않기 때문일까? 소문에 따르면, 이 디저트가 술탄 '쉴레이만 대제'의 할례의식 때 바쳐졌던 디저트라고 한다. 워낙 쉴레이만 대제가 유명하다보니 터키인들이 무엇이든지 귀한 것들은 그 술탄의 이름을 붙이는 경향이 있는 것 같기도 하다.

나의 라마단에 얽힌 사연 중의 또 하나는 라마단 기간에 모스크 방문을 했을 때 일이다. 하루는 갑자기 2년 동안 알고 지냈던 지인이 술탄 아흐멧으로 '이프타르'를 하러 간다고 함께 가지 않겠냐고 연락이 왔다. 2년을 지내면서 그가 무슬림일거라고 한 번도 의심조차 해 본 적이 없었다. 자신이 기독교도이면서 종교 때문에 다른 사람들에게 불필요한 선입견을 안겨주지 않기 위해서 내색을 하지 않는 사람이 있듯이, 터키에도 무슬림이면서 무슬림임을 내색하지 않는 사람들이 있다는 것을 그때 알았다. 그는 내가 평소에도 가장 본받고 싶은 터키인으로 존경 하는 사람들 중 한 분인데, 라마단 기간의 술탄 아흐멧의 분위기를 경험해보는 것도 좋을 것 같았다. 만나는 장소에 모여 일행을 보고 있자니, 일행들의 구성이 특이하다고 느껴졌다. 무슬림이고 금식을 하는

그 지인, 무슬림이지만 금식을 하지 않는 그의 부인, 다른 한 무신론자 친구, 그리고 유신론자인 나, 이렇게 일명 '4인의 라마단 7개 모스크 방문'에 나선 것이다.

　무슬림 사이에서는 하루에 7개의 모스크를 방문해서 7번의 기도를 드리면 천국에 가까워진다는 믿음이 있다고 하는데 그 이야기의 신빙성은 확인된 바가 없다. 어쨌든, 우리의 임무는 무슬림인 그 지인의 소원을 이루어주는 것과 모두 함께 라마단 축제의 분위기를 즐기는 것이었다. 모두 아시아 지구에 사는 우리는 카드쾨이에서 페리를 타고 에미뇌뉴 항구에서 내려 그 앞에 있는 모스크인 '예니 모스크'를 첫째로 방문했다. 터키어로 '새(new) 모스크'란 뜻인데 내가 비둘기가 많아서 새(bird) 모스크라고도 부르는 곳이다. 내부에는 '이프타르'를 기다리면서 기도를 드리는 사람들로 가득했고, 친구는 그곳에서 첫 번째 기도를 드렸다. 터키에 산 이래 처음으로 많은 숫자의 스카프를 쓴 사람들을 한 공간에서 보니 터키의 무슬림 인구를 실감할 수 있었다. 그곳에서 블루 모스크까지 언덕을 올라가면서 모스크를 하나씩 방문을 하였는데, 그 친구 덕분에 뒷골목에 있는, 작지만 블루 모스크보다 오래된 모스크들을 보고, 평소에 관심을 갖지 않았던 건물들도 자세히 보게 되었다. 6번째 모스크 방문을 마치고 드디어 술탄 아흐멧 광장에 도착을 하였다. 예상대로 광장은 많은 인파들로 붐볐고 거의 축제 분위기였다. 라마단 기간을 이용해서 또 이슬람 극단파들이 아야소피아 박물관 앞에서 아야소피아를 다시 이슬람 사원으로 환원해달라고 단체 기도회를 열었다. 그 모습을 보면서 꼭 그렇게까지 해야 하는지 이해가 되지 않았다. 아타튀르크 대통령이 당시 모스크로 쓰이던 아야소피아를 박물관으로 선포하고 유럽 고고학자들의 발굴을 허락했기에 지금 세계인들이 역사가 남긴 거대한 유산을 즐길 수가 있는 것이다. 하지만 그들의 말에 의하면, 벽화 발굴 작업으로 인해서 이슬람 문양으로 장식된 벽면이 자꾸 떨어져 나가는 데에 문제가 있다고 한다. 실제로 아야소피아 성당은 발굴할 것들이 아직도 무한한데도 보수적 이슬람 지도층이 유럽 고고학자들에 의한 발굴을 막으면서 지난 20년이 넘는 기간 동안 발굴과 복원 작업이 중단된 상태라고 한다. 몇 년 전에 아야소피아 성당에서 지하 통로가 발견되었다는 보도가 있었다. 사람들은 그 지하 통로의 비밀이 밝혀지기를 바라지만 아직도 작업은 진전이 없다. 당시에 지어진 교회들에서 지하 공간이 발굴되는 게 흔하다고 하는데, 과연 아야소피아 성당의 지하 공간은 어떤 용도로 쓰였는지, 어떤 학자의 주장처럼 이스탄불 도시 전체에 있는 교회들이 지하로 연결이 되어있다는 것이 사실인지 밝혀지기를 초조하게 기다릴 뿐이다.

라마단 기간에는 식당들이 평소의 메뉴 대신에 '이프타르' 세트 메뉴로 통일해서 한 가지 음식만 파는 경우가 많다. 3코스의 식 사에 별로 특별하지도 않은 음식을 비싼 가 격에 내놓는 까닭에 그냥 간단히 식사를 해 결하고 싶은 사람들은 선택 사항이 그다지 많지 않다. 그래서인지 '꽃보다 누나'에서도 나왔던 유명한 터키의 떡갈비 '쾨프테' 원조

식당은 끝이 보이지 않을 정도로 줄이 길었다. 하지만 그 집을 별로 좋아하지 않는 우리 일행은 어쩔 수 없이 근처 식당에서 '이프타르' 메뉴를 주문하고 테이블에 앉아서 모스크 기도문을 기다렸다. 하루 종일 음식을 못 먹고 물 한 모금도 마시지 않은 친구에게는 마지막 기도문 소리가 과연 신의 목소리로 들릴까? 전통적으로는 첫 음식으로 대추를 먹었다고 하지만 지금 우리 앞에는 일단 빈 속을 다스리기 위해 우리나라 녹두와 비슷하게 생긴, 요즘 건강식품으로 새롭게 떠오르는 렌틸콩으로 만든 스프가 나왔다. 그 다음으로 메인요리가 나왔는데 역시나 관광지의 식당이라 음식은 정말 맛이 없었다. 어쨌든 대충 허기는 때웠으니 라마단이니까 불평불만하지 말고 조용히 식당을 나와서 마지막 7번째 모스크를 향했다.

마지막으로 간 곳은 조금 떨어진 에윱(Eyüp)에 있는 모스크였다. 에윱은 보통 관광객들이 피에로띠 언덕 찻집에서 이스탄불 야경을 구경하기 위해서 가는 것 이외에는 발길이 잘 닿지 않는 곳이다. 그래서 그 언덕으로 가는 길목에 터키에서 가장 성스러운 모스크 중 하나가 있어도 그냥 지나친다. 이곳은 아랍 세력이 처음으로 비잔틴 제국을 공격했던 674년에 용맹스럽게 전선에 나섰던 무함마드의 제자인 '아이윱 알 안사리'가 전사해 묻혔던 자리로, 8세기나 지난 후에 술탄 메흐메트가 콘스탄티노플을 정복했을 때 그를 위해 무덤과 모스크를 지어주었고, 그의 이름을 따서 터키어로 에윱이라고 불리게 되었다. 이곳은 이스탄불의 비잔틴 성벽 밖에 있는 마을로 무슬림 터키인들이 가장 많이 거주 지역 중 하나이기 때문에 때때로 이질감을 느낄 수 있는데, 나처럼 호기심이 많은 사람에게는 그것이 오히려 매력이 될 수도 있다. 무슬림들의 일상이 궁금하다면 금요일 정오에 이곳에 가 보아라. 모스크 안에서부터 바깥까지 수백 명의 무슬림들이 금요 예배를 드리는 모습을 눈으로 확인할 수가 있다. 당연히 터키와 같이 서구화된 나라에서 금요 예배 때문에 회사를 빠진다는 것은 용납이 안 되는 일이지만, 이슬람교에서 금요 예배는 상당히 중요하고 그것을 시작으로 실질적으로 주말에 들어간다. 처음에 이 모스크에서 금요 예배를 접했을 때, 당시 이스탄불이 서구화되고 세속적인 도시라고 믿었던 나는 큰 충격을 받았다. 특히 여성 신자들은 모스크 내부에 들어가지 못하기 때문에 바깥에서 무릎을 꿇고 앉아있는 모습을 보고 순간 화가 나기도 했다. 하지만 두 번, 세 번, 자주 보고나니 이제 눈에도 익숙하고 그다지 이질감이 느껴지지도 않지만, 여전히 부당하다는 느낌을 받는다. 금요 예배에 참여하는 사람들이 대부분 연세가 있으신 분들이고, 간혹 가다가 부모님께 끌려서 온 청년들도 보이는데 보통 상당히 지루해하는 표정으로 핸드폰을 만지작거리며 기도가 끝나기를 기다리는 듯 보였다. 사람이 사는 곳은 어디든지 다 똑같다는 생각을 하게 된다. 금요 예배를 드리는 광경도 볼거리지만, 이곳은 지방 사람들이 많이 거주하다보니 지방 먹거리들, 특히 케밥 요리를 정통으로 잘하는 식당들이 많다.

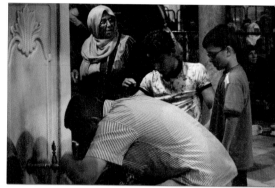

에윱에 도착하니, 역시 모스크는 기도를 하기 위해 손과 발을 씻는 사람들을 비롯해 많은 사람들로 붐볐다. 그러다 갑자기 음식으로 발달된 나의 촉각이 나를 밖으로 인도해, 기대하지 않던 '라마단 음식 축제'를 만났다.

일행들도 이런 축제가 있었는지 몰랐다고 한다. 그 지인의 기도와 3명의 헌신적인 지원이 하늘을 감동시킨 것일까? 내가 당시에 중독되어서 매주 사먹던, 한국의 장조림 같기도 하고 프랑스의 오리 콘피 같기도 한 '카부르마(kavurma)'가 보였다. 환상적인 맛의 구운 치즈 디저트, '퀴네페(künefe)'의 원조인 하타이(Hatay)도시 음식도 있었다. 아, 그런데 가장 나를 기쁘게 했던 것은 바로 오리지널 양고기 '탄드르(tandır)'였다. 탄드르라는 땅에 구멍을 파서 만든 화덕은 셀축인과 몽골인 등 중앙아시아 부족 민족들 뿐만 아니라 그리스와 로마 등 중세 사회에서 널리 사용되었는데, 그것을 개발한 지혜에 놀라지 않을 수가 없다. 반죽을 화덕 벽면에 붙여서 구워내는 빵을 보면, 빵 먹는 것보다 빵 구워지는 거 구경하는 것이 더 재밌다. 어린 양 한 마리가 그 화덕에 통째로 들어가서 구워진다고 생각해 보아라. 조금 잔인한 것 같지만 그 부드러운 육질과 바삭바삭한 살은 말로 설명을 할 수가 없다. 내가 처음 그 양고기 탄드르를 먹었을 때 돼지고기를 먹는 줄 알고 깜짝 놀랐다. 양고기의 잡내는 어디로 갔는지 살과 비계 사이의 쫀득쫀득한 살은 삼겹살 또는 족발을 먹는 듯 했다. 쌈장에 발라서 상추쌈을 만들면 양고기라고 의심할 사람이 전혀 없을 그런 맛이었다. 저녁을 30분 전에 먹었는데 양고기 한 접시를 비우는 나를, 일행들은 놀라운 표정으로 지켜보았다. 그 외에도 맛있는 것들이 너무 많았는데, 더 이상 배가 용납을 하지 않아서 그냥 아쉬움을 안은 채 뒤돌아서야했던 기억이 있다. 우연히 발견한 '라마단 음식 축제'의 추억은 영원히 있지 못할 것이고, 특히나 그 양고기 맛은 앞으로 먹게 되었던 양고기 맛의 기준이 되었다.

STORY 07 희생제 골목에서는 과연 무슨 일이...

이슬람 국가에서는 라마단이 끝나고 40일 정도 지나면 4일간 희생제라고 불리는 명절을 맞이한다. 터키어로는 '쿠르반 바이람(Kurban Bayram)'이라고 부르는데, 이 기간은 터키인에게는 추석과도 같아서 다른 도시에 사는 가족과 친지를 방문하거나 휴가를 가는 국내 여행자들로 국민 대이동이 일어난다. 전통 명절이 요즘은 여행을 하는 절호의 기회가 된 것은 어디나 똑같은 것 같다. 희생제는 신이 아브라함의 신앙을 시험하기 위해 그의 아들을 제단에 바치도록 했고 그로써 아브라함이 신으로부터 믿음을 인정받았다는 이야기에서 유래하며 유대교, 기독교, 이슬람교에 모두 공통적이다. 그래서 이 명절 기간에 기르는 가축을, 터키에서는 보통 양을 '할랄' 방식으로 날카로운 칼로 단칼에 죽이는데, 말만 들어도 끔찍한 관습이다. 아직도 많은 이슬람 국가에서 행해지고 있고 동네 사람들이 다 함께 참여를 하는 축제이지만, 현재 터키에서는 도시에서는 정해진 구역에서만 그 의식을 치르도록 단속을 하고 있다. 예전에 시민들이 도심 한 복판에서 도살을 해서 골목들이 피로 물들었는데, 비무슬림, 외국 관광객 또는 아이들이 보기에는 좋지 않은 광경이어서 공공장소에서는 희생제 의식을 금지하기 시작했다고 한다. 아마 이 시기에 터키 시골 지방을 여행하다보면 흥미로운 광경을 많이 목격할 수가 있을 것이다. 시골이 아니더라도, 이스탄불에서 지방인들 또는 종교적인 사라들이 모여 사는 '발라트(Balat)' 같은 동네만 가도 볼 수가 있을 것이다. 한번은 한 동네를 차로 지나친 경우가 있는데, 그 때 온 동네 어른들과 아이들이 골목에 나와서 단체로 도살을 하고 음악을 연주하며 축제 분위기를 즐기는 것을 목격한 적도 있다. 하지만, 종교 의식의 명목으로 어린 아이들 앞에서 동물을 죽이는 것은 도저히 이해가 가지 않는다. 이러한 의식들이 어린이들의 정서에 그다지 좋은 영향을 미칠 거라고 생각되지 않으며, 가까운 미래에 사라졌으면 하고 간절히 바란다.

희생제가 다가온다는 것은 2-3주 전부터 냄새로 알 수가 있다. 희생제에 판매될 양들이 판매장에서 주인을 기다리고 있어서, 그곳을 지나갈 때마다 냄새가 고약하다. 세속적인 세력과 종교적 세력이 공존하는 터키는 이 희생제 의식을 두고 찬반 양론이 계속되고 있는데, 많은 현대인들이 이 관습이 시대에 뒤떨어진다고 보고 있다. 원래의 의미는 가축을 잡아서 삼등분을 한 후, 삼분의 일은 본인이 갖고, 나머지는 친구, 친척 그리고 이웃들, 그리고 나머지는 가난한 사람들에게 나눠주는 것이었다고 한다. 하지만 요즘은 그것을 악용해서 양을 사재기를 해서 냉동실에 가득 저장을 해 놓고 일 년 내내 먹는 사람들이 많다고 한다. 육류 값이 비싸다 보니 그럴 수도 있겠구나 싶었다.

호기심 많고 용감한 여행자들은 희생제가 행해지는 전통적인 동네들을 일부러 찾아간다. 모험심이 강한 나도 한번 가볼까 하고 마음먹은 적은 많으나 이런 저런 이유로 기회가 닿지 않았고, 솔직히 텔레비전에서 본 적이 있어서 굳이 피바다가 된 골목길을 눈으로 직접 목격하고 싶지 않았다. 그런데 한 해에 우연히 해질 무렵에 산책을 하다가 동네의 어떤 집 마당에서 양이 희생되는 것을 목격했다. 내가 살던 동네는 신거주지여서 희생제를 치르지 않는다. 그런데 큰 나무들 가려져 잘 보이지 않는 한 집에서 불도 켜지지 않아 어두운 마당에서 희생제를 치르는 가족들을 보았다. 보통 한낮에 행해지는 의식을 저녁에 하는 것이 아마도 동네 사람들의 눈을 꺼려서 그랬을지도 모르고, 지켜보고 있는 어린 아이들에게 덜 충격을 주기 위해서 그랬을지도 모른다는 생각을 했다. 아마도 채식주의자들에게는 눈, 코, 입이 가장 괴로운 시기가 희생제 기간이 아닐까 싶다.

한 해에 오 군의 가족들이 가장 웃어른이신 고모님 댁에 모였다. 터키인들은 경로사상의 영향으로 친지 중 가장 나이가 많은 어른의 집에서 명절을 보낸다. 고모님 댁이 있는 동네에 들어서자마자 눈앞에는 새로운 세상이 펼쳐졌다. 동네 이웃들이 모여서 트럭에 가득 실은 생고기를 다듬고, 굽고, 먹으면서 즐기고 있었고, 길 가장자리의 하수도는 빨간 핏물로 물들고 불쾌한 냄새가 코를 찔렀다. 그다지 달갑지는 않지만 증거물 포착을 하듯이 부랴부랴 사진을 찍고 집 안으로 들어갔다. 그럼에도 내 눈은 계속 창밖으로 향했다. 유리창을 사이에 두고 상반되는 두 문화를 동시에 경험하면서 복잡한 감정들이 밀려왔다. 현대화와 도시화된 사회에 사는 우리는 전통과 관습이 도전을 받고 신구문화가 충돌하는 것을 불가피하게 경험한다. 간직해야 하는 전통과 사라져야 하는 전통을 어떤 기준에서 구분을 해야 하는지에 대한 것도 끊임없이 논의가 된다. 터키인들 중에는 아직 유목민 생활방식과 의식 구조에서 벗어나지 못한 사람들이 많고 근대화 이후로 이들의 권리는 계속해서 도전을 받아왔다. 어느 순간 경찰들이 골목을 순례하면서 희생제 의식을 단속하는 날이 올지도 모른다. 그런데 과연 그럴까? 아니면 이러한 의식이 그늘에 가려진 뒷골목에서 행해져서 부정적으로 느껴지는 걸까?

　우연히 읽은 2006년 기사에 의하면 터키 항공 사장이 희생제를 기념하면서 공항에서 낙타를 도살해 700kg이 되는 생고기를 직원들에게 나눠줬다가 집행유예를 당했다고 한다. 아직도 그런 구사회적 사고를 가진 사람들이 앞으로 나아가려는 터키의 길을 막고 터키에 대해 부정적인 이미지를 심어주고 있으니 참으로 안타까운 일이다. 하지만 내가 보았던 동네 사람들은 직접 동물을 도살하지는 않고 도살된 고기를 주문해서 서로 나눠 가지면서 하루를 즐기는 듯 보였고 그다지 거부감을 주지는 않았다. 그리고 그들은 사진을 찍는 나에게도 미소를 던지는 여유를 보여주기도 했다. 창밖에서는 맛있고 푸짐한 생고기 바비큐를 먹는데, 오 군 가족들은 조촐한 채소와 밥이 명절음식의 전부였다. 많은 연세에도 불구하고 항상 요리를 하겠다고 고집하시는 고모님이 해주시는 음식을 모두 맛있다고 속에 없는 말을 하면서 후다닥 비운다는 느낌이 들었는데, 고모님도 느꼈을까?

　터키의 명절에는 '달달한 디저트'가 빠져서는 안 되는데, 친지 방문을 할 때 는 단 디저트를 꼭 사서 가야한다. 그런데 식사를 마치자 이번에 고모님께서 디저트를 만드셨다면서 가지고 나오셨다. 하필 달기로 유명한 '카다이프'라 모두들 고모님께 조금만 달라고 강조를 하자 급기야 고모님께서 "이번엔 많이 안 달게 했어!"하시며 고함을 치셨다. 자기가 한 음식을 남이 거부할 때의 기분을 아는지라 나는 내 자신을 희생하기로 했다. 내가 한 접시를 비우고 두 번째 조각을 달라고 하자, 다들 놀라운 듯이 쳐다보았고, 고모님께서는 "그렇지? 안 달지?"하시며 방긋방긋 웃으셨다. 책 앞부분에서 터키 식사 예절을 이야기할 때 음식을 거절해서는 안 된다고 이야기를 했는데, 이런 것을 보면 터키 사회도 변하고 있다는 것이 느껴진다.

❖ 카다이프

　식당에서도 자주 볼 수 있는 디저트인 '카다이프(Kadayıf)'는 가느다란 실국수로 만드는데 터키에서 유일하게 볼 수 있는 긴 면류이다. 종종 이것을 새둥지 모양으로 둘둘 말아서 견과류를 가운데 넣은 디저트가 있긴 하지만, 한국 사람들에게 가장 인기가 있는 것은 '퀴네페(Künefe)'이다. 젊은 여행자들 중에는 '퀴네페' 열혈팬들도 많다. 바삭바삭한 페이스트리 층 사이에 쭈욱 쭈욱 늘어나는 부드러운 치즈가 숨어있는 이 디저트는 누구나 좋아하며 중독성이 강하다. 이 음식은 동부 시리아 국경 도시, '하타이'가 원조이고 보통 이스탄불에서 먹게 될 경우는 맛있는 곳과 맛없는 곳의 차이가 매우 크다. 사용하는 치즈의 종류와 시럽의 양이 맛을 크게 좌우 하는데, 나는 보통 주문을 할 때 시럽, 즉 셔르베트를 덜 넣어달라고 '아즈 셔르베트(az şerbet)'라고 미리 말을 한다. 아마 터키를 여행할 때 가장 많이 쓰는 단어가 아즈(dz, 적게)가 아닌가 싶다.

❖ 퀴네페

기가 막힌 디저트들 그리고 터키 커피

디저트 이야기가 나왔으니, '달콤한 것을 먹고 달콤한 이야기를 하라'라는 말처럼 터키 문화의 아주 중요한 부분을 차지하는 디저트 이야기를 하지 않을 수가 없다. 당연히 다들 알고 있고 기념품으로 많이 사는 쫀득쫀득한 터키 로쿰(lokum)이나 설탕 시럽에 흠뻑 젖은 끈적끈적한 바클라바 이야기를 하려는 것은 아니다. 디저트 문화에 익숙한 유럽인들에게는 바클라바를 비롯해 달달한 터키 디저트가 환영을 받는데, 유독 한국인들에게는 환영을 받지 못한다. 한국인이 단 음식을 좋아하지 않아서 그럴까? 그렇다면 왜 한국인은 단 것을 좋아하지 않을까, 왜 한국은 디저트 문화가 없을까 한번쯤 생각해 볼만도 하다. 전통 디저트로 조상들이 먹었던 떡류, 경단, 강정류, 약과류 등은 어디로 사라진 것일까? 설탕이 귀하다 보니 단 것을 많이 먹지 못하게 하려고 단 음식은 나쁜 음식으로 교육을 받아서 우리는 자연스럽게 단 음식을 멀리 한 것일지도 모른다. 또 한국은 차 문화가 이웃 아시아 국가들에 비해 발달하지 않아서 일 수도 있다. 설탕은 실제로 뇌에 엔도르핀을 생성하여 행복감을 느끼게 하는 자연적인 진통제이자 마약이다. 그래서 적당히 먹으면 건강에도 좋고 밝게 살 수 있으니 아스파탐이나 사카린 같은 인공 감미료가 들어간 '저칼로리' 과자나 디저트를 먹지 말고, 진짜 설탕으로 만든 진짜 디저트를 한입에 넣고 순간의 행복감에 빠져보는 것은 어떨까?

아이러니 하게도 터키 여행 책에는 정말 맛있고 내가 좋아하는 디저트가 언급되지 않는다. 왜 그럴까, 여행 책자나 트립 어드바이저와 같은 여행 리뷰 사이트가 외국인의 의견을 위주로 써졌기 때문일까? 그렇다면 여행 책에서 말해주지 않는 디저트들에는 과연 어떤 것들이 있을까?

내가 가장 좋아하고, 먹어 본 사람들마다 놀라는 디저트는 바로 '타북 괴우슈 (tavukgöğsü)'로, 터키어로 '닭 가슴'이라는 뜻을 가진 우유로 만든 '밀크 푸딩'이다. 디저트 이름으로 어울리지 않는 이름이라 아마도 모양이 닭 가슴처럼 생겨서 붙여진 이름이라고 생각할 것이다. 하지만 이 디저트 안에는 진짜 닭 가슴살이 들어있다. 아무리 그렇다고 디저트를 닭으로 만드는 법이 어디 있냐고, 그게 무슨 디저트야 하며 놀라다 못해 화를 낼지도 모른다. 하지만 이 디저트에는 닭 맛이 나지 않는다. 그 대신 수저로 푸딩을 떠보면 가는 실타래들이 눈에 띄는데, 그것이 바로 닭 가슴살이 들어있음을 증명하는 유일한 단서이다. 그래서 보통 이 디저트를 시식할 때는 재료가 무엇인지 말을 해 주지 않는다. 왜냐하면 상상도 못했던 재료가 안에 있다는 것을 알게 되었을 때 놀라는 표정이 너무 재미있기 때문이다. 그 푸딩 안에 닭이 있다고 알고 나서는 더 천천히 음미를 하면서 맛을 보는데, 그때서야 비로소 닭 맛이 나는 듯 하다며 갸우뚱 거리는 사람도 있고, 여전히 닭 맛을 못 느끼는 사람들도 있다. 도대체 푸딩에 닭 가슴살을 넣을 생각을 누가 어떻게 했을지 궁금할 것이다. 닭 가슴살을 손으로 가늘게 뜯어낼 정도의 정성이라면 일반 서민이 먹었던 음식 같지는 않다. 알고 보니 오스만 궁전 요리를 대표하는 음식 중의 하나였다고 한다. 이 디저트에 쓰이는 닭은 일반 닭이 아니라 거세된 수탉이다. 수탉을 거세하는 전통은 고대 로마 제국에서부터 중국 제국에까지 존재하였다고 한다. 거세된 수탉은 살도 많고 부드럽고 맛이 있어서 인기가 많았다고 하는데, 어떻게 보면 약간 잔인한 방식인 것 같기도 하다. 그 전에는 암탉을 모이를 많이 먹여서 살을 찌웠었는데, 곡식이 낭비된다고 해서 그 방식을 금지시키자 수탉이 희생되기 시작했다고 한다. 종교적으로 '할랄' 음식을 먹는 이슬람 술탄에게 바친 음식이 이런 조리법으로 준비가 되었다는 것을 보면 모순으로 보일 수도 있다. 그러나 현대 서양식 조리법에서는 푸딩을 만들 때 농후제로 전분을 쓰거나 계란 노른자를 많이 쓰는 것 처럼, 고대 시대 때는 동물 단백질을 이용한 경우가 흔했다고 한다.

닭 가슴 푸딩과 같은 조리법으로 만드는 디저트로 '카잔디비(kazandibi)'가 있다는 것을 알아둘 필요가 있다. 카잔디비는 터키어로는 '냄비 바닥'이란 뜻으로, 위에서 말한 닭 가슴 푸딩을 밑바닥에서 있는 조금 탄 것과 차별을 두기 위해서 같은 냄비에서 나왔음에도 불구하고 다른 이름의 두 개의 디저트가 탄생되었다. 개인적으로 나는 카잔디비를 좋아하는데 보기에도 색감부터가 더 맛있어 보이고 실제로 질감도 찰떡처럼 더 쫀득쫀득 하기 때문이다.

지금은 그런 사육 방식이 동물 학대가 아니냐, 채식주의자는 그 맛있는 디저트를 못 먹지 않느냐 등의 이유로 전통 요리법대로 닭 가슴살을 넣어서 만드는 곳이 점점 줄어드는 추세이다. 한번은 맛을 비교하기 위해서 전분으로 만든 것을 먹은 적이 있는데 전통 요리법대로 만든 것과는 맛의 차이가 너무나 컸다. 이 맛있는 것을 먹기 위해서 채식주의를 포기하겠다고 외칠 정도로 원조 닭 가슴 푸딩은 먹어볼 만한 가치가 있는 디저트이다.

내가 자주 먹는 다른 터키 디저트 중의 하나는 '아즈바뎀(Acıbadem)'으로 터키 어로는 '쓴 아몬드'란 뜻이다. 많은 사람들이 쓴 아몬드를 생소해할 텐데, 이것은 지중해 연안의 중동지역이 원산지인 야생 아몬드 중에는 쓴 맛이 나는 아몬드를 가리키며, 특별한 성분이 있어서 약으로 사용되었다고 한다. 지금은 아몬드가 식용으로 대량 생산되지만 당시에는 귀한 음식이어서 라마단, 생일, 웨딩, 새해 등 중요한 날에 먹었던 만큼 아몬드에 대한 문화적 의미가 다른 나라와는 다르다. 지중해와 중동지역 사람들은 아몬드를 무척 좋아하고 많이 먹으며, 먹는 방식도 다양하다. 한 예로, 식당가나 술집에서는 종종 얼음과 아몬드가 섞인 쟁반을 들고 다니면서 파는 사람들을 보고 왜 물에 담가서 촉촉한 아몬드를 파는지 궁금해서 물어보았다. 터키 친구들이 말하기로 옛날부터 술 마시기 전에 아몬드를 먹으면 숙취를 예방해 준다고 믿어서 그렇다고 했다. 그런데 왜 마른 아몬드를 먹지 않고 촉촉이 젖은 것을 먹는 것일까? 새롭게 알게 된 사실은, 아몬드 껍질이 소화를 방해하고 타닌 성분이 있으므로 물에 담그면 아몬드에 있는 좋은 효소도 증가하고 껍질도 쉽게 벗길 수가 있다는 것이다. 이처럼 여행을 하면서 새로운 것을 배우고 지혜가 쌓일 때마다 너무나 뿌듯하다.

영양 만점의 귀한 아몬드는 실크로드와 향신료 무역을 통해 동서양으로 퍼졌고 그와 함께 아몬드 가루를 이용한 디저트도 생겨나기 시작했다. 아몬드 가루를 이용한 쿠키의 원조는 실크로드 대상들이 통과했던 이란의 타브리즈란 도시로 추정된다고 한다. 페르시아어로 아몬드 가루로 만든 쿠키를 '쿠라비아'라고 부르는데, 터키어로는 '쿠라비에'로 어원이 비슷함을 알 수가 있다. 인도를 지나 중국 마카오 지방에도 아몬드 가루로 만든 쿠키가 있다고 하는데 이름이 '고라이에바(Ghorayeba)'라고 불린다고 한다. 정말 먹을 것은 돌고 돌아 어디가 원조인지 감을 잡을 수가 없다. 하지만 다시 한 번 강조를 하는데, 중요한 것은 누가 제일 맛있게 만드느냐가 아닐까?

터키의 '아즈바뎀 쿠라비에'는 내가 '터키 마카롱'이라고 별명을 붙였다. 왜냐하면 생긴 것도 재료도 프랑스 마카롱과 비슷하기 때문이다. 그렇다면 맛 대결을 했을 때 과연 누가 이길까? 프랑스의 마카롱, 이탈리아의 아르마레또, 터키의 아즈바뎀을 객관적으로 비교해 보면, 프랑스에 마카롱이 만들어진 것은 17세기로 터키보다 거의 300년 이상 뒤쳐진다. 마카롱의 재료인 귀한 아몬드 버터를 오스만 귀족들은 널리 즐기고 있었을 때 유럽인들은 손도 대지 못했다. 그래서 당시 프랑스에서는 종교적인 행사가 있을 때나 궁전에서만 마카롱을 만들었다. 루이 16세와 마리 앙투아네트가 베르사유 궁전에서 특히 즐겨 먹었다고 한다. 최근 몇 년간 불고 있는 광적인 마카롱 붐을 일으킨 컬러풀한 마카롱은 20세기 초에 탄생한 것이고 초기의 마카롱은 그냥 단순한 비스킷 형태였는데, 원조 마을에서 먹어보고 실망했었다. 지극히 개인적인 생각으로

❖ 아즈바뎀

마카롱은 보기에는 예쁜데 맛이 있는지는 잘 모르겠다. 커피를 마실 때 프랑스 마카롱과 터키 마카롱을 선택하라면 나는 주저하지 않고 터키 마카롱을 선택할 것이다. 겉은 바삭바삭하고 속은 촉촉한 터키 마카롱은 터키를 떠나게 된다면 내가 가장 그리워하게 될 디저트임이 분명하다.

터키 디저트들의 특징은 설탕 시럽이나 꿀을 사용해서 끈적끈적 한 것인데, 또 다른 재밌는 특징은 생김새이다. 여성의 신체 부위를 연상케 하는 모양의 디저트들도 많은데, 그 중 하나가 '하늠 괴베이(hanım göbeği)'로 여성의 배꼽을 상징하는 것이다. 그 외에도 많은 쿠키 종류들이 가운데 잣이나 아

❖ 하늠 괴베이

몬드 등이 박혀있는데, 그것은 여성의 가슴을 상징한다고 한다.

부인을 하기는 하지만, 한국 사람들도 군것질을 좋아하는 편이다. 학창시절에 친구들과 모이면 과자가 빠지지 않았었다. 보통 우리는 슈퍼마켓에서 과자를 사게 되고 종류도 참 많은데, 터키는 동네마다 베이커리에서 여러 종류의 쿠키와 디저트를 팔기 때문에 화학성분이 들어가지 않은 자연스런 맛의 비스킷을 언제든지 먹을 수가 있다. 터키인들은 앉았다 하면 차나 커피를 마시기 때문에 디저트들이 잘 발달되어 군것질을 좋아하는 나에게는 매일이 유혹과의 전쟁이다.

이미 알다시피 터키는 카페 문화가 아주 잘 발달되어 있다. 터키에 더 관심이 있는 사람이면 최초의 카페가 생긴 곳 그리고 커피가 대중화 된 곳이 오스만 시절의 콘스탄티노플이라는 사실을 잘 알고 있을 것이다. 예멘과 에티오피아에서 모은 커피콩으로 커피를 즐기던 오스만 터키에서는 1550년대에 최초의 카페, 당시에는 '커피 하우스'라고 불리던 카페가 열리면서 커피는 터키 문화에 아주 중요한 역할을 해왔다.

1683년에 비엔나 전쟁이 터졌고 그때 오스만 군사들이 가져갔다가 전쟁에 지며 두고 온 커피콩으로 처음으로 카페가 생겼고, 곧 커피가 유럽에 널리 퍼지기 시작했다. 오스만 시절에 시민들이 커피를 너무 많이 마시고 커피 하우스에 자주 드나들면서 카페인의 영향 때문에 언쟁도 많이 하고 지도층의 말도 잘 듣지 않는다고 해서 여러 번 카페가 금지되었다. 그럼에도 불구하고 커피는 터키인의 사랑을 꾸준히 받아왔지만, 식민지를 잃고 난 후로는 커피 가격이 올라가서 자국 내에서 생산되는 '홍차'가 더 대중화되기 시작했다. 터키 커피는 유네스코 문화유산에도 등록되어있을 정도로 전통이 깊은데 카페에서 가격이 5리라(2014년 11월 기준 2,450원) 이상으로 꽤 비싸다. 그래서 인스턴트 커피, 특히 '네스카페' 브랜드가 등장했을 때 터키인들은 대환영을 했다. 지금은 대부분의 터키인들이 인스턴트 커피를 마시고 터키 커피는 가끔씩 마시거나 가정에서 마신다. 내가 처음에 카페에서 커피를 시켰을 때 컵에 예쁘게 장식까지 되어 나오길래, '아, 역시 커피의 나라가 맞구나!' 하면서 감탄을 했었는데, 그것이 인스턴트 커피였다는 것을 알고 실망했었던 기억이 난다.

한국에도 다도 예절이 있듯이, 터키 커피 맛을 제대로 즐기기 위해서는 항상 물로 입을 적힌 후에 터키를 마시고, 마신 후에는 다시 물로 입을 헹궈야 한다. 커피 잔 안에 가루가 남아있기 때문에 어차피 자동으로 물을 찾게 된다. 무엇보다도 가장 중요한 것은, 커피를 주문하기 전에 설탕을 넣을 건지 미리 말해서 나중에 설탕을 넣고 밑에 가라앉은 커피 가루를 저어서 마시게 되는 불상사를 피해야한다는 것이다. 참고로, 설탕 하나는 '오르타(orta)' 그리고 무설탕은 '싸데(sade)'이다.

　이스탄불에는 현대적인 카페도 많지만, 곳곳에 전통적인 작은 커피 하우스가 많아서 밖에서 작은 꼬마 의자에 앉아서 여유를 즐길 수 있다. 나는 개인적으로 사람 냄새가 나는 정겨운 전통적인 커피 하우스를 더욱 선호한다. 그런데 정말 전통적인 동네 커피 하우스에는 남자들 밖에 없는 경우가 많다. 그럴 때면 도대체 여자들은 무얼 하나 하고 생각이 드는데, 들은 바로는 여성들이 집에서 친구들을 불러 수다를 떨 수 있도록 남자들이 집을 비워주고 밖에서 남자들끼리 신문도 읽고, 마작 같은 게임도 하면서 시간을 보내는 것이라고 한다. 또는 여자의 잔소리가 듣기 싫어서 그냥 커피 하우스에서 하루 종일 시간을 보내는 남자들도 있다고 한다.

STORY 09
생활의 달인, 종이만큼 얇은 반죽, 유프카

터키인들이 요거트와 케밥 다음으로 자부심을 갖는 것이 바로 유프카이다. 터키 요리는 유프카만 있으면 모든 것이 다 될 정도로 필수 재료이다. 유프카는 만두피와 비슷한 방식으로 만드는데, 크기가 훨씬 크다. 처음 유프카를 보았을 때는 전부터도 잘 알고 있었던 필로(filo) 시트와 비슷하다고 생각했는데, 그것과는 전혀 다를 뿐더러 수백 년 동안 터키 유목민족을 먹여 살린 주식이다. 발효되지 않은 밀가루 반죽을 얇게 편 전병 또는 만두피 같은 것으로 많은 사람들이 또띠아 빵과 같은 부류로 취급하는데, 그것은 유프카를 만드는데 드는 정성과 시간을 지나치게 과소평가하는 것이다.

농업 기술이 현재처럼 발달이 되지 않아 먹을 것이 귀했던 시절에는 거의 주식이다시피 했고, 또 유목 생활과 잦은 외국 원정으로 인해 장기 보관이 가능하고 빠르게 해 먹을 수 있는 음식이 필요했을 때 탄생한 것이 바로 유프카이다. 유프카를 만드는 필수 도구가 가늘고 긴 나무 밀대인데, 터키를 여행하다보면 나무 막대기처럼 생긴 것으로 반죽을 미는 아줌마들을 많이 보게 될 것이다. 그 아줌마들이 미는 모습을 보면 힘도 들이지 않고 너무나 쉽게 미는 것 같다. 하지만 수타면을 아무나 뺄 수 있는 것이 아니듯이, 완벽하게 구멍을 내지 않고 최대한 얇게, 그리고 정확히 지름 60cm의 원

❖ 유프카 만들기

판으로 만든 후에 그 막대기를 굴려서 감은 후에 차곡차곡 쌓는 것은 상당한 손기술을 요한다. 다행히 유프카만 전문으로 만들어서 파는 가게들이 있어서 언제든 필요할 때 사서 쓰면 되어서 너무나 편리하다. 이렇게 만들어진 유프카는 1년 또는 2년 정도 장기간 보관이 가능했다고 하니, 불안정한 기후와 잦은 전쟁으로 내일을 예측하지 못했던 메소포타미아 지역의 나라들에게는 이 유프카가 아주 중요한 음식이었을 것이다. 건조된 유프카는 물기를 묻히면 사용이 가능해지기 때문이다.

보통 유프카는 보렉(Börek)이라는 오븐에 구운 페이스트리 같은 요리를 만드는데 사용한다. 보렉은 터키 요리의 기본이라고 할 만큼 유명하며, 보통 치즈와 시금치를 넣고 겹겹이 층을 쌓아서 구운 이탈리아 라자냐 같은 것도 있고, 길게 말아서 장미꽃처럼 둥글게 돌린 것도 있고, 사람의 팔처럼 길고 둥글게 말린 것도 있으며, 크고 둥근 베이킹 팬에 속을 채운 유프카를 뱀처럼 길게 겹겹으로 돌린 것도 있다.

❖ 보렉. 굴 보렉

이밖에도 유프카를 응용할 수 있는 방법은 무한가지여서, 요리에 관심 있는 사람의 눈길을 한방에 사로잡기에 충분하다. 나는 유프카만 냉장고에 있으면 마음이 든든하다. 딱히 먹을 것이 없을 때 대충 있는 재료들을 올려서 팬에 구우면 전 세계인이 사랑하는 터키식 팬케이크 또는 터키식 빈대떡이라고 불리는 괴즐레메를 만들 수 있다. 갑자기 손님이 들이닥치게 되면 유프카를 층층이 포개서 프랑스식 키쉬나 타르트를 만들 수 있고, 이탈리아식 피자나 라자냐를 만들어 적은 재료로 푸짐한 저녁 파티를 할 수도 있다.

김밥이나 만두 속 채우는 것에 딱히 기준이 없듯이 무궁무진한 아이디어로 속을 채울 수 있어서 나는 종종 '괴즐레메의 밤'이란 주제로 요리 파티를 하곤 한다. 겉으로 보기에는 똑같이 생겼지만 내용물이 어찌나 가지각색인지 칼로 잘라서 속을 들여다보기 전까지는 알 수가 없다. 어떻게 보면 이스탄불이란 도시와도 같다. 겉으로 보아서는 알 수가 없이 복잡하면서도 나름대로의 규칙대로 돌아가는 도시이다. 유프카 안에 상상으로는 조화가 안 될 것 같은 재료들이 들어가지만 구워서 나올 때는 먹고 또 먹고 싶은 중독성 있는 맛이 된다. 내가 자주 만드는 속 재료 중 하나는 버섯과 고르곤졸라 또는 프랑스 로크포르 같은 블루치즈인데, 입맛이 보수적인 터키인들조차도 모두 반했던 맛이다.

이 유프카를 거의 투명할 정도의 얇기로 밀면, 터키의 유명한 디저트인 바클라바(baklava)를 만드는 반죽으로 변한다. 이 얇은 시트를 40장을 한 장씩 버터 칠을 해가면서 층층이 쌓아서 중간에 달달한 으깬 호두를 채운 것이 바클라바인데, 이 디저트도 유프카를 만드는 기술처럼 오스만 제국 요리사들이 완성한 요리이다. 들어가는 정성만큼이나 귀한 디저트로 취급되어 명절이나 잔칫날에만 먹었던 것인데 터키가 관광지화 되면서 많은 가게와 식당들에서 1년 내내 맛을 볼 수 있게 됐다. 이 바클라바를 두고 레바논, 시리아, 그리스가 서로 자기네가 원조고 자기네 것이 제일 맛있다고 서

❖ 바클라바

로 다투는 바람에 일명 '바클라바 전쟁'이란 말이 생길 정도이다. 호두와 시럽으로 만든 디저트는 중동지역에 고대부터 있었지만 바클라바의 표준을 확립한 것은 오스만 요리사라는 것은 학자들도 인정을 하고 있다. 특히, 터키의 가지안테프 지역에서 나는 피스타치오를 잔뜩 넣은 터키식 바클라바는 유럽 연합에서 지역 전통 음식 특허를 받을 정도로 다른 나라에서 흉내를 낼 수 없는 독자적인 맛과 그 전통을 자랑하고 있다.

　40층의 얇고 바삭바삭한 페이스트리에 영양가 높은 호두를 으깨서 채운 후 설탕 시럽이나 꿀을 뿌려 촉촉이 적셔서 위는 바삭바삭하고 아래는 부드러운 일품의 디저트이긴 하지만, 솔직히 바클라바는 너무 달아서 한국인 입맛에는 잘 맞지 않는다. 바클라바를 볼 때마다 시럽이 조금만 덜 들어가면 정말 맛있을 것 같은데 하는 아쉬움이 들어 나에게는 못 먹는 꿀떡같은 대상이다. 하지만 가끔씩 식당에서 또는 동네 빵집에서 직접 만든, 포크를 대면 사르르 부서지는 가벼운 바클라바를 먹게 되는 경우도 있다. 그럴 때면 "아, 역시!"라는 말이 나올 정도로 맛있다. 솔직히 바클라바는 워낙 만들기가 어려워서 연중 큰 명절 때만 한두 번씩 동네 아줌마들이 다 같이 만들어 나눠 먹는 귀한 음식인데, 요즘은 공장에서 대량으로 만들다 보니 사람들이 쉽게 언제든지 먹을 수 있게 된 대신, 원래의 맛과는 많이 다르다. 40장의 규칙을 지키지 않는 곳도 많고, 페이스트리 한 장씩 버터 칠을 하지 않고 그냥 한꺼번에 붓는 곳도 많기 때문이다. 터키 주변의 많은 나라 사람들에게 바클라바는 어린 시절의 추억뿐만 아니라 문화의 정체성을 상기시키는 하나의 매체로 인식될 정도로 중요한 디저트이다. 솔직히 오 군도 너무 달다고 싫어하긴 하지만 가끔씩 먹을 때마다 표정에서 자연스럽게 나타나는 만족감을 보면 음식이 때로는 따뜻한 포옹보다도 더 포근함을 줄 수 있다는 것을 느낀다. 주변 터키 친구들은 자기들은 한자리에서 5-6개는 쉽게 먹어치운다고 할 때 참으로 놀랐다. 나도 진한 터키 홍차나 커피와 함께 먹으면 3개까지는 먹을 수 있을 것 같은데, 앞으로 바클라바를 먹으면서 희열을 느끼는 날이 올지 두고 보자. 이 바클라바는 남자들 사이에서는 일명 배 근육을 표현할 때 쓰이기도 한다. 보통 영어권 나라에서는 '맥주캔 여섯묶음(6 pack)'이라고 하는데, 터키에서는 바클라바 6개를 나란히 놓은 모양에 비유를 한다니, 정말 재밌다.

가지안텝 미스테리를 풀다가 우연히 만난 카르스

터키 동부지역은 메소포타미아 문명의 발생과 함께 수많은 민족과 제국들이 교차를 한 까닭에 역사적으로 가장 오래되고 중요한 곳이다. 아시리아, 히타이트, 바빌론 등 역사시간에 들어본 이름들이 등장하는 곳이 이곳이다. 또한 기독교의 발생지와 이슬람이 발생지와도 근접하여 가장 종교적으로 복잡한 곳이고, 두 종교가 교차하는 곳으로 아르메니아 기독교인들이 한때 살았던 곳이기도 하며 한때 그리스 헬레니즘 문화 영향도 받았다. 알렉산더가 기원전 300년 초에 소아시아와 페르시아를 정복했을 때 그의 지휘관 중 한 명이 이곳에 도시를 세웠는데, 그 도시는 1세기 때 다시 로마가 정복 하면서 도시 이름을 주그마(Zeugma)로 바꾸고 군사적 요지로, 그리고 페르시아 제국으로 넘어가기 전 실크로드의 마지막 정거장으로 대상 행렬이 이어지며 급성장 하게 되었다. 지리적 특성 덕에 페르시아와 비잔틴 문화를 비롯한 다양한 외래문화가 교차한 곳이라 고고학자들에게는 당시의 다문화 사회 구조를 연구하는 열쇠임에도 불구하고 계속되는 외부와의 전쟁 때문에 문화유적들이 제대로 남아있지 않고, 또 무너진 고대 건물들의 잔재들을 새롭게 정착한 시골 주민들이 집 짓는데 사용하거나 훔쳐가는 일이 잦아 문화 유적 발굴과 관리가 제대로 이루어지지 않았다. 그러다가 1996년 댐건설 중 물속에 잠겨있었던 도시가 나타나 로마시대 부유층의 가옥과 그 내부에 있는 수많은 모자이크들이 발굴되면서 고고학자들을 흥분시켰다. 여행자들에게 잘 알려진 모자이크 '집시소녀'가 그중 한가지로, 당시의 모자이크는 그리스 로마식 모자이크로 다른 로마 모자이크와는 차별된 독특한 특성을 가지고 있어서 흥미롭다.

❖ 집시소녀

복잡한 역사만큼이나 식문화도 다양하여 '음식의 고장'라고 불리는 이곳은 아랍과 페르시아의 음식문화를 흡수한 흔적을 그대로 보여준다. '피스타치오의 원산지'로, 가지안텝의 준말인 '안텝'을 붙여 '안텝 피스타치오'라고 부르는 피스타치오는 세계적으로도 독특한 맛과 질을 인정받고 있다. 이 지역 덕분에 보통은 비싸서 먹지 못하는 피스타치오, 그리고 피스타치오가 들어간 초콜릿과 아이스크림을 터키에 살면서 실컷 먹을 수 있어서 너무 행복하다. 모든 여행 책자들은 물론이고 주변인들도 이구동성으로 이곳의 음식을 맛보지 않고는 터키 음식을 이야기할 수 없다고 했다. 하지만 무슨 이유에서인지 나는 가지안텝에 가는 것이 왠지 내키지 않았다. 사람들마다 취향이 달라서 선호하는 여행지도 다른데, 나는 무엇보다 먹는 것에 있어서는 좋고 싫음이 확실한 편이다. 시리아, 레바논 주변 지역이 양고기 케밥, 불구르 라고 하는 파스타, 밀과 시럽 등의 요리를 주로 한다는 것을 이미 알고 있었다. 그런데 불구르를 뺀 나머지는 내가 별로 좋아하는 음식이 아니다. 그래도 사람들은 '안텝 양고기는 질이 달라서 케밥 맛이 이스탄불에서 먹는 거랑 전혀 달라.'라며 나를 부추겼다. 굳은 의지가 흔들리고 내 본능은 대중의 의견과의 갈등에 부딪혔다. 오히려 내 마음이 끌리는 곳은 '카르스(Kars)'라는 도시가 있는 터키 북동지방이었다. 그것에 대한 이야기는 나중에 하기로 하고 안텝 이야기를 계속 해보면, 한참 가지안텝에 대한 정보를 수집하던 중 '가지안텝 음식 축제'가 열린다는 소식을 듣고 너무나 기뻤다. 그것도 내가 살고 있는 동네 공원에서 열리는 축제였다. 흔들리는 내 마음을 읽기나 한 듯 가지안텝이 나에게 온 것이다.

❖ 속을 파서 말린 가지와 피망

나의 정보원인 터키인 지인과 함께 축제에 갔다. 기대했던 것 보다 큰 행사였다. 다양한 특산품들이 여러 가판대에 진열되어 있고, 여기저기에서는 토속 음식을 요리하느라 바쁜 모습이 보였다. 터키인들이 자부심을 가지고 자랑하는 안텝 케밥을 찾기 위해, 그리고 최고의 바클라바를 맛보기 위해, 그리고 무엇보다도 어떤 내가 모르는 새로운 음식을 발견할지 기대를 하며 가판대들을 구경하였다.

　역시 옛 메소포타미아 요리의 전통을 반영하고 있는 만큼 세계에서 가장 오래된 조리법과 삶의 지혜를 엿볼 수 있다는 것이 가지안텝 음식을 구경하는 재미가 아닐까 싶다. 더운 날씨와 예측불허의 기후와 전쟁 등으로 보관성과 휴대성이 가장 중요했을 거라는 점이 바로 눈에 확연히 들어온다. 일반 시장에서도 자주 볼 수 있는 속을 파서 말린 가지, 피망, 호박 등과 과즙으로 만든 엿, 그리고 고추장과 절인 음식들이 그 예이다. 터키 동부로 갈수록 요리에 매운 고추가 많이 쓰이는 덕분에 대부분 터키인들이 매운 음식을 좋아하고 또 잘 먹어서 식당에 가면 테이블에 항상 고춧가루가 놓여있다. 터키 여행을 하다가 매운 고추 맛이 그리운 한국인들에게 절인 고추는 고향의 맛을 느끼게 해주는데 큰 몫을 한다. 터키 고추장은 한국 고추장과는 다르게 설탕이나 다른 첨가물이 들어가지 않은 100% 간 고추로 만든다. 손으로 하나하나 씨를 뺀 고추를 갈아서 햇볕에서 일주일간 바짝 말려 물기를 제거하므로, 그야말로 '태양초' 고추장이다. 그래서인지 고추장에서 햇살이 느껴지는 것 같으며 맛이 깊고 진하다. 한국 고추장처럼 맵지는 않지만 그래도 상당히 맵다.

❖ 고추장

❖ 안텝 케밥

숯불 연기를 뿜어내며 구경꾼들의 후각을 자극하는 미창꽂이 케밥도 보이고 인파가 점점 몰려들어 축제 분위기는 더욱 무르익었다. 곳곳에 과일과 약초를 우려서 만든 '셰르베트'를 파는 아저씨도 보이고 민속 음악도 배경에 들려온다. 그러다 아주 놀라운 광경을 보고 발길을 멈추었다. 그것은 다름 아닌 그 유명한 종이처럼 얇은 유프카를 만드는 장면이었다. 평범한 동그란 반죽이 숙련된 손에서 점점 늘어나면서 얇아지는 모습은 마술쇼와 같았다. 얇은 국수를 빼는 것과 유프카 종이 만드는 것을 '맛대맛'이나 '생활의 달인'같은 프로그램에서 대결에 붙이면 어떤 것이 이길지 궁금하기까지 했다. 피자 반죽을 공중에 돌려서 펴는 것은 이제 더 이상 나를 놀라게 하지 않는다. 여러 가판대에서 같은 유프카를 만들고 있는 모습들이 보였는데, 특히 한 소년의 손놀림이 제일 인상적이어서 영상으로 담았다.

이렇게 만든 유프카는 가지안텝만의 특색 요리인 '카트메르(katmer)'를 만드는데 사용된다. 가지안텝은 그 명성대로 모든 것이 피스타치오로 만들어진다. 이 소년이 다섯 판 정도를 만드는 동안 계속 지켜보고 있는데, 갑자기 친구가 팔뚝을 치면서 신호를 보내서 그때서야 내가 너무 오래 구경을 했구나 생각했다.

다른 특이한 가지안텝 요리는 '치 쾨프테(Çiğ köfte)'인데, 외국인들이 가장 좋아하는 터키 음식 중 하나이다. 어떤 이는 케밥의 고장인 가지안텝에 가서 제일 맛있게

❖ 카트메르

먹은 음식이 치 쾨프테라고 할 정도이다. 이제 쾨프테가 '떡갈비' 또는 '미트볼'이라는 것은 알 것이다. 터키어로 '치(çiğ)'는 '날 것'이란 뜻으로, 생고기로 만든 미트볼이란 뜻이다. 육회를 먹는다고? 그렇다. 그런데 그냥 날 것으로 먹는 것은 아니고 생고기를 매운 고추와 향신료로 계속 치대서 익히는 조리법으로, 불이 없을 경우에 육고기를 먹기 위해 생겨난 방법이다. 이 '치 쾨프테'는 현대에 들어서는 고기를 빼고 불구르라는 곡식만 사용해 만들어 채식주의자의 미트볼로 대중화되어서 지금은 인기 있는 전채요리 또는 간식으로 자리 잡았다. 조금 더 가니 한국 순대와 비슷하게 생긴 소시지가 눈에 띄어 가까이 다가가니 맛을 보라고 아줌마가 건네주었다. 친구는 뒷걸음을 치고 말았지만 나는 맛을 보았는데, 또 매콤하고 맛있었다.

❖ 치 쾨프테

❖ 곡물로 채운 순대

이 지역은 특히 불구르를 주재료로 한 요리들이 많은데, 그중에서도 특이한 어뢰 모양의 고로케, '이칠리 쾨프테(içli köfte)'는 정말 꼭 먹어봐야하는 터키 음식 중 하나이다. 알갱이가 설탕 크기인 불구르 밀을 손으로 치대어 주머니 모양으로 만들어서 그 속을 다진 고기, 호두, 그리고 채소를 섞은 것으로 채우고 기름에 튀기는 것인데, 겉은 바삭바삭하고 맛은 만두를 연상시킨다. 생긴 모양도 특이하지만 맛도 정말 기가 막히다. 튀긴 음식을 별로 좋아하지 않는 나인데도 불구하고 이 음식은 입에 잘 맞는다. 보통의 빵가루를 입혀서 튀긴 음식과는 식감이 너무 달라서 그럴 것이다. 이스탄불에서도 케밥 식당에서 종종 맛을 볼 수가 있는 음식이기는 하지만 정말 제대로 된 것을 맛볼 수 있는 곳은 탁심 이스티끌랄 거리에 있다. 터키에 산지 오래되었는데도 이 '이칠리 쾨프테'는 이곳에서만 먹는다. 이스티끌랄 거리의 중간지점이 되는 '갈라타 고등학교' 반대편에 보면, 건물 앞에서 하얀 가운을 입은 아저씨가 노점 카트에서 뭔가를 팔고 있는 것이 보일 것이다. 그런데 관심을 갖고 보지 않으면 그냥 길거리 음식 중 하나일거라고 쉽게 지나칠 수가 있다. 25년간 같은 자리에서 한 가지 음식만 판매해오고 있는 이곳은 지금은 아들이 아버지의 전통과 손맛을 이어가고 있는데, 이 작은 음식에 아주 긴 사연이 있다. 이 가족은 가지안텝 근처의 마라쉬란 도시에서 꽤 부자였으나 갑작스런 사업 실패로 이스탄불로 올라오게 되었고, 돈벌이를 찾던 중에 아내가 "내가 이칠리 쾨프테를 만들 테니 당신이 파시오."라고 제안을 했다고 한다. 특이하게도 이 아저씨가 항상 깔끔한 정장에 넥타이를 하고 길에서 판매를 한 덕분에 여성 손님들의 관심을 끌었다고 한다. 나는 처음 터키에 왔던 해에 그 할아버지가 건네주는 이칠리 쾨프테를 먹을 수 있어 얼마나 다행이었는지 모른다. 노점상으로 돈을 모아서 그 건물 맨 위층에 사브르타쉬(Sabırtaşı)라는 식당을 열었으나, 6층을 승강기도 없이 가려고 하는 사람들이 없다보니 여전히 식당에서 만들어서 아래 길거리에서 판매를 하고

❖ 이칠리 쾨프테. 탁심

있는 실정이다. 정기적으로 그곳에 가서 이칠리 쾨프테를 사 먹고, 가끔은 기왕 먼 길을 간 김에 5-6개 정도 사서 집으로 가져오곤 하는데 마지막으로 먹은 것도 처음에 먹었던 그 맛 그대로였다. 이곳의 이칠리 쾨프테는 정말 속이 푸짐하고 다른 곳과는 달리 향신료를 쓰지 않아서 깔끔할 뿐 만 아니라, 튀김옷이 다른 곳과 다르다. 왜 다른지를 물어봤더니 다른 식당들은 반죽을 하기 편하도록 다른 밀가루를 섞지만 이곳은 오로지 불구르 밀만 쓴다고 한다. 그리고 가장 중요한 것은 매일 매일 반죽을 준비하기 때문에 신선하다는 것이다. 이것을 준비하는데 손이 많이 가기 때문에 많은 식당들이 냉동보관이 된 것을 튀겨서 판매한다고 한다.

축제 거리를 세 바퀴정도 돌면서 이것저것 시음을 하고 있으려니, 북소리와 피리 소리와 함께 경쾌한 민속 음악이 들려서 그곳으로 가보았다. 군중들이 음악대와 함께 서로 손을 잡고 뱀 꼬리를 만들어 유명한 민속춤인 할라이(Halay) 춤을 추고 있었다. 토요일 아침부터 어쩜 저렇게 흥을 내며 춤을 출 수 있는지... 터키 동남부지역에서 주로 추는 할라이 춤은 단순하면서도 단순하지 않은 뭔가 신비로움이 있는 춤이어서 보고 있으면 분위기에 심취한다. 특히 개인기를 부리며 춤을 잘 추던 젊은 청년이 너무 신기해 스마트폰으로 비디오 촬영을 한참 하고 있으니 지인이 옆구리를 찔러 이동을 했다.

이렇게 해서 그동안 가졌던 '가지안텝'의 음식에 대한 호기심이 약간 풀려서 다행이다. 물론 음식 축제만을 보고 한 고장의 음식 전체를 판단할 수는 없지만, 그래도 나의 여행의 방향을 결정하는 데에 큰 도움이 되었던 것 같다. 그래서 이것을 계기로 내가 처음에 가졌던 본능대로 '카르스(Kars)'를 가야겠다는 생각이 더욱더 굳건해졌다. 그러면 왜 나는 그토록 카르스를 가고 싶어 하는가?

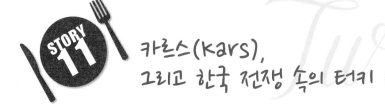

STORY 11

카르스(Kars), 그리고 한국 전쟁 속의 터키

Turkey

보통 관광객들이 카르스를 찾는 이유는 중세 기독교 왕국이었던 아르메니아 왕국의 수도 '아니(Ani)' 유적지를 방문하기 위해서이다. 아르메니아는 동로마보다 더 일찍 서기 301년에 기독교를 국교로 정하고 12사도인 바돌로매에 바치는 교회를 설립했다고 한다. 그리고 1064년에 셀죽 투르크에 의해 처참하게 침략을 당해 무너지기까지 비잔틴 제국과 경쟁 관계를 유지했던 강한 왕국이었다고 한다. 또 아직 사실인지 아닌지 입증된 바가 없긴 하지만, 노아의 방주가 발견되었다고 주장되는 '아라랏 산(Mt. Ararat)'이 있는 곳이기도 하다. 종교에 별로 관심이 없는 나에게는 그보다도 산과 푸른 초원 때문에 가고 싶은 곳이었다. 터키는 지형과 기후조건 때문에 흑해 연안을 제외하고는 나무가 우거진 산이나 숲을 보기가 힘들다. 영토의 80%가 산으로 덮여있는 한국에서 어린 시절을 보내고, 자연의 천국인 뉴질랜드와 호주에서 20대를 보낸 탓에 나는 언제나 녹색으로 가득한 숲 속의 상쾌하고 풀 향기 가득한 공기를 갈망한다. 푸른 초원에 소떼들과 양떼들이 풀을 뜯거나 낮잠을 자는 모습이 나에게는 마음의 평화를 주기 때문이다.

나는 음식이 자연을 반영한다고 믿는다. 그래서 음식을 대할 때 마다 맛을 보기 전에 냄새를 맡아서 그 음식이 만들어진 곳의 자연을 상상해 본다. 음식과 대화를 하면 그 지역에 대해서 많은 것을 알 수가 있다. 이 경지에 오르려면 많은 것을 포기해야한다. 그것에 대한 이야기는 나중에 하기로 하고 일단 접어두자. 치즈 마니아로서 터키의 치즈 종류는 모두 찾아서 맛을 보았다. 치즈를 사는데 쓴 돈만해도 꽤 될 것이다. 자기 자랑이 용납된다고 가정하고 한 마디 하자면, 각 지방 치즈에 대해서는 내가 터키인들보다 더 잘 안다고 자부한다. 내가 처음 '카르스 카샤르(Kars kaşar)' 치즈를 먹었을 때, 바로 그 순간부터 '카르스'라는 도시에 대해서 궁금해졌다. 참고로 나는 프랑스, 이탈리아, 스페인, 스위스, 네덜란드 등 치즈로 유명한 나라의 도시들을 다 방문을 했을 정도로 극심한 치즈 마니아이다.

'카르스 카샤르' 치즈는 프랑스 꽁떼 치즈처럼 풀과 꽃향기가 났다. 그리고 무엇보다도 일반 터키 치즈와는 다르게 짜지도 않았다. 시간과 정성이 들어가는 치즈를 제대로 만드는 곳이라면 사람들도 마음씨가 좋고 음식도 맛있다는 것을 기준으로 여행을 하는 나는, 카르스를 가기 위해서 여기 저기 뒤져서 정보를 찾아보았다. 터키 현지인들에게 여러 차례 카르스에 대해서 물어보

❖ 카르스 카샤르 치즈

았지만 아는 사람을 만나지 못했다. 아마도 카르스와 터키 역사가 별로 관련이 없기 때문에, 그리고 그 도시가 아르메니아와 얽혀 있기 때문에 기피하는 것이 아닌지 혼자 추측도 해보았다. 어쨌든 카르스의 기독교 유적지를 제외하고, 그 도시의 특색에 대해서 알고 싶어서 한동안 인터넷을 뒤지고 만나는 사람마다 '카르스'에 대해서 물어보는 것이 병이 되었다. 아마도 내 주변에 카르스가 어디에 있는지조차 생각 안 해본 사람들이 카르스에 대한 내 열정 때문에 관심을 갖기 시작했을지도 모른다. 카르스에 대해서 새롭게 알게 된 사실은 그 지역이 '거위' 요리로 유명하다는 것이다. 양고기와 소고기에 지쳐가던 와중에 터키에도 '거위'와 '오리' 요리가 존재한다는 이야기를 듣자마자 귀가 솔깃해 졌다.

그러던 찰나, 두 명의 인연을 만났다. 한명은 'Eating Asia' 책 출판을 준비하는 뉴욕 타임스 저널리스트 데이빗인데, 그는 카르스와 그 주변을 오랫동안 여행하고 다큐멘터리를 만들었다. 나는 그와 이메일을 주고받으면서 공통의 관심사인 사진과 음식에 대해서 나누었고, 그는 친절하게도 카르스의 도시에 대해서 알려주었다. 아직도 그가 남긴 한 마디가 머릿속에 맴돈다.

"열정은 항상 나를 올바른 곳으로 인도를 할 것이다."

카르스는 잘 알려지지 않은, 거의 잊힌 도시이다. 잊혔다고 해서 문화적 중요성이 덜 한다거나 영원히 사라지는 것은 아니다. 하지만 그곳을 가는 사람이 별로 없어 몇몇 유적지를 제외하고는 교통편이 없기 때문에 방문하기 힘든 것이 사실이다. 그래서 차로 여행을 하지 않는 한은 제대로 볼 수가 없다. 유일하게 카르스 지역을 방문한 적이 있는 터키 친구의 말에 의하면 사계절 어느 때 가도 멋질 만큼 매력이 있는 곳이라고 한다. 이슬람과 기독교가 혼합된 문화는 보면 볼수록 의문점이 많이 생기는 탓에, 현재 여행 계획만 세워놓고 실제로 가보지는 못했지만 하루 하루 그곳에 갈 생각을 하면서 기대감에 찬 상태로 지내고 있다. 주변의 조언대로 차를 렌트 해서 주변 자연을 만끽을 할 예정인데, 이번이 처음으로 오 군 부모님과 함께 하는 여행이 될 것이기에 이 여행이 나에게 갖는 의미가 더욱더 특별한 것이다. 가끔은 여행자들이 현지인들에게 현지 문화에 대해서 더 잘 알게 한다는 말이 맞는 것 같다는 생각이 든다. 내가 주변 사람들에게 '카르스'에 대해서 물어보지 않았더라면, 아마 이들은 평생 그곳에 대해서 관심을 갖지 않았을 테니까 말이다. 하지만 카르스는 정말 멀고 닿기가 힘들뿐더러 항공료가 유럽을 가는 것보다 더 비싸고 또한 적당한 달을 선택하기도 참 힘들다. 사실 다른 이유를 다 접어두고 이 교통비와 먼 거리 때문에 실제로 터키인들이 먼 동쪽 지역으로 여행을 가지 않는 것이라는 생각이 들었다. 옆 나라 조지아를 갔다가 거기서 카르스를 가는 것이 아마도 더 효율적이라는 생각이 들 정도이니 말이다.

그러던 중 한 해에 페티예에서 카르스 출신의 '카르탈'이란 아저씨를 만났다. 그 아저씨가 들려주는 카르스에 대한 이야기도 나의 카르스에 대한 환상을 뒷받침해 카르스에 가고 싶은 욕구가 더욱 강해졌다. 겨울에 거위를 잡아서 배 안을 소금물로 채운 후 눈 속에 2-3주를 묻고, 또 3주에서 3개월 동안 공기 중에 매달아 건조시켜서 필요할 때 마다 굽거나 삶아서 요리를 한다고 한다. 생각만 해도 군침이 돌았다. 이곳은 깨끗한 자연과 야생화 덕분에 꿀이 맛있고 질이 좋은 것으로도 유명한데, 흔하지 않아서 꽤 비싸기도 하다. 뉴스에서 꿀 1kg이 7천불에 팔렸다는 기사도 읽은 적이 있다. 여름과 가을에는 하이킹을 하기에 좋고, 겨울에는 스키를 탈 수 있는 등 언제 어느 때 방문을 해도 할 것, 볼 것이 많다고 한다. 하지만 거위 요리를 먹고 싶으면 2월 또는 3월에 방문을 하는 것이 최상이라고 한다. 아저씨는 카르스에 가면 어느 식당을 들어가도 반가운 손님으로 대접을 받고 돈도 내지 않아도 될 거라고 했다. 과연 그 말씀이 진실일지 궁금하다. 하지만 동시에 그곳 사람들이 거짓말과 사기 치기를 잘하니 조심하라고 경고하셨다. 아마도 20세기에 카르스가 러시아의 손에 들어갔던 것을 비롯해서 민족과 종교분쟁의 역사 때문일 터이다.

음식 이야기를 하다가 갑자기 한국 전쟁으로 화제가 돌아가고, 아저씨의 삼촌이 한국 전쟁에 참전을 하셨는데 돌아오지 않으셨다고 하면서, 한국 땅 어딘가에 잘 묻혀계시기를 바란다고 하셨다. 터키에 살면서 삼촌 또는 할아버지가 한국 전쟁에 참전을 했다고 하는 사람들을 너무나 많이 만나 가끔은 그들이 거짓말을 하는 건지 의심을 해 보기도 한다. 하지만 약 5500명이란 숫자는 그때 당시에는 엄청난 숫자였고, 보통은 동부 작은 마을의 청년들이었기 때문에 어떤 마을에서는 거의 젊은이 전체를 보냈다고 한다. 그 당시에 이들은 자기들이 어디로 보내지는지도 몰랐고, 고향 마을 이외에 바깥세상을 처음 보는 사람이 대부분이었다고 한다. 그들이 처음으로 직접 두 눈으로 목격한 외국이 5000마일이나 떨어진 한국이라는 곳인데다, 외국인 그것도 비무슬림과 처음으로 접촉을 했다는 것에서 받은 문화적 충격은 엄청나게 컸을 것이다. 미국군과 같은 음식들을 배급받다 보니 먹지 못하는 돼지고기 햄들은 모두 주민들에게 나눠주었다고 하는데, 그래서 부대찌개가 탄생했을까 하는 생각이 순간 떠올랐다. 어쨌든 이러한 이유로 그들의 기억에는 한국 그리고 한국 전쟁이 가장 인상 깊게 남아있는 것이고, 또한 자기들이 목숨을 걸고 싸워서 도와줬던 나라가 불과 몇 십 년 만에 대단한 경제적 발전을 했다는 것에 대한 자부심도 있는 것 같았다. 또 터키 정부와는 달리 터키군의 참전을 존경심으로 대하고 묘와 기념비를 세워준 한국 정부에 무척 감사를 한다고 하면서, 한국은 좋은 정부라고 말씀을 하셨다. 비로소 왜 터키인들이 우리를 '형제의 나라'라고 하는지, 왜 이들이 한국인에게 도가 넘칠 정도의 친절을 베푸는지도 이해가 갔다. 그래서 비록 내 세대와는 상관이 없지만 내가 지금 있을 수 있는 이유이기에 감사하다고 한 마디 해주게 되었다. 그런데 그때 그 말씀을 하시는 아저씨의 목소리에서 그냥 모른 척 하고 지나칠 수 없는 무거움이 느껴진 이유는 무엇일까?

한국 전쟁의 역사를 배울 때, 미국과 영국군 다음으로 터키군 참전용사 숫자가 많았다고 하는데, 그 외에는 별로 아는 바가 없었다. 그리고 가만히 생각해 보니, 왜 하필 한국과 아무 관련이 없는 터키군 이었을까도 의문이었다. 나는 성인이 되어 처음으로, 아니 태어나서 처음으로 터키의 한국전 참전에 대한 자료들을 읽게 되었다.

내가 읽은 자료 중에 가장 기억에 남는 것이 재미교포 터키인 교수가 쓴 '한국 전쟁이 터키에 미친 영향'이란 논문인데, 그 안에는 참전용사들이 가족에게 보낸 편지 내용을 비롯한 회고록과 전쟁 전후의 상황에 대한 자세한 설명들이 담겨 있다. 이들은 그냥 신을 위해서 나쁜 사람들을 죽이고 천국에 가겠다는 영웅심과 정부의 물질적

보상에 대한 거짓 약속 때문에 지원을 했다 고 한다. 그 글을 읽으면서 내가 직접 겪지 는 않았지만 생각조차 하지 못했던 잊힌 과 거 사실들이 상상 속에서 생생하게 되살아 나며 눈시울이 뜨거워졌다. 낯선 땅에서, 왜 목숨을 걸고 싸워야하는지도 모른 채 싸 우다 목숨을 잃은 참전용사들에 대한 동정 때문이었을까? 어쩌면 강대국, 특히 미국의 압력에 꼭두각시놀이를 해야 했던 나라들

이 아직도 그 굴레에서 벗어나지 못하고 좌지우지 되는 현실이 안타까워서 인지도 모 르겠다. 그리고 그리스와 로마 역사 공부를 하면서 정작 한국 역사에 대해서는 너무나 몰랐던 내가 창피해서였는지도 모른다. 어쨌든 1960년에 일어난 터키의 첫 군사 쿠데 타도 정부로부터 환대를 받지 못한 6.25 참전 용사들의 정부에 대한 불만으로 발생한 것이라고 한다. 당시 수상이었던 멘데레스는 친 이슬람 정책을 펼쳐 아타튀르크가 금 지한 아랍어와 종교 활동을 부활시키고 친미 정책을 펼쳐 경제를 부흥시켰다. 하지만 권력을 독점하고 국민을 이간질 시키며 민주주의에 역행을 한다는 비난을 받고 결국 은 처형을 당했다.

카르스는 한국 전쟁 이외에도 19세기에 러시아와 터키 사이의 전쟁 때 고난을 겪 었고, 당시 많은 아르메니아 인들이 디야르바크르(Diyarbakır)로 이주해 살았으나 러 시아 편을 들어 터키에 대항한다는 오해를 받고 쿠르드족을 앞세운 터키인들에 의해 서 대량 학살을 당하는 역사적 비극이 있는 곳이기도 하다. 나는 전에 영국 BBC에서 만든 아르메니아 학살에 관한 다큐멘터리를 보고 상당히 충격을 받았었다. 하지만 터 키인들에게서 듣는 정보는 다큐멘터리와 상반되는 내용들이 많아 혼란스러울 때가 많 다. 올해(2015년) 4월 24일, 아르메니아 학살 100주년 추모식에서 있었던 아르메니아 와 터키 지식인들 사이의 열띤 토론을 보면서도, 그동안 알지 못했던 사실들에 충격과 놀라움을 번갈아 느꼈다. 언젠가 그곳을 여행하고 내 눈으로 실제로 어떤 일이 일어났 는지, 그리고 터키 정부가 주장하는 것들이 사실인지를 직접 보고 판단하고 싶다.

훈카르 베엔디(Hünkar Beğendi)
– '술탄이 반했다'

오스만 궁중요리를 대표하는 음식으로 이름 그대로 맛을 보는 순간 모두 반한다. 가지요리 인데 가지는 보이지 않고, 고기는 입에서 살살 녹는 놀랍고 신기한 요리로 손님 접대용이나 특별한 저녁 메뉴로 안성맞춤이다.

재료(4인분) : 가지퓨레 – 가지 4개, 우유 1컵 반, 버터 3큰술, 밀가루 2큰술, 체다 치즈 1/2컵, 레몬주스 약간, 소금과 후추, 넛멕(없으면 생략)
고기 스튜 – 소고기 또는 양고기 400–500g 깍둑 썬 크기, 양파 2개, 마늘 2개, 토마토 2개 (껍질 벗겨서 다짐), 토마토 페이스트 1 큰술, 물 1컵 반, 레드와인 1/2컵(선택), 포도씨유 2큰 술, 소금과 후추, 고춧가루(선택), 파슬리, 오레가노, 타임 등의 허브(선택)

〈조 리〉

1. 냄비에 기름을 두르고, 다진 양파를 부드러울 때까지 볶은 후, 고기를 넣고 소금과 후추로 간을 한 후, 고기가 약간 노릇하게 구워지면 마늘과 다진 토마토를 넣고 토마토의 물기가 마를 때까지 5–10분 정도 조리를 한다.

2. 1에 물과 토마토 페이스트, 허브, 그리고 (있으면)와인을 넣고 뚜껑을 닫은 후, 약불에서 1시간 정도 육질이 부드럽도록 조리를 한다.

3. 가지는 포크나 칼로 듬성듬성 찌른 후, 가스레인지에 바로 굽거나, 200도의 오븐에 껍질이 새까맣게 타도록 굽는다(직화는 10분, 오븐은 40분 정도 소요됨).

❹ 껍질을 벗기고 속을 파내고 그릇에 담아 포크로 으깨고 레몬주스를 뿌려놓는다.

❺ 다른 냄비에 버터를 약불에 녹인 후 밀가루를 넣고 거품기로 재빨리 저어서 섞은 후, 계속 잘 저으면서 우유를 조금씩 넣는다. 10분 정도 조리해서 걸쭉해지면, 4의 가지 퓨레를 넣고 소금과 후추로 간을 한 후, 불을 끄고 치즈와 (있다면)넛멕을 넣어 잘 섞는다.

❻ 완성된 가지 퓨레를 접시에 담고 위에 고기 스튜를 얹은 후, 허브로 장식을 하고 서빙 한다.

〈응용〉

소고기 대신 닭고기를 이용하거나, 당근이나 버섯 등의 패소를 고기와 함께 요리해도 조화가 잘 되니 다양하게 활용해 볼 것.

참고 : 숯불향이 매력적인 가지 퓨레는 터키 요리의 기본이다. 구운 가지에 다진 마늘을 적당히 넣고 엑스트라 버진 올리브유를 넣거나 또는 그릭 요거트나 크림치즈(마요네즈도 가능)를 2큰술 넣은 후 간을 하면 환상적인 전채요리가 된다.

PART 04

현재의 터키와 미래

돌화덕으로 빵 굽기

Turkey

　　터키인들은 빵과 밥을 같이 먹는 유일한 민족이다. 우리나라 사람들이 밥 인심은 좋아서 식당에서 공기밥 추가는 무료이듯이 - 요즘은 안타깝게도 사라지고 있는 문화이긴 하지만 - 터키 식당에서는 빵이 무조건 기본으로 나오고 리필도 무한정이다. 가끔씩 테이블에 앉자마자 종업원이 빵이 한가득 담긴 바구니를 앞에 놓을 때마다 "이 엄청난 양의 빵을 다 먹어요?"라며 눈을 동그랗게 뜨고 놀라는 분들을 많이 접했다. 그러면서도 한번 맛을 보면 손을 떼지 못하는 분들도 많다. 씹으면 씹을수록 쫀득쫀득 고소하고 부드러운 터키 빵은 확실히 중독성이 있다. 한편, 쌀로 만든 요리들도 많고 많은 요리들을 필라브(pilav)라고 불리는 밥과 함께 먹는다. 원래 필라브는 페르시아 쌀 요리로 알렉산더 대왕이 페르시아를 정복했을 때 그에게 바쳐졌던 음식이었다. 그 쌀 요리에 반한 알렉산더 대왕과 그 군사들이 요리법을 그리스로 가져오면서 터키 땅에 쌀 요리가 퍼지게 되었다. 나중에 다시 언급되긴 하겠지만 터키인이 밥을 만드는 방법은 우리 방식과 약간 다르다. 좀 더 정성이 들어간다고나 할까? 우리는 압력솥의 힘으로 밥맛이 어느 집이나 비슷하고, 또 밥이 되거나 질거나 '밥이면 밥'하고 관대한 편인 반면, 터키인은 밥이 된 정도에 꽤 까다롭다. 어떻게 보면 쌀이 한때는 귀한 곡물이었기 때문에 특별한 손님에게만 대접했었고 그때 정성껏 만들었던 의식이 아직도 문화에 남아있기 때문이라고 할 수 있다. 이런 밥짓기의 중요성 때문에 오스만제국 시절 궁중 요리사를 뽑는 테스트가 바로 '밥짓기'였다고 한다. 하지만 그와는 반대로 빵 맛에는 무척 관대한 것 같다. 메소포타미아에서 유래된 무발효의 납작한 인도의 난(naan)같은 빵, 라바쉬(lavas)부터 약간 발효가 된 그리스에서 유래된 피타 빵(pita), 그리고 흑해와 코카서스 지방에서 전해온 발효 빵(흔히 부르는 에크멕ekmek)까지 종류도 다양할 뿐만 아니라, 밀의 질이 우수한 탓에 어떤 빵이든지 다 맛있다. 밥보다 빵에 민감하고 프랑스와 독일식 천연 발효 빵을 선호하는 나는 트라브존(Trabzon) 빵을 찾아서 먹거나, 옛날 방식으로 요거트 유산균을 섞어 발효하는 일명 시골 빵(쾨이 에크멕, köy ekmek)을 선호한다. 하지만 현대화와 함께 생활이 풍요로워지고 하얀 바게트 빵이 대중화되면서 그것이 많은 사람들이 제일 즐겨먹는 빵이 되어버렸다. 하루 평균 약 2만 5천 톤의 빵이 생산되고, 일 년에 낭비되는 빵만 해도 1.5억 파운드라고 한다. 따라서 얼마만큼 빵이 풍부한지 터키에 오면 실감을 할 것이다.

　신기한 것은 빵을 쓰레기통에 버리지 않는다는 사실이다. 동네 골목을 지나다 보면 대문 앞이나 쓰레기통 주변에 비닐봉지들이 걸려있는 것을 흔히 볼 수 있다. 처음엔 왜 다른 음식 말고 빵만 그렇게 따로 걸려있는지 궁금했었는데, 알고 보니 시간과 노력을 많이 들여 만든 빵을 버리는 것은 죄를 짓는 것이라는 이슬람의 교리 때문이기도 하고, 또 필요한 사람들이나 길거리 유기견과 고양이, 갈매기 등 동물들에게 주는 먹이로 쓰고 싶은 사람들이 가져가서 재활용 할 수 있도록 하기 위해서란다. 그리고 보면 음식을 신이 준 음식이라고 여기고 감사하며 먹는 풍습이라 존중할 만하고 음식 낭비가 심한 현대인의 식습관에 대해서 반성을 하게 한다.

　터키에 오기 전에 호주와 프랑스에 살면서 천연 발효 빵만 먹었던지라 터키에서도 일명 사워도우(sourdough) 빵을 찾느라 조금 고생을 했다. 도시화되면서 터키인들이 요즘 많이 먹는 빵이 터키의 바게트 빵인데 나는 솔직히 그 빵을 먹지 않는다. 빵 때문에 혁명까지 일으킬 정도로 빵 없이는 못사는 프랑스가 20세기 급격히 산업화되면서 빵 소비율을 통제하려고 새벽 4시 전에는 빵을 굽지 못하게 하자 시간이 오래 걸리는 전통적인 르방 방식 대신에 이스트를 사용해서 빨리 발효를 시키는 방식의 바게트 빵이 생겨났는데, 더 하얗고 더 부드러운 현대식 바게트가 오히려 국민들에게 인기가 많아 일석이조였다. 비슷한 현상이 터키에도 일어났다. 언제부터인가 프랑스의 바게트와 비슷하지만 터키만의 특성을 살려 좀 더 통통한 빵이 터키 전체를 휩쓸게 되고, 싸고 쉽게 먹을 수 있는 부드러운 이 빵은 국민들의 사랑을 받게 되었다. 그래서 현재 거의 모든 패스트푸드와 일반 식당에서 사용하는 국민 빵이 되었다. 그래서 정부에서는 흰 빵의 섭취를 줄이고 건강한 빵에 대한 관심을 다시 일으키기 위해 '할크 에크멕'이

라는 매점을 거주지역마다 설치해서 정부가 지원하는 빵 공장에서 만든 빵을 배포를
하고 국민들이 질 좋은 빵을 싸게 살 수 있도록 하고 있다.

　나는 시간이 한참 지난 뒤에야 이 빵의 존재를 알게 되었다. 왜냐면 주변 친구들이
대부분 할크 에크멕을 가난한 사람들이 먹는 빵이라고 생각하는 경향이 있어서 나 또
한 무시했었기 때문이었다. 그런데 살면서 지켜보다 보니, 잘 차려 입은 교양 있어 보
이는 사람들이 멋진 차에서 내려 할크 에크멕 매점에서 빵을 사는 모습이 자주 눈에
들어왔다. 하루는 너무나 궁금한 나머지 하나를 샀는데 그곳에서 산 유기농 통밀 빵을
맛본 즉시 그것이 내가 그토록 오래 찾던 사워도우 빵이라는 사실에 놀라고 기뻤다.
그 후로는 매일 그 빵을 사게 되었고 새 집을 찾을 때도 항상 할크 에크멕이 가까운 곳
으로 찾게 되었다. 그 빵가게가 버스 정류장만큼이나 많아서 다행이다.

그렇다고 해서 빵의 천국인 터키를 여행하면서 베이커리마다 이렇게 잔뜩 진열되어 있는 빵을 무시하라는 말은 아니다. 단지, 빵에 대해서 까다로운 나의 의견을 말한 것뿐이다. 터키의 밀가루와 빵의 질이 한국에 비해서는 월등히 뛰어나고, 모든 빵이 밀가루, 물, 소금 이 세 가지 재료를 바탕으로 만들어져서 소화도 잘 되어 밀가루 음식이 체질에 맞지 않은 사람들도 좋아한다. 한 자료에 의하면 터키의 밀은 교배를 거치지 않은, 인류의 밀 재배가 시작되던 초창기의 순수 종자라 글루텐 구조가 달라서 그렇다고 한다. 그래서 터키의 밀 씨앗은 국제 씨앗 은행에도 등록되어 있을 정도로 귀하다고 한다. 한번은 친구 어머님이 터키에 놀러오셨는데, 그 분은 한국에서는 빵만 먹으면 속이 더부룩하고 신물이 올라와서 빵을 꺼리셨던 분이셨다. 그런데 터키 빵을 드시고는 그런 반응이 없다고 하시면서 밥보다 빵을 더 많이 드셨던 기억이 난다.

터키의 빵이 맛있는 비밀은 뭐니 뭐니 해도 빵을 굽는 돌화덕 때문이다. 빵이 돌화덕에서 구워졌냐 아니냐에 따라 빵의 질감과 맛은 상당히 차이가 난다. 그래서 식당이나 베이커리에서는 터키어로 타쉬 프른(taş fırın), 돌화덕이라고 간판에 써 놓고 타쉬 프른 케밥, 타쉬 프른 시밋 등 타쉬 프른을 강조한다. 전통적으로는 중동과 아프리카 지역에서는 땅에 구덩이를 파서 만든 아

❖ 돌화덕

궁이 식의 오븐이었지만, 로마식 오븐의 영향을 받아서 현재 보편적으로 사용되는 서서 빵을 구울 수 있는 형태로 변형되었다. 동서양의 기술이 종합되었으니 그야말로 최고일 수밖에 없지 않을까? 얼핏 보기에는 그냥 흙과 벽돌을 쌓아서 만드는 것 같지만 다른 재질을 가진 흙, 돌, 모래, 유리 등 5-6층으로 이루어지며, 위층은 흙과 지푸라기를 섞어서 만들어 조각을 한 후 앞문 구멍을 파야 한다.

돌화덕에 장작을 때워 오븐 내부를 데우는데 시간이 2시간 정도 걸리므로 빵을 구울 때는 미리 시간 계산을 잘 해야 한다. 옛날에는 돌화덕, 즉 아궁이 불을 24시간 꺼트리지 않았고 태웠고, 여자가 아궁이 불을 꺼트리는 것은 이혼 사유가 되었다고 한다. 돌화덕을 돌리는데 시간이 많이 걸리므로 보통 날을 잡아서 한꺼번에 빵을 굽고 이웃들과 함께 굽기도 한다. 빵만 굽는 것이 아니라 터키 식 피자인 피데(pide)도 굽

고 채소도 굽는 등 온 가족과 친구들, 이웃들끼리 함께 굽는다. 그리고 구운 빵은 이웃들과 나눠 먹는다. 오랜 경험으로 숙달된 솜씨로 빵 반죽을 하시는 아주머니에게 어떤 발효종을 쓰시는지 보

❖ 구운 빵을 나눠주는 모습

여 달라고 했더니 요구르트 통에 담긴 발효종을 보여주셨다.(참고로 터키는 요거트를 많이 먹으므로 요거트 통이 다용도로 사용되어 플라스틱 통을 따로 살 필요가 없다. 집집마다 큰 원형의 요거트 통들이 화분 또는 바구니 등으로 이용되기도 하고 작은 통은 곡식이나 음식 보관용으로 이용되고 있다.) 처음으로 돌화덕에서 빵을 굽는 다는 그 설렘을 감출 수가 없었다. 드디어 오븐 내부 숯을 가장자리로 밀어 넣고 중간에 공간을 만들면서 빵 구울 준비가 되었다. 빵 반죽을 한 주먹씩 떼서 재빠른 손놀림으로 모양을 낸 후에 삽 위에 올려놓은 나뭇잎 위해 얹어서 오븐 속으로 쑤욱 밀어 넣었다. 원래는 1미터가 넘는 긴 손잡이가 달린 나무판을 사용하지만 삽을 사용하는 것도 삶의 지혜가 아닐까? 빵은 넣는 동시에 신기하게도 화산처럼 부풀기 시작하면서, 그야말로 돌화덕의 화력을 제대로 보여주었다. 부푸는 빵처럼 내 마음도 부풀어 빵 굽기에 도전! 결과는 당연히 성공이었다. 빵 굽기의 생명은 역시 높은 온도와 오븐의 질이다.

❖ 라마준 피데

다른 아줌마들은 피데와 라마준 반죽을 만드느라 부산했다. 터키 피자(피데)의 특징은 치즈가 없다는 것인데, 지중해 남부 쪽은 치즈를 많이 먹지 않는다. 이탈리아 남부지방에서도 피자 토핑에 치즈가 빠진 것을 많이 봤는데, 특히 올리브유를 많이 쓰는 시실리아 요리와 터키 요리 중 유사한 것들이 많다.

피데를 굽고 먹고, 먹고 굽고 하다 보면, 얼마나 많이 먹었는지 감을 잡을 수가 없다.

　　빵을 굽는 마지막 단계에서 준비하는 것이 또 있는데, 그것은 터키의 대표적인 양
고기 냄비 음식인 귀베취(güveç)이다. 서양 요리에서 빠지지 않는 캐서롤 요리로 고
기와 채소를 세라믹이나 주철 냄비에 담아 장시간 오븐에 굽는 요리인데, 터키에서는
아직도 그리스 로마 때처럼 항아리 냄비를 사용한다. 2-3시간씩 돌화덕에 구운 채소
와 고기는 입에서 녹을 정도로 부드럽고 맛이 기가 막히다.

❖ 귀베취

최근에 오 군 고모님이 실패를 거듭한 끝에 마당에 첫 번째 돌화덕 만들기에 성공해, 빵 굽기를 시도 해보러 갔었다. 잘못하면 화덕이 터질 위험이 있는지라, 터지지 말고 맛있는 빵이 잘 구워지라고 소원을 빌기 위해 악마의 눈으로 알려진 나자르 본주우(Nazar Boncuğu)까지 앞문 위에 달아 놓았다. 그 덕분인지 빵이 잘 구워져 나왔다. 내가 재미로 시밋 빵을 만들어 구웠는데 그 또한 시중에 판매되는 시밋 빵보다 더 맛있었다. 나도 미래의 내 집 마당에 돌화덕을 만들어서 집에서 빵을 구워서 먹고 여유롭게 살고 싶은 것이 소망이다.

이스탄불은 '일곱 개 언덕의 도시'가 갖는 매력과 바다가 환상적인 조화를 이룬 결정체이다. 나는 로마, 파리, 피렌체, 바르셀로나, 오스트리아 등 많은 유럽의 도시의 언덕에 발을 디뎌봤지만, 왠지 모르게 이스탄불의 언덕에서 보는 도시의 전경만큼 나의 감수성을 자극하는 곳은 없었다. 이스탄불을 만나기 전까지는 바르셀로나의 전경이 나의 마음을 꽉 쥐고 있었지만, 더 이상 아니다. 갈라타 타워 주변의 높은 건물들의 옥상에서 바라보는 구시가지의 경치도 멋지지만 외국 대사관들이 밀집해 있는 신시가지에 있는 한 식당에서 성 안토니오 성당을 가로질러 보이는 시내 전경은 아름다움의 극치이다. 성 안토니오 성당은 이스탄불로 여행오는 카톨릭 신자들이 꼭 미사를 드리는 영광을 얻고 싶어 하는 곳이기도 한데, 카톨릭 성당을 앞에 두고 저 멀리 배경 속에 보이는 옛 아야소피아 성당과 블루 모스크가 어쩌면 그렇게 자연스럽게 보이는지 이 세 종교가 한때 서로 싸웠다는 것이 믿겨지지가 않는다. 이 성당은 세계적으로 '착한 교황'으로 추앙받는 교황 성 요한 23세가 교황이 되기 전에 10년 동안 설교를 하면서 터키와 이스탄불에 대한 사랑을 표현하셨던 곳으로, 터키어를 유창하게 했던 그는 터키인들에게 '터키 교황'으로 알려져 있다.

물론 세상은 넓고, 더 멋지고 아름다운 곳이 더 있을 것이라고 믿는다. 그런데 이스탄불에 도착하고 나서는 다른 곳을 여행해도 감회가 새롭지가 않다. 이것이 나에게만 나타나는 현상이 아니라 많은 재외국인들이 공통적으로 느끼는 감정이라는 것을 시간이 흐르며 알게 되었다. 한해에 부모님께서 터키에 장기간 여행을 오셨을 때, 독일과 오스트리아를 함께 여행을 갔었다. 첫 날은 도로의 차 경적 소리가 울리지 않고 깨끗해서 좋다고 하시더니, 삼 일째 되니 이스탄불이 그립다고 하셨다. 그 말에 내가 "그것 보세요. 제가 그럴 거라고 했죠? 역시 사람 사는 냄새가 나는 곳이 최고죠!"라고 했던 기억이 난다. 이스탄불에서 내가 가장 좋아하는 장소이고 자주 가는 이 비

밀의 장소에서 내려다본 시내의 전경은, 보고 있노라면 혼이 빠지는 느낌이다. 빨간 지붕과 파란 바다가 어우러진 도시의 경치도 아름답지만, 하나 둘씩 밝혀지는 술탄 아흐멧을 배경으로 한 도시의 야경도 못지않게 아름답다. 크고 작은 언덕들이 많으니 건물이 높지 않아도 야경을 볼 수 있는 곳이 많은 것은 사실이지만, 또 한 가지 비밀이 더 있다.

이스탄불의 오스만 시절에 지어진 아파트들을 보면 맨 위층의 천장이 아래층보다 낮다. 그 이유는 맨 위층은 귀족들이나 상류층의 하인들이 지내던 방이어서 그렇다. 지금은 그런 집들이 더 이상 주거 공간으로서의 가치가 없기 때문에 보통은 지붕을 떼고 옥상 위의 식당이나 바로 개조하여 운영하고 있다. 한국은 카페나 바가 보통 1-2층

에 있는데, 이스탄불은 옥상 위에 많이 있어서 경치와 분위기가 이루 말할 수 없이 아름답다. 한국에서는 경치 좋은 식당들도 드물지만 층이 높아질수록 가격도 올라가는데, 이스탄불은 선택의 폭이 넓다. 상류층이나 즐길 법한 고급스럽다 못해 사치스럽기까지 한 경치와 문화를 나 같은 평민이 즐길 수 있는 것에 얼마나 감사한지 모른다. 그러고 보면, 터키는 한국과는 달리 옷차림으로 그 사람의 생활 수준을 가늠하기가 어려울 정도로 옷차림이 화려하거나 사치스러운 사람들이 별로 없다는 인상을 받았다. 어쩌면 그들이 가는 곳에는 내가 가보지 않아서 일지도 모른다. 파티나 특별한 저녁식사 초대 때에는 당연히 잘 차려입긴 하지만, 잘 차려입는 다는 의미가 비싼 옷을 입는다기 보다는 이브닝드레스처럼 아예 화끈하게 화려하다. 그래서 백화점을 가도 직원들이 옷차림을 보고 차별 대우를 하거나 무시를 하는 경향도 없어서 편하다. 이스탄불에서 가장 비싼 호텔에서도 허름한 차림을 하고 두리번거려도 어색하지 않고 직원들이 모두 반갑게 맞이해 준다. 아가사 크리스티가 영감을 얻어 '오리엔탈 특급 살인'을 썼다는 페라 팰리스(pera Palace)호텔에서는, 아가사 크리스티 방이 있는 층에서 내려다본 호텔의 모습도 멋지지만 호텔 라운지에서 들리는 피아노 연주를 들으며 아랍과 유럽 양식을 접목해 섬세하고 우아한 디자인으로 꾸며진 호텔 천장을 감상하는 것도 질리지가 않는다. 한번은 주말 이른 오후에 그 호텔을 방문한 적이 있는데, 연세 드신 터키 어르신들이 피아노로 연주되는 프랑스 샹송과 재즈에 맞춰 노래를 부르며 사교춤을 추는 모습을 보았다. 그들의 얼굴 표정은 너무나 행복해보여 그런 여유와 오락을 즐길 수 있는 도시에 사는 그들이 부러웠다. 자유롭고 화려했던 젊은 시절을 회상하며 즐기는 것일 터이다.

이스탄불 '지항기르(Cihangir)'라는 동네는 뉴욕의 브루클린이나 파리의 몽마르뜨와 비유될 정도로 생활 수준이 높고 예술가와 작가들이 집중되어 있다. 옛 오스만 시절의 황금기 때 유럽 상류층들이 살았던 아파트들이 그대로 남아있어 가로수가 심어진 골목길을 걷다보면 내가 어디에 있는지, 그리고 어느 시대에 있는지 착각을 하게 된다. 지금은 그 귀족들의 가정에서 나온 골동품들을 파는 앤티크 숍들과 예술가와 패션 디자이너들이 운영하는 화랑이나 부티크 숍들이 좁은 골목들을 메우고 있고, 세련된 카페들도 많다. 이 동네는 그냥 생각 없이 거닐어도 눈이 즐겁고, 왠지 큰 캔버스에 붓으로 색칠을 하거나 나무를 마포로 문질러 빈티지 스타일의 가구를 만들고 싶다는 충동이 느껴질 때가 많다. 걷다가 지친 다리를 쉬게 하기 위해서 들어가는 카페들마다 인테리어가 너무나 예뻐서 가끔은 카페를 운영하기 위한 목적으로 유럽으로 카페 탐색을 하러 가는 사람들이 오히려 이곳에서 더 영감을 받을 수 있지 않나 생각도 해 본다. 이스탄불에는 유럽 유학파 미대생들도 많고 오래 전부터 프랑스 문화의 영향을 받아서 프랑스풍과 집시풍이 세련되게 얽힌 독특한 보헤미안 스타일의 예술을 볼 수 있다. 사람들이 가끔은 '뉴욕인들이 이스탄불 패션을 따라하는 건지, 이스탄불인이 뉴욕 패션을 따라하는 건지 혼란스럽다'고도 할 정도다. 워낙 매력이 있고 코즈모폴리턴 한 동네라서 비싼 집세에도 불구하고 이스탄불의 젊은이들이 살기를 열망하는 곳인 만큼 반나절을 거닐다 보면 정말 주거 욕심이 절로 난다. 하지만 아시아 지구에 살고 있는 나로서는 가끔 가서 눈으로 보면서 영감을 받는 것으로 대리 만족을 할 수 밖에 없다.

도시가 유럽과 아시아 대륙에 걸쳐있다는 이유만으로 보스포루스 해협을 경계로 유럽 지구와 아시아 지구의 생활 모습이 크게 다르다는 것도 놀랍다. 한국이 한강을 두고 강남과 강북 생활권이 차이가 나듯이, 이스탄불도 유럽 지구가 상업권이 더 발달되어 있고 생활 수준이 높다. 그런데 거주 공간으로는 아시아 지구가 훨씬 좋다. 아시아 지구는 공원 같은 여유 공간도 많고 땅이 평지여서 자전거도 탈 수 있다. 또 관광객들의 발길이 닿지 않는 곳이라 아직 신비로운 곳으로 남아있어 현지인의 생활 모습을 경험하기에는 더욱 좋은 곳이다. 아시아 지구에 살아본 사람들은 유럽 지구에서 다시 살지 못한다. 여행자들도 아시아 지구에서의 여유로움을 경험한 후에는 그 매력에 빠지는 듯하다. 일단 유럽 지구와 아시아 지구는 자치구가 다른데 아시아 지구가 더 자유롭고 개방적이다. 유럽 지구는 보수적이어서 술탄 아흐멧 유적지를 제외하고는 일반 카페에서 술을 잘 팔지 않는데 아시아 지구는 그렇지 않다.

마르마르 해의 해변을 따라서 길게 뚫린 거리가 있는데, 이름이 신기하게도 '바다 거리'이다. 바다를 따라 있어서 그렇게 붙여진 거 같지만, 사실인 즉슨, 터키어로 'Bağdat'으로 표기되며 '바닷'으로 발음된다. 참고로, 터키어 알파벳 g 위에 표시가 있으면 소리가 없고 장음 역할을 한다. 눈치를 챈 분도 있겠지만 그 이름은 '바그다드'의 터키식 표기이다. 말 그대로 오스만 시절에 이라크 바그다드까지 가는데 사용된 무역로이자 군사로였는데, 17세기에 바그다드를 재점령하면서 현재의 이름이 주어졌다

❖ 바다거리

고 한다. 6km 정도 되는 이 거리를 따라 쇼핑을 할 수 있는 상점들뿐만 아니라 식당과 카페들이 즐비하다. 그리고 유럽 지구의 탁심처럼 큰 행사나 시위 때 모이는 장소로도 유명한데 관광객으로 가득한 탁심 거리와는 달리 현지인들뿐이고 더 현대화되어 있다. 특히 여름에는 해안을 따라 피크닉을 즐기는 현지인들을 구경하면서 '프린스 섬'을 바라는 것도 남과 다른 경험을 하고자 하는 사람들에게는 적합하다.

이 바다 거리에는 맛집들도 많은데, 그 중에서 우연히 발견하게 된 한 식당에 대한 재밌는 일화를 말해주려고 한다.

일단 이 식당은 아파트 건물들에 가려진 한 구석에 자리 잡고 포도나무와 파란색으로 장식이 되어 도시 한복판에 있다는 느낌을 지울 수가 있었다. 두 번째로, 메뉴들이 흔히 식당에서 보는 것들과 많이 달랐다. 요리사의 열정이 요리 하나 하나에 담겨져 있는 것 같았고, 요리를 하나씩 가져올 때 마다 자세히 설명을 해주었다. 그런데 이게 웬일인가, 주류 메뉴가 없다. 실망하다가 주변 테이블을 둘러보니 사람들이 뭔가를 커피 잔으로 마시는데 그 모습이 콜라와 사이다를 마시는 것 같지는 않았다. 궁금해서 물어보니 홍차, 아이란, 포도주스라고 하면서 나에게 무엇을 마시겠냐고 물어와 포도주스를 선택했다. 지금쯤 짐작을 했겠지만, 주류 판매법 때문에 술을 몰래 팔고 있었던 것이다. 홍차는 맥주를, 아이란은 터키의 소주 라크를, 그리고 포도주스는 와인을 가리키는 일종의 암호였다. 살다보니, 술까지 몰래 마셔야하는 날이 왔다는 것에 웃음도 나오고, 이러한 비밀스런 신호들이 오가는 문화를 어떻게 해석해야 할지 몰라서 웃었다. 정말 터키는 재밌는 곳이다.

신기한 요거트 그리고 요거트의 반항

터키 음식 이야기를 하는 것은 역사 이야기를 하는 것과도 같다고 했다. 그 중에서 요거트, 요구르트, 터키어로는 요우르트(yoğurt)에 대해서 언급을 하지 않으면 한국 음식 이야기하면서 김치를 빼 놓는 것과 마찬가지다. '모든 이는 자기만의 요거트를 먹는 방식이 있다'든지 '뜨거운 우유를 마시다 입을 데인 사람은 요거트도 조심히 먹는다' 등 요거트와 관련된 속담이 많을 정도로 요거트는 김치와 동급의 중요성을 가진다.

요거트의 원산지가 불가리아라고 생각을 하는 경우가 많은데, 요거트는 순수 터키 단어의 영어식 발음이고, 터키인에 의해서 처음 만들어졌고 수 세기 동안 이 지역인의 주요한 식품 중의 하나였다. 가끔씩 터키인들은 요거트만 먹고사는 것 같은 느낌을 받을 정도로 요거트를 많이 먹는다. 가장 흔한 유아식이 요거트에 비빈 밥이며, 매끼니마다 입안의 맛을 정리도 하고 소화에도 도움이 되라고 음식 한 스푼과 요거트 한 스푼을 번갈아가며 먹는다. 심지어 파스타를 먹으면서도 요거트를 한 스푼씩 떠먹을 정도라 특히 어르신네들과 식사를 할 경우에 요거트를 먹으라고 강요를 할 때도 종종 있고, 안 먹으면 상당히 걱정스런 눈으로 쳐다보신다. 수세기 전에 터키를 여행한 외국인 역사가나 여행자들이 쓴 여행기를 보면 터키인들은 요거트, 치즈, 레몬만 먹는 채식주의자들 같다고 언급하는 글들이 많단다. 터키인들도 요거트가 건강에 좋다는 것을 아는지라 우리가 김치 없이는 못 살듯이 습관적으로 먹는 듯하다. 실질적으로 유산균이 해로운 병균을 죽이고 항암작용도 하며 지방 연소를 도와서 먹으면서 살도 뺄 수 있단다. 그래서 이들이 기름진 음식을 먹을 때 요거트를 먹는 것이다.

한국인을 비롯한 서양인들에게는 요거트가 아침 식사 중 하나이고 과일 또는 꿀과 섞여 단맛이 나는 요플레류의 형태가 보통인데, 터키인들은 단맛 나는 요거트는 아이들이나 먹지 성인들은 먹지 않는다. 그리고 그런 작은 요거트는 요거트로 취급도 하지 않는다. 요거트라면 이정도 크기는 되어야하지 않을까?

제일 작은 것이 500g인데 보통 1-2kg 짜리 큰 통을 많이 산다. 저걸 언제 다 먹냐고? 이틀이면 다 끝나고 요리에 사용하면 하루면 끝난다. 4인 가족의 경우는 일주일에 평균 5-6kg을 섭취할 정도니 거의 터키인의 주식인 셈이다. 요거트가 발효식품이어서 좋다는 것은 다 아는 사실인데, 요새는 특히나 일명 '그릭 요거트' 또는 '그리스 스타일 요거트'가 대세라 전 세계에서 걸쭉한 요거트가 유행하고 있다. 걸쭉한 요거트는 원래 터키 및 주변 아라비아 반도 국가들이 원조인데, 외국인들이 이 요거트를 그리스 요거트라고 부를 때면 터키인들 귀에는 좀 거슬릴 것이다. 이런 걸쭉한 요거트는 이 지역에서는 크림치즈 대용으로 보통 요리에 많이 사용되고 있으며, 정말 맛있다. 다이어트에 중독된 현대인들을 위한 저지방 저탄수화물 요거트가 판을 치는 세상에 터키에는 보란 듯이 위에 버터층이 깔린 진짜 중 진짜 요거트까지 있다는 사실에 신선한 충격을 받았다.

❖ 요거트

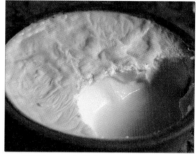
❖ 카이막(kaymak) 옹기

서양화된 식문화로 인해 가공식품과 패스트푸드가 식단을 장악하고 그 부작용으로 각종 음식 알레르기 및 체중 감량 '다이어트'의 노예가 되어가는 현대인들은 요거트 위에 있는 버터를 보는 순간 아마 뇌에서 '지방'이란 적신호가 켜질 것이다. 하지만 요거트를 만드는 과정에서 생긴 이 버터는 이탈리아의 유명한 속담에 의하면 '매일 먹으면 의사가 망한다.'라고 할 정도로 건강한 음식으로 우수성을 인정받았다. 크림 같은 이 버터가 바로 '카이막(kaymak)'이다. 가끔 나는 이 버터를 토스트에 버터 대신에 발라 먹거나 진짜 욕심을 부릴 때면 얇은 한 결을 모두 벗겨서 꿀과 함께 먹곤 하는데, 그 맛은 먹어보지 않은 사람은 상상을 못한다. 요거트 한입 속에서 씹히는 이 고소한 천연의 버터 맛이 궁금하지 않은가?

위에 버터층이 없는 요거트도 많고 또한 집에서 만든 수제 스타일 요거트도 많다.

터키인들은 아직도 요거트를 집에서 많이 만들어 먹는데, 처음에 터키에 왔을 때는 나도 근교 시골에서 가져온 우유로 요거트를 종종 만들곤 했다. 수제 요거트는 더 시큼하고 약간 묽은 편인데, 가장 자연스러운 맛이다 보니 선호하는 사람들이 많지만, 나는 언젠가부터 요거트는 그냥 사다 먹고 있다.

내가 가장 좋아하는 요거트 유형은 바로 초벌옹기에 만든 요거트인데, 자연스럽게 물기가 빠지고 증발을 해서 다른 요거트에 비해 걸쭉하다. 그릭 요거트와 홈메이드 스타일의 중간 단계이고, 옹기 자체의 온도 보존성과 재활용이 가능하다는 실용성 때문에 많은 식당에서 옹기 요거트를 많이 만든다. 맛도 맛이지만 시각적으로도 참 먹음직스럽고 고풍스러워 보여서 개인적으로 좋아하며, 남은 초벌옹기들은 요리 도구로 여러모로 쓸모가 많아 일석삼조이다. 또한 원래 개인적으로도 유리 제품보다는 나무나 도자기 제품을 더 좋아하기 때문에 그 도자기가 풍기는 자연의 맛이 더 끌린다는 점도 있다.

요거트를 떠먹기만 하느냐, 그것은 아니다. 마시는 요거트도 터키인들에게는 아주 중요한 음식으로 '아이란(Ayran)'이라고 불린다. 중앙아시아와 중동 그리고 발칸 반도 국가에서 즐겨 마시는 음료 중 하나인데 요거트에 물을 탄 약간 짭짤한 맛으로 갈증 해소 겸 염분 보충 용도로 마신다. 한국인 입맛에는 처음에 안 맞을 수도 있으나 마시다 보면 왠지 끌리는, 그리고 터키에 오래 지내다 보면 안 마실 수 없게 되는 음료이다. 터키인들은 보통 고기류나 매운 음식을 먹을 때 아이란을 마시는데, 소화를 도와줄 뿐만 아니라 입안의 매운맛도 진정시켜주기 때문이다. 어느 더운 한여름에 집에서 탄산수에 요거트를 넣고 소금을 약간 넣은 후 흔들어서 아이란을 만들어서 마시면서 '아, 내가 터키에 오래 살긴 살았구나.'라는 생각을 했던 때가 있었다.

보통 시중에 파는 아이란은 요거트에 물을 섞은 것이지만 진짜 아이란은 펌프가 달린 특별한 기계로 만들어서 거품이 가득한 것으로 일반 아이란 보다 덜 짜고 고소하고 맛있다. 이 아이란은 보통 소, 양, 그리고 물소 우유를 섞어 만든다고 하는데 그래서 그런지 더 고소하고 맛있는 것 같다. 이 거품이 수북한 아이란은 보통 소도시나 시골에서는 자주 볼 수 있는데 종종 이스탄불에서도 파는 곳이 있으니 한번 찾아서 마셔보길 바란다. 음식 투어 가이드를 하면서 아이란이 맛이 없다고 하시는 분들에게는 이 거품 아이란과 매운 꼬꼬레치를 함께 드셔보라고 권한다. 지금까지 먹어본 분들마

❖ 셀축 토스트와 아이란

다 "역시 이렇게 먹으니까 다르고 맛있네요."라고 하셨다. 꼬꼬레치(kokoreç)는 터키 음식 중에서 내가 가장 좋아하는 길거리 음식 중 하나이다. 보통은 꼬꼬레치가 무엇이 냐고 물을 때 알려주지 않는다. 왜냐면 재료가 무엇인지 아는 순간 선입견 때문에 먹기를 꺼리는 분들이 있기 때문이다. 꼬꼬레치는 양 내장과 위를 다져서 철판에 채소와 함께 볶은 음식이다. 내장 요리는 그 전에 전혀 먹어 보지도 않았고, 프랑스에서도 시도했다가 낭패를 보았었는데, 꼬꼬레치를 먹었을 때는 내장으로 만든 음식이라고 믿어지지 않을 정도로 전혀 냄새가 없었고, 맛있었다. 양고기를 못 먹는 분들조차도 양 내장이 재료인지를 전혀 알아차리지 못할 정도이다.

요거트가 김치처럼 식탁에 빠지지 않고 등장하고, 손님 접대를 할 때 요거트를 빠뜨리면 호스트에 대한 평가까지 좋지 않을 정도로 요거트는 터키 식문화의 중요한 부분을 차지한다. 보통 오징어 링 튀김은 마요네즈로 만든 타르타르 소스와 함께 나오는데, 터키에서 처음으로 요거트로 만든 타르타르 소스를 먹었을 때 참으로 신선한 발상이라고 찬사를 보냈었다. 크림치즈나 버터를 쓰는 서유럽의 조리법보다 훨씬 건강해 보였다. 하지만 가끔은 '요거트는 이제 그만!' 하고 외치고 싶을 정도로 지겨울 때가 있다. 특히 모든 음식에서 요거트 맛밖에 느껴지지 않을 때 더욱 그렇다. 몸에 좋은 음식인 것은 알고 있지만 나는 매끼니마다 먹고 싶지 않다. 가끔씩 어린애처럼 터키에 대해서 불만이 생길 때면, 단식 시위를 하듯 요거트를 일부러 거절하기도 한다. 외국인이 요거트를 안 좋아한다고 하면 이해를 못하고, 요거트를 권했을 때 거절하면 꽤 상처를 받을 정도로 요거트는 터키인의 정체성과 깊은 관련이 있다. 아무튼 요거트를 좋아하는 사람이면 터키가 천국일 테고, 요거트를 좋아하지 않으면 터키에서 살아남기 위해서는 나름대로의 전략이 필요하다.

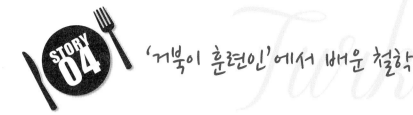

'거북이 훈련인'에서 배운 철학

비슷한 종교가 지배하는 사회임에도 불구하고, 소위 문명의 발상지이자 가장 성스러운 장소라고 하는 메소포타미아 지역 주변의 중동 국가들에서 끊이지 않고 일어나는 내전과 종교 분쟁 뉴스를 접하다보면 이슬람이란 종교에 대해서 불신과 부정적 편견을 갖지 않을 수 없다. 하지만 그 사회를 자세히 들여다보면, 종교를 핑계로 내세운 강대국들 간의 자본주의 싸움이 낳은 결과라는 것을 알 수 있다. 터키에 있다 보니 이란, 레바논, 이스라엘, 사우디아라비아 등에서 살거나 여행을 한 사람들을 종종 접하게 되고, 그들에게서 간접적인 이야기를 듣는다. 그럴 때면 종파는 다르지만 같은 '코란'을 바탕으로 한 종파들이 계속 싸우는 것이 상식으로는 이해가 안 되는 부분이 많다.

여러 종교와 민족들이 섞여있는 터키는 오스만 제국 때부터 무슬림으로 개종을 강요하지도 않고, '밀렛(Millet)'이라고 불리는 제도를 통해서 무슬림 이외의 다른 민족들이 같은 나라 안에서 각자의 공동체를 이루며 자치적인 법률 하에서 살아갈 수 있도록 허용하였다. 그렇기 때문에 나와 다른 종교와 가치관을 가진 사람들에게 상당히 포용적이었고, 그것이 과중한 세금과 부패에 시달리던 비잔틴인들이 오스만 제국을 쉽게 받아들일 수 있었던 이유이다. 인종과 가치관이 다른 사람들이 자연스럽게 섞여서 살던 곳, 고국 땅을 떠나야하는 위기에 있는 사람들을 두 팔 벌려 환영을 했던 관대한 나라가 터키였는데… 수세기 동안 존재해 왔던 관용적인 제도가 이기적인 국제 외교 정책으로 점점 무너져가는 것을 보면서 참으로 안타까운 생각이 든다.

터키 사회를 이해하고 살아남기 위해서 이슬람 종파들에 대해 공부하는 것은 불가피한 일이었다. 복잡한 종파간의 차이를 이해하는 것은 쉽지 않은 일이지만, 그래도 터키 문화와 사회구조에 적응하기 위해서는 터키, 그리고 주변 정세에 대해서 이해하는 것이 중요하므로 간단히 언급을 하고자 한다. 터키는 무함마드가 임명한 후계자를 따르는 '수니파(Sunni)'이고, 이란과 그 주변 국가는 무함마드의 사위인 알리를 후계자로 인정하고 종교 지도자에게 절대 권력을 주며 따르는 '시아파(Shia)'들이 공존한다. 전 세계 이슬람 국가의 약 90%가 수니파인데, 이는 오스만 제국의 영향이 크다.

알리와 알리의 가족이 살해당한 것을 시초로 지난 1500년 동안 계속되어 온 종파들 간의 권력과 영역 분쟁은, 1차 대전 때 영국과 프랑스가 당시 오스만 제국 식민지 하에 있던 중동지역을 종파의 차이를 무시한 채 영토를 나누면서 악화되었고, 미국의 이라크 침공으로 걷잡을 수 없이 심각한 상황에 이르게 되었다. 이라크 전쟁 때 이용했던 '쿠르드족'에게 이라크 북쪽 영토를 주기로 한 협정과 전쟁이 낳은 부작용에 대해 국제 언론이 비난을 했을 때, 미국 부시 대통령이 본인은 '수니'와 '시아'의 차이점을 몰랐다고 무책임하고 어처구니없는 발언을 한 적도 있다. 계속되는 쿠르드 게릴라 공격은 이라크 북쪽의 싼 석 유를 탐내는 미국과 유럽 국가들의 이득과 관련이 있어서 깊이 파고 들어가다 보면 소위 서양 강대국들의 이기적인 외교정책에 분노가 생기기 마련이다. '이 땅'에 오지 않았더라면 관심조차 두지 않았을 세계정세와 역사를 알게 되면서 나는 더욱 객관적으로, 그리고 또 약자의 입장에서 세계를 보게 되었다. 역사는 승자를 위해서 쓰여 진다지만 특히나 이 지역 정세는 더더욱 그런 것 같다. 1차 대전 이후로 계속되는 쿠르드족의 자치권 싸움, 그리고 PKK(쿠르드 노동자당) 무장 단체는 어느 각도로 보느냐에 따라 해석이 달라져 상당히 민감한 문제이다.

어쨌든 크게 나누면 이렇게 두 개의 파로 나뉘지만 각 종파는 다시 수십 개의 작은 파들로 나뉘고 따르는 교리와 조금씩 관습이 다르다. 이 수많은 종파들은 고대 사회부터 내려오는 무속 신앙, 주술, 심령주의 등에 그리스 신화와 철학, 그리고 기독교와 불교 등의 타 종교의 영향을 흡수해서 독특한 형태를 띠기 때문에 설명하기가 힘들다.

이들 종파 중에 가장 이해하기 힘든 것이 아마도 '알레비(Alevi)'파가 아닐까 싶은데, 조로아스터교, 이슬람, 기독교, 불교에 샤머니즘 요소까지 섞인 복잡한 종교이다. 하지만 영혼숭배사상과 정령신앙에 큰 토대를 둔 까닭에 이슬람 신자들은 이들을 이슬람에서 배제시킨다. 이들은 삼라만상에 생명이 있다고 믿어 동식물과 대화를 하고 정령과 교감을 하여 인간의 혼이 언제든 다른 생명체 또는 신의 나라까지도 갈 수 있다고 믿는다. 그래서 이들은 정의, 평등, 평화를 기둥으로 하고 외적인 것보다는 내적인 믿음을 중시하여 모함마드의 가르침에 가장 충실한 순수파이다. 이들은 모스크 출석이라든지 하루 5회 기도, 라마단, 성지 순례 등의 이슬람 5대 의무를 강요하지 않을 뿐더러 여성들이 히잡을 쓰지 않아도 된다. 이런 알레비파들이 터키 땅의 주류를 이루었다고 하는데 어쩌면 이것이 터키인들이 다른 이슬람 국가 사람들과 다른 이유를 설명해 주는 듯하다. 그러나 아랍의 세력주의에 기반을 둔 '수니파'를 받아들인 오스만 제국

시절부터 그들은 사회의 주류에서 멀어지기 시작했단다. 그러다가 아타튀르크 대통령이 오스만 세력을 몰아내기 위해서 알레비 파들의 지원을 받으려고 했으나, 당시 아랍어로 된 코란을 읽기조차도 거부하고 노래하고 춤만 추면서 삶을 즐기려고만 했던 이들의 지지를 받지 못했다고 한다. 이들도 전에 언급했던 종교적인 춤인 세마 춤을 춘다. 현재 터키인의 삼분의 일 정도가 알레비파라고 추정되는데, 그 중 일부는 종교적인 박해 때문에 개종을 한 척하며 지내고 있고, 또는 대도시와 해외로 이주했다고 한다. 현재 터키에서는 극단적인 수니파에 대응하고 있는 세속적 민주주의 파들이 알레비파에게 도움의 손길을 뻗고 있지만, 아직은 수니파에 기반을 둔 법률이 알레비파를 인정하지 않고 있는 실정이다.

참으로 터키의 종교와 정치 이야기는 해도 해도 끝이 없고 알면 알수록 흥미롭다. 하지만 외국인에게만 흥미로운 것이지 현지인들은 종교와 정치 사이의 싸움이 지겹고 입에 담기도 싫어하는 내색이라 가끔은 질문을 하는 것도 부담스럽다. 한국 사람들이 외국인들이 북한에 대해서 질문을 할 때 느끼는 그런 심정일 테다. 처음에 오 군과 이런 민감한 그리고 반복되는 정치와 종교에 관해서 이야기를 하면서 서로의 마음에 상처를 주었던 일들이 종종 떠오를 때마다 미안한 마음이 들기도 한다. 과연 이 끝이 보이지 않는 종교 갈등이 언제쯤 끝날지 누구나 한번쯤 질문을 던져 보았을 것이다. 예수가 죽은 지 1700년이 지나서야 유럽이 종교에서 자유로워졌듯이, 이슬람 국가들도 앞으로 300년이란 시간이 더 필요한 걸까? 당연히 단순히 숫자로 쉽게 해답이 나올 문제가 아니라는 것을 잘 알고 있다. 특히 국가 간의 이해관계가 복잡하게 얽힌 국제 사회에서 한 나라의 문제가 미치는 파장이 크기 때문에 더욱 그렇다. 그래서 우리가 더욱 관심을 가져야하고 터키의 현재 상황을 더 잘 이해해야하지 않나 생각한다.

터키를 여행하다보면 아마 눈에 들어오는 그림이나 예술 작품들이 몇 개 있을 것이다. 가장 나의 눈길을 끌었던 것은 이스탄불 고고학 박물관과 미마르 시난 예술 대학을 건립한 오스만 함디 베이가 1906년에 그린 '거북이 훈련인(The Tortoise Trainer)'이란 작품이었다. 오스만 시절에 궁전 정원에서는 거북이 등에 초를 올려서 정원의 조명으로 사용을 하였다는 이야기를 책에서 읽은 적이 있었다. 천천히 움직이는 촛불 조명이 얼마나 멋있고 로맨틱했을지 상상해 보았다. 그랜드 바자르에서 이집션 바자르로 내려가는 길에 터키 목욕탕인 하맘(Hamam)을 오스만 풍의 카페로 만들어 놓은 곳이 있는데, 내가 처음 이 그림을 보았던 곳이 바로 그 곳이었다. 내부는 오리지널 하맘의 모습 그대로인데 테이블과 의자, 그리고 파란색 타일과 액자 및 장신구들로 장식이 되어있는 예쁜 곳이다. 항상 느린 오리엔탈 뮤직이 잔잔히 흐르면서 옛 오스만 시대로 돌아간 듯한 분위기를 자아낸다. 시끌벅적한 그랜드 바자르 한복판에 이렇게 오아시스처럼 조용하고 평화롭고 또 시원한 곳이 있을 줄은 상상도 못했다. 우연한 발견이 인연이 되어서 그곳을 지나칠 때면 항상 들르는데, 한결같은 웃음으로 반겨주는 주인 아저씨의 얼굴이 생각난다. 이곳에 앉아있으면 정말 평화롭고 기분이 좋다. 처음에 그 거북이 그림을 보았을 때는, 단순히 오스만 인들이 동물을 사랑하는 것을 표현하는 것으로 보고 지나쳤었다. 그러다가 페라 박물

관을 방문했을 때 그 작품을 다시 접하고 그 그림이 품고 있는 깊은 의미를 알게 되었고, 오스만 함디의 창의성에 박수를 보냈다.

1700년 중반부터 유럽을 휩쓴 계몽주의는 종교와 절대 군주에만 의존하던 유럽 사회 구조에 큰 개혁을 가져오고 산업혁명에까지 이르렀다. 이슬람 세계에 근대화의 필요성을 안겨준 계기는 나폴레옹의 이집트 원정이었다. 나폴레옹의 이집트 원정은 중동 아랍 세계에 신문 인쇄술을 비롯해 자유주의 및 국수주의 같은 근대적인 사상을 심어주어 근대화를 촉진했다고 학자들은 말한다. 종교적 이념과 권력주의에 빠져있던 오스만 술탄들은 1800년 중반까지 유럽의 변화를 눈으로 직접 경험할 생각도 하지 않았다고 한다. 그 이유인즉슨, 술탄은 성스러운 땅, 즉 오스만 땅에만 발을 디딜 수 있다는 어처구니없는 믿음 때문이었다. 1867년에 파리에서 열린 두 번째 '만국 박람회'를 보기 위해 역사상 최초로 술탄이 유럽 땅을 밟았다. 이슬람 관료와 귀족들의 반발에도 불구하고 해외 행을 나선 술탄은, 신발 안에 이스탄불의 흙을 담아서 '술탄은 여

전히 오스만 땅 위를 걷는다'라고 합리화했다고 전해진다. 그 정도로 오랫동안 매너리 즘과 자긍심에 빠져 바깥세상의 변화를 감지하지 못하던 오스만은, 갑자기 근대화된 기술과 군사력으로 압력을 가해오는 서양 세력을 견제하기 위해서 부랴부랴 개혁을 시작하였다. 이 작품은 오스만 제국 후반 1839년에 시작된 탄지마트(Tanzimat) 시기, 지도층이 주도가 되어 근대화 개혁을 위해 힘을 썼음에도 불구하고 큰 영향을 미치지 못하고 오히려 실패로 돌아갔던 것을 풍자한다. 그는 이슬람 술탄 중앙집권제를 유지 한 상태에서 오랫동안 지켜온 법과 제도에 익숙한 국민들이 변화에 저항하는 모습을, 이슬람 복장을 한 노인이 느린 거북이를 훈련시키려고 하는 모습으로 표현했다.

터키는 성공과 실패를 거듭하면서 간신히, 비록 군대의 주도로 이뤄지긴 했지만, 종교를 정치와 분리하고 자유 민주주의 국가의 길로 들어섰다. 하지만 아직도 종교와 정치가 끊이지 않는 갈등을 경험하고 있다. 제 3자로서 지켜보고 있노라면 답답함에 가슴을 치게 되기도 한다. 이슬람 국가에도 민주주의 정착이 가능하다는 것을 증명하 는데 가장 적합한 조건을 가진 터키이기 때문에 더욱 안타까운 마음으로 지켜보는 중 이다. 하지만 느린 거북이라도 인내심을 가지고 훈련을 하는 것이 낫다는 희망을 간직 해야할지, 아니면 거북이를 훈련시키는 것은 불가능하다고 포기를 하는 것이 나을지 결정하기 힘들게 하는 상황들이 반복된다. 변화와 개혁은 밑에서 위로 이루어져야하 는데 오랫동안 터키와 주변 국가들은 항상 위에서 아래로 결정을 내렸던 전통에 익숙 했던 것 같다. 위에서 시키는 대로 하고 복종을 하면 생계 걱정 없이 편안히 살 수 있 고, 잘못되면 지도층을 비난하면 되는 중앙집권제와 관료제가 낳은 사회적 권태를 앓 고 있지 않나 생각도 든다. 스페인, 그리스, 그리고 터키 등 이슬람 지배하에 있던 나 라에는 그 관료제의 영향 때문에 공무원이 많고, 그 때문에 나라가 발전하는데 걸림돌 이 되고 있다는 것을 잘 알고 있다. 터키는 20세기 초반부터 아랍 이슬람교적인 요소 를 철저히 차단하고 민주주의를 확립하려고 했었으나, 때때로는 정부의 과격한 정책 이 순결한 종교인들의 자유까지 억압을 했다는 비난을 받고 있는 현실에 놓여있다. 당 시에 억압을 받았던 종교 세력들이 지금은 국가의 민주화에 위협을 가하고 있으니 말 이다.

터키에서 사는 동안 여러 가지 크고 작은 사건을 경험했다. 그런데 그 중에서도 가 장 큰 사건이 탁심 '게지 공원 시위'가 아니었을까 생각된다. 몇 달간 계속된 시위로 마 음이 크게 동요되었고, 저녁 8시마다 이웃들이 냄비, 프라이팬, 유리병 등을 치고 흔들어대는 소리를 들을 때마다 긴장을 하며 텔레비전 뉴스를 지켜보았다. 주변 터키인들에게 동부 국경지대에서 일어나는 불안한 상황들과 쿠르드 시위 등에 대해서 물어보면, 모두들 그것이 하루 이틀의 일이 아니라며 별로 걱정을 하는 눈치가 아니다. 세계 각지로 노동이나 학업을 위해 이민을 갔던 터키인들은 최근 들어 터키로 다시 돌아오는 추세이다. 자유로운 서양 문화가 익숙한 이들은 점점 국민의 자유를 억압하는 현 정부의 정책에 반발

❖ 탁심 시위

하고 나라를 뒷걸음치게 한 정부를 비난한다. 그리고 이들이 탁심 시위라든지 반정부 시위에 이끄는 주축이 되기도 했다. 같이 사는 터키 친구들은 시간이 날 때마다 시위에 참여하려고 노력했고, 한 친구는 거의 매일 나가다시피 했다. 그 친구를 통해서 시위 장소의 상황에 대해서 간접적으로 듣기도 했다. 그러다가 한번은 용기를 내서 함께 나가보았다. 말로 듣는 것보다 직접 눈으로 확인하고 경험하는 것이 백번 낫다고 생각했기 때문이다.

긴 이스티클랄 거리를 따라 닫혀있는 상점들의 셔터 문에는 온갖 낙서가 되어있고 어떤 상점은 문 유리가 부서져 있었으며 쓰레기와 파편들로 뒤덮여있었다. 자세히 보니 모든 상점들이 훼손된 것이 아니었는데, 친정부 회사들만 시위대에 의해 피해를 보았다고 한다. 그 상점들 중에는 당연히 '스타벅스', '마도' 등 큰 체인점들이 속해 있었다.

우리 일행은 줄을 서서 탁심 광장으로 구호를 외치며 걸어갔다. 언제 수류탄이 터질지 긴장을 하며 걷긴 했지만, 생각보다 재밌었다. 군중 심리가 바로 이런 것일까? 내가 대학 시절에 시위에 참여했던 추억도 생각이 났다. 세기가 바뀌고 한국의 민주화 항쟁은 역사 속으로 묻혔지만, 21세기에도 여러 나라에서 시위는 계속 되고 있다. 단지, 지금의 시위와 그 때의 시위에는 큰 차이가 있다. 광장에 도착하니 시위라고 판단하기에는 분위기가 밝고 화기애애해서 마치 축제에 있는 듯 했다. 헌책을 파는 사람들도 있고, 그림을 그리는 사람들도 있고, 원을 만들어 서서 춤을 추는 사람들도 있었다. 그리고 시위에 참여하는 사람들을 위한 먹거리를 파는 마차들도 곳곳에 보였다. 아마

도 터키의 정치 상황에 별로 관심을 두지 않은 사람은 내가 하는 이야기가 무슨 내용인지 혼란스러울 수도 있다. 하지만 지금까지 나의 이야기를 읽은 사람이라면 나와 어느 정도 공감대가 있을 거라고 생각을 하고 계속 이야기를 하겠다. 터키와 한국 두 나라는 미국의 힘에 의한 민주화와 경제 성장, 그리고 중앙 집권적인 정치 체제 때문에 부패가 많다. 하지만 터키에서 부패 사건이 더 큰 파장을 일으키는 것은 소위 이슬람 정부라고 부르는 수상과 그 정치인들이 연류가 되기 때문이다. 하지만 결국은 자본주의의 힘이 모든 것보다 우세하다는 것을 지난 총선과 대선을 통해서 배웠다.

폭력은 폭력을 낳는다는 것을 역사를 통해서 배운 시민들은 민주적인 방법으로 시위를 위해 공원에서 '토론의 장'을 열고, 또는 침묵 시위나 책 읽기 시위 등을 통해서 자신들의 의견을 알리려고 했다. 나는 구세대들의 사고방식을 바꾸려고 하는 젊은이들의 목소리를 듣는다. 많은 터키인들이 가시적 경제 발전을 가져온 현 정부를 지지하고 있다. 아직도 '큰 사람' 말만 잘 들으면 먹고 사는데 걱정이 없다는 의식이 바뀌지 않았다. 오래 지속된 탁심 시위는 오히려 간신히 현 정부에게 등을 돌리려고 맘을 먹었던 시민들에게 불안을 조성하는 악영향을 끼쳤고 시위 후에 바로 행해진 총선에서 여전히 과반수에 가까운 현 정부의 투표율이 그것을 증명했다. 오스만 제국의 후반기에도 그랬듯이 터키는 90년대부터 현대화와 고속 성장을 현 정부에 상당한 만족하고 있으며, 그로 인해 누리고 있는 경제적 부와 여유를 잃는 것에 대해 두려워한다.

공화정 수립 시기 다양한 민족 간의 차이를 좁히고 민심을 통일하기 위해서 '터키에서 태어난 사람은 인종을 막론하고 터키인으로서 자부심을 갖고 한 나라의 법에 따라 산다.'는 강령을 내렸으나, 그것이 종교적인 사람들의 자유와 권리를 억압한 것으로 해석이 되었다고 한다. 그로 인해서 종교를 숨기고 히잡과 스카프를 강제로 벗어야했던 사람들이 현 정권의 이슬람주의 정책에 힘입어 보란 듯이 히잡을 쓰고 다니고 있기도 하다. 주변에는 히잡을 쓰지만 아타튀르크를 존경하는 사람들도 있고 진화설을 믿는 사람들도 있으니 오해는 않기 바란다. 이들은 지나치게 서양화된 문화 속에서 전통을 고수하면서 민주화를 이루자는 생각을 가진 사람들로, 서양의 가치관과 문화가 기준이 되어버린 세계에 사는 동양인으로서 한번 생각해 볼 부분인 것 같기도 하다. 하지만 터키가 안고 있는 큰 문제는 바로 항상 종교를 명목으로 권력이 행사되고, 앞으로 나아가려는 사회를 뒷걸음치게 만드는 역사가 되풀이된다는 것이다.

과연 거북이를 훈련시키는 것이 가능할까? 이것이 터키인들의 숙제이다. 해마다 보수적으로 변해가는 터키를 지켜보면서 아이들이 있는 부모님들은 속으로 내심 걱정을 한다. '너희가 우리보다 더 자유로운 나라에서 살아야 할텐데…' 한참 탁심 시위가 진행되던 시기에 한 지인의 가족과 친구들이 모여서 바비큐 식사를 하고 산책을 하다가 찍은 사진인데, 이제 막 옹알이를 시작한 아이들이 아버지들의 탁심 시위 구호에 맞춰서 옹알거리는 모습이 너무나 감동적이어서 담아본다. 탁심 시위가 터진 결정적인 이유가 정부의 음주 금지령 때문이어서 손에 든 맥주가 더욱 의미심장해 보인다.

'나에게서 마지막 맥주를 빼앗지 말라'라는 탁심 광장의 낙서도 기억난다. 아직도 여기 저기에서 지식층들이 주도가 되어 현 정부의 부패와 극단적 정책에 대해 비난하는 목소리가 자주 들리고 국민들 사이에서 느껴지는 긴장감이 날로 커가고 있다. 이러한 정치적으로 불안정한 시기가 하루 빨리 끝나서 순진하고 밝은 아이들이 부모님 세대처럼 다양한 생김새와 믿음을 가진 이웃들과 평화롭고 자유롭게 꿈을 펼치며 살 수 있기를 바란다.

터키가 나에게 준 선물

Turkey

터키를 처음으로 혼자서 여행하다가 순진한 마음에 관광지에서 눈에 꽂힌 터키석 반지를 액세서리를 하지도 않으면서 덥석 사면서 사기를 당했던 기억이 엊그제 같은 데 벌써 3년이란 시간이 흘렀다. 나이 때문인지 아니면 시간을 넘나드는 경험을 한 결과인지, 터키에서의 3년은 다른 나라에서보다 빨리 지나갔다. 아무 준비도 없이 무작정 터키에 떨어져서 언어와 문화에 짧은 시간에 적응을 하면서 기쁘고 슬픈 추억들을 많이 만들었고, 그 경험들이 나를 성숙하게 만들었다. 마냥 맹목적으로 유럽을 열망했던 나에게 '왜'라는 질문을 던진 터키는 내가 부딪힌 가장 큰 도전이었지만, 지금 돌이켜보면 그 도전을 무시하거나 항복하지 않고 받아들였던 것이 잘한 일이라고 생각한다. 터키는 내가 기존에 가지고 있던 모든 상식을 한순간에 깨뜨렸고, 나는 역사와 인생 책을 다시 써야했다. 남보다 많이 알고 있었다고 생각했는데, 내가 알고 있는 것 중에는 편협한 것들이 많았고 현실은 그것과 다르다는 것을 느꼈다. 터키가 없었더라면 계속해서 서양 중심의 사고방식대로 살고 내 몸 안에 한국인의 피가 끓고 있다는 것을 잊고 말았을 것이다.

❖ 미니버스

터키는 여행 책자가 말해주는 그대로 볼 것이 많은 나라이다. 하지만 눈에 보이지 않는 무언가가, 마치 내가 무언가를 잊어버리고 여행 가방에 챙기지 않은 듯 한 기분을 주면서 마음 한 구석에 있는 인간의 호기심을 자극한다. 터키를 여행하고 나서 "역시 터키는 후진국이고 한국만큼 살기 좋은 나라가 없지."라고 생각하는 여행자들이 있는 반면에, 터키를 두세 번이 넘게 찾는 여행자들도 많다. 아마도 많은 여행자들은 터키 여행을 하면서 시간을 초월하는 느낌, 나를 잊어버리고 새로운 나를 되찾게 해주는 느낌에 이곳을 뒤로 하면서도 발걸음을 주저하고, 결국 다시 돌아오는 것 같다.

❖ 부르사 울루 모스크

❖ 히에라폴리스, 파묵칼레

　솔직히 여행자의 눈으로 보는 것과 현지인의 눈으로 보는 것은 다른지라 내가 보는 것과 느끼는 것들이 터키를 거쳐 간 수많은 여행자들의 경험들과는 다소 차이가 있을지도 모른다. 여러 나라를 여행하다보니 이제는 보는 것들에서 오는 감흥보다는 '하는 것'과 '만난 사람', '먹는 것'에서 오는 감흥이 더 크고 오래 기억되는 것 같다. 실제로 여행지에서 보았던 것은 사진으로 보지 않는 한 기억에 남지가 않는다. 유럽 여행을 하면서 들었던 많은 역사적 사실들과 예술 작품들에 대해서는 이제 기억이 가물거리지만, 파리 센 강에서 우연히 만난 한국말을 전혀 못하는 한국인 입양아 친구와 함께 그가 아는 비밀스런 장소에서 에펠탑을 바라보며 피크닉을 하면서 나누었던 이야기들은 아직도 기억에 생생하다. 나와의 인연 때문에 그는 원망이 많았던 한국에 대해서 마음의 문을 열게 되었고, 그 해에 자기의 뿌리를 찾아서 첫 한국행에 나섰다. 여행은 여행지에서 소중한 것을 얻고 또 소중한 것을 놓고 오는 것이라고 생각한다. 언제부터인가 여행을 하면서 사진을 찍는 횟수가 적어지고, 여행을 마음에 담기 시작했다. 그리고 보니 가장 마음에 들었고 아직도 또 가고 싶은 스페인의 '가우디 공원'에서도 아름다움에 취해 사진 찍는 것을 깜빡했었다. 가지고 있는 사진은 한 장 뿐이다. 터키에서의 초기 생활에는 서양인의 눈으로 터키를 보았었다면, 오 군을 만난 후로는 동양인의 눈으로 터키를 보게 되었다. 나는 이제 한국인보다 더 한국인 같은 오 군과의 만남도 운명이었다는 확신이 든다. 처음에 모로코 항공권이 취소되었고, 다음에 이즈미르에서 커피점을 쳤을 때 '키가 큰 터키 남자를 만나 시골에서 행복하게 잘 살 것'이라고 예언을 받았던 것도 다 오 군을 만나기 위한 힌트였고, 운명이었다는 확신….

'하야따 올마즈(Hayatta olmaz)'… 항상 내 귓가에 맴도는 두 단어이다. 종종 깜빡하고 교통카드 충전을 하지 못하고 버스나 지하철을 탈 때 지나가는 사람에게 카드를 대신 찍어달라고 부탁을 하고 현금을 대신 주려고 손을 내밀 때마다 듣는 말이다. 한번은 피에로띠 언덕 찻집에서 한 여행자분이 터키 커피 점을 쳐보고 싶다 하셔서 가까운 테이블에 둘러앉아서 수다를 떠는 가족처럼 보이는 일행에게 부탁을 했다. 그 중 연륜이 가장 높은 분이 커피 점을 봐주셨는데, 정말 진지하게 점을 치셨다. 그 여행자분께서는 그 아줌마의 점에 놀라고 만족해서 고마움의 표시로 10리라를 주셨는데, 그 아줌마도 두 손을 공중에 저으시면서 크게 '하야따 올마즈'를 외치셨다. '하야트'는 터키어로 '삶'이란 뜻이고 '올마즈'는 할 수 없다는 뜻으로 내가 죽기 전에는 너의 돈을 받

을 수 없다는 뜻이다. 간단히 말하면 '절대 안 돼, 말도 안 돼'란 뜻이다. 남에게 좋은 일을 하고 좋은 일을 했을 때는 보상을 바래서는 안 된다고 생각하는 사람들이다. 그런데 중요한 것은 아직도 이러한 마음으로 사는 사람들이 너무나 많다는 것이다. 돈이 모자라면 외상도 할 수 있고, 내 사람이다 싶으면 아낌없이 주는 사람들이다. 또한 시장에서 사기 전에 맛을 봐도 꺼리지 않고 기분이 좋으면 덤으로 몇 개 더 안겨주는 인심도 있고 싱싱한 채소만을 정성껏 골라주고 향기를 맡아보라고 코에 대주면서 환하고 순수하게 웃는 사람들이다. 그들의 표정에는 진심이 담겨있고 가슴에 손을 얹고 정중히 반가움과 고마움을 표시할 때면 세상에서 가장 중요한 것이 인간미라는 따뜻한 교훈을 느낀다. 한번은 식당 메뉴에는 없는 음식(한국 여행자를 위한 생선 매운탕)을 만들어 달라고 부탁을 했는데, 바쁜 시간이라서 곤란할 것 같다고 하면서도 간절히 부탁하는 나와 일행의 눈길을 거절하지 못하고 부탁을 들어준 식당 매니저도 기억에 남는다. 처음에는 그것을 당연하게 생각했었다. 그런데 한 해에 한국을 방문한 친구에게 서울 구경을 시켜줄 일이 생겼었다. 인사동에서 붕어빵을 보고 궁금해 하는 친구를 위해 아저씨에게 조금만 맛을 보려고 하니 6개에 천원인 것을 3개에 오백 원에 줄 수 있냐고 물었다가 크게 혼이 났다. 터키에서는 맛 좀 봐도 되냐고 하면 주저하지 않고 건네준다. 종종 그 양도 물어본 사람이 미안할 정도로 많고, 포장이 이미 되어있는 것들도 서슴지 않고 포장을 찢어서 건네준다. 그런 것에 익숙했던 나는 그 아저씨의 냉정한 반응에 기분이 나빴고, 그 친구에게 한국인이 터키인처럼 정과 인심이 많다고 전부터 입이 닳도록 이야기를 했던 것을 생각하며 얼굴이 달아오르는 것을 느꼈다. 또 지하철역에서 델리만쥬가 먹고 싶다고 하는 친구를 위해서 반만 사겠다고 했다가 말도 안 되는 소리를 한다고 퇴짜를 먹었다. 그 외에도 비슷한 일들을 많이 경험했다. 그렇게 하루 종일 미소를 잃은 한국인을 보여주면서 '어, 이게 아닌데…'라는 생각을 하게 되었었고, 그러면서 터키가 마구 그리워졌다. 내가 할 수 있는 변명은 단지, '원래 안 그랬었는데…'였다.

하지만 내가 터키의 자연과 문화유산을 넘어서 문화와 사람까지 진심으로 이해하고 사랑하기까지는 과도기가 있었다. 서양 문화의 잣대로 터키 사회와 문화를 재다보니 터키가 점점 나에게서 멀어졌고, 오 군에 대한 사랑도 의심하게 되었다. 터키에 사는 외국인들이 가족과 친구들에게서 자주 듣는 이야기가 "왜 하필 위험하고 못사는 터키야?"라고 한다. 그들에게 '진짜 터키는 이런 것이다'라고 설명을 해주고 싶지만 방법이 없다. 오르한 파묵의 '내 이름은 빨강이다'처럼, 보지 않은 자 그리고 못 보는 자를 이해하도록 설명할 도리가 없고, 결국은 설명조차 무모하다는 생각이 들었다. 그러면서도 가끔가다가 '그 눈 먼 자가 바로 나인가?' 하고 의심도 해 보았다. 머리로만 생각하려고 했던 내가 마음으로 느끼기 시작했고 그러다 보니 세상이 달라보였고 터키가 다시 내게로 부쩍 더 가까이 다가왔다. 그리고 내 어깨를 다독거리며 맛있는 음식과 좋은 것이 있으면 나를 위해 챙겨주고 말없이 지켜보면서 힘이 되어 준 오 군과 오 군의 가족들 덕분에 지금까지 내가 터키에 살 수 있었다. 오 군의 아버님께서는 3년 동안 나를 위해 한 번도 같은 음식을 요리한 적이 없으시고, 음식마다 그 분의 관심과 정성이 눈과 입으로 느껴진다. 문화적 차이 때문에 오는 소외감을 최대한 덜어주기 위해서 항상 밝은 미소와 맛있는 음식으로 나에게 애정을 표현하는 가족들에게 언제나 감사해 하고 있다. 지금 돌이켜보면, 오 군과 나 둘 다 서양 문화와 동양 문화 사이에서의 갈등과 혼란이 낳은 결과물일 지도 모른다. 우리는 둘 다 각자의 나라를 객관적으로 비난할 수 있는 눈을 가지고 있었지만 정작 등잔 밑을 보지 못하는 듯 보였다. 하지만 함께 살아오면서 서로의 문화를 다른 각도로 바라볼 수 있는 시각을 제공하면서 함께 성장한 것이 아닐까 싶다. 다른 문화가 끊임없이 교차를 하면서 발전을 해 왔던 터키의 땅처럼 말이다.

종교, 책, 친구, 스승 등 무엇이 되었든지 인생에 지침이 되고 길잡이가 되어주는 것이 있다는 것은 인간의 삶을 더 행복하게 하는 데 도움이 되는 것 같다. 이것이 돈, 이기심, 질투 등 세속적인 욕망에 끌려 다니는 삶보다는 훨씬 낫다는 것을 부인할 수 없다. 앞만 보고 머리만 따라가기 보다는, 항상 현재의 나의 모습을 되돌아보고 마음을 따라가는 삶을 살라는 가르침은 종교를 넘어서서 인생을 사는 지혜이자 진리라는 것을 터키에 와서 깨달았다. 나의 지나친 세속적인 삶이 예기치 못한 곳에서 균형을 잡았다고나 할까? 나는 아름다운 자연 앞에 숙연해졌고, 끊임없이 이어지는 새로운 역사적 발견에 놀랐고, 물질적인 것과 보여주기보다는 함께하고 바라는 것 없이 베푸는 미덕이 있는 사람들 앞에서 우월감을 벗어던졌다. 내가 마치 터키를 미화하는 것처럼 들릴지도 모르지만, 정말 그렇다. 내가 겪은 일들을 실제로 경험한 사람들은 고개를 끄덕일 것이다. 터키를 여행한 사람들이 모두 나와 비슷한 경험을 할 거라고는 생각하지 않는다. 내가 백만 명 중에 한 명일 수도 있다. 터키의 매력에 빠지고 싶다면 머리를 비우고 가슴으로 여행을 해야 한다고 독자들에게 꼭 말해주고 싶다. 남들이 쉽게 경험할 수 없는 것을 경험하는 것은 나를 들뜨고 흥분되게 만든다. 사람들이 보통 남들이 하는 것을 하고 익숙한 것을 선호하는 것과는 달리, 익숙함과 편안함은 나를 나태하게 만들고 이 넓은 세상에서 '나'라는 존재가 갖는 의미를 퇴색 시킨다고 느낀다. 그래서 항상 새로운 것, 남들이 볼 수 없는 것을 찾아나서는 것일지도 모른다. 그러던 내가 터키에서 발이 멈췄던 이유는, 배울 것이 너무나 많아서이다. 이곳에서 맹목적인 사대주의와 나의 좁은 세계관을 넓히게 되었고, 다른 생활방식에도 눈을 뜨게 되었다. 나는 자의에 의해서든 타의에 의해서든 잃어버린 동양과 서양의 문화를 잇는 연결고리를 찾은 이곳, 터키에서 오 군과 꿈의 결혼식을 앞두고 있다. 그리고 바로 이 순간 그와 함께 인생의 새 일기장을 채워나갈 생각을 하니 흥분되고 떨리는 마음이 교차한다.

비버 돌마(Biber Dolma) – 허브 속 채운 피망

채소의 속을 밥으로 채우는 '돌마' 요리는 터키인들이 가장 즐겨 사용하는 요리 방법이다. 보통 다진 고기에 토마토소스를 섞어 속을 채우지만, 올리브유를 바탕으로 하고 향기로운 허브와 향신료가 어우러진 독특한 매력이 있는 이 돌마는 터키인들이 '가짜 돌마'라는 별명으로 부른다.

재료(4～6인분) : 피망 6개(보통 파랑색), 쌀 1컵, 양파 1개, 올리브유 1/2컵, 건포도 2큰술, 잣 2큰술, 계피 1/2작은술, 강황 1/4작은술, 마른 민트 1/2작은술, 뜨거운 물 1컵, 생 파슬리 다진 것 1/2컵, 소금과 후추, 레몬즙 또는 석류엑기스(선택)

〈조 리〉

❶ 건포도를 약간 뜨거운 물에 불린 후 건져 놓고, 쌀은 소금 1작은술을 넣은 뜨거운 물에 30분 정도 불렸다가 물기를 빼고 찬물에 여러 번 헹군다.

❷ 프라이팬에 올리브유 반을 두르고 잣을 노릇하게 굽다가, 양파를 넣고 부드러울 때까지 볶는다. 쌀, 건포도, 강황, 계피를 넣고 1분간 볶다가 뜨거운 물 1컵을 넣고 소금 간을 한 후 한번 저은 후, 젓지 말고 그대로 10분 정도 물이 끓어오르고 점성이 생겨 밥알이 더 이상 움직이지 않을 때까지 끓인다.

❸ 뚜껑을 깨끗한 행주로 감싸서 냄비를 덮은 후, 불을 끄고 20분간 뜸을 들인다.(냄비에 수증기가 차는 것을 방지하기 위함). 뚜껑을 열고 후추, 민트와 파슬리, 그리고 레몬즙을 넣은 후 살살 저어서 섞어준다.

❹ 피망 꼭지 부분을 칼로 잘라 속 안의 씨를 빼고, 밥을 채운 후 피망 꼭지로 덮는다. 속을 채운 피망을 냄비에 가지런히 놓고 뜨거운 물 1컵에 남은 올리브유를 섞어 피망 위에 골고루 뿌린 후 끓이다가, 물이 끓어오르면 뚜껑을 닫고 약불에서 1시간 정도 끓인다.

참고 : 오븐에서 구울 경우 190도에서 30–40분 정도 굽고 피망꼭지가 타지 않도록 가끔씩 확인한다.

〈응 용〉

❶ 향신료와 허브는 기호에 맞게 선택하고, 건포도 대신 크랜베리를 사용 할 수도 있으며, 잣이 없을 경우 호두나 해바라기씨로 대체해도 무방하다. 또한, 파슬리 대신에 시금치를 넣어도 조화가 잘 되며, 페타 치즈를 넣어도 맛있다.

❷ 피망은 구우면 단맛이 더 진해지므로, 가지를 구울 때와 마찬가지로 직화나 오븐에 까맣게 구운 후 껍질을 벗겨서 샐러드를 만들어 먹으면 맛있다.

영원한 성경 · 거룩한 성지 · 숭고한 순례

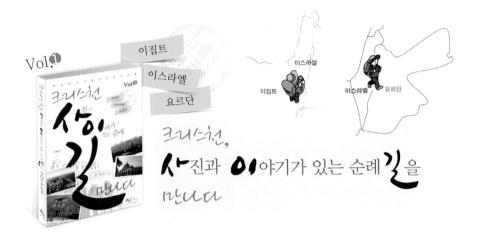

Vol.1

이집트
이스라엘
요르단

크리스천, 사진과 이야기가 있는 순례 길을 만나다

이강원 저 · 김유민 목사 감수

발로 걸어, 두 눈으로 보고, 귀로 듣고 온 성지의 사·이·길을 비로소 만나다!

의미 없는 성지순례, 관광 같은 성지순례보다는 그 기적과 은혜의 성지를 카메라로 담고 그곳에서 들었던 모든 감동의 순간을 이야기로 들려줌으로써 독자분들 모두가 생생하게 느낄 수 있도록 하나의 이야기 꾸러미를 준비했습니다.

그저 읽고 끝나는 성지순례 도서가 아닌 성지 이야기와 저자가 찍은 생생한 사진을 통해 마음으로 순례하고자 하는 뜨거움을 느껴보십시오.

이제 도서 속에 녹아있는 놀라운 기적의 현장을 담은 사진과 저자가 들려주는 쉽고도 재밌는 성지의 이야기는 독자 여러분들 마음속의 순례 여정을 밝혀주는 하나의 이정표가 될 것입니다.

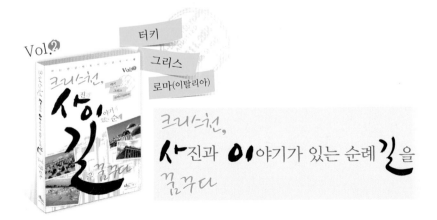

Vol.2

터키
그리스
로마(이탈리아)

크리스천, 사진과 이야기가 있는 순례 길을 꿈꾸다

아는만큼 더 보이는
유럽여행

이상묵 저/13,500원/275쪽

이제 보기만 하는 여행은 무언가 허무하다. 여행지를 제대로 느끼고 흡족하게 알고 오는 방법은 없을까? 이 책은 유럽 여행을 미리 알고 갈 수 있도록 제안하는 가이드북이다.

유럽 곳곳에 얽힌 역사와 문화를 미리 학습하고 감으로써 여행에서의 즐거움을 배가시킨다. 런던에서부터 파리, 알프스, 밀라노, 베니스, 아테네 이스탄불까지 유럽의 주요 도시들을 중심으로 관련 명소에 대한 학습 내용을 소개한다. 뭐 좀 알고 가는 유럽 여행, 아는만큼 더 보이는 유럽여행, 알고보니 다 보이는 실속 유럽 여행을 제안한다.

그리스 동유럽 에메랄드빛 낭만을 마시다
여행처럼 살고 싶다

이영순, 이명희 저/13,500원/258쪽

낯선 사람들과 낯선 자연 그리고 풍경, 자유여행이 주는 특별함~ 알뜰한 대한민국 아줌마들이 전하는 유럽배낭여행 비법을 엿보자!

그리스 동유럽 에메랄드 빛 낭만을 담은 여행 가이드 『여행처럼 살고 싶다』. 여행을 즐기는 아줌마들이 유럽을 제대로 즐길 수 있는 자유여행을 제안한다. 그리스, 이탈리아, 크로아티아, 슬로베니아, 오스트리아, 체코, 슬로바키아, 헝가리의 골목골목을 누비는 자유여행이 펼쳐진다. 또한 알뜰한 아줌마의 감각이 담긴 「Tip」, 「Travel Tip」, 「여행준비물」 등의 코너를 통해 유럽여행에 유용한 실용정보를 수록했다.

세계를 향한 꿈·나눔·희망바이러스!!
18세 고딩 네팔을 만나다

이재혁 저/12,000원/280쪽

18세의 청소년이 쓴 색다른 해외 여행기. 샹들리제로 아름다운 파리의 거리도 아니고, 최첨단 유행이 넘쳐나는 뉴욕의 맨해튼 거리도 아니다. 우리네 농촌을 보는 듯한 한적함, 폴라로이드 한 장의 사진으로 큰 기쁨을 얻을 수 있는 소박한 사람들이 사는 나라, 네팔이다.

고등학생인 저자는 책에서 끊임없이 세계의 기아와 환경, 그리고 희망에 대해 이야기한다. 자신이 겪은 일상과 네팔의 이야기를 전하는 이 책에서 독자들은 저자의 날카로운 시각에서 전해져 오는 희망의 메시지를 읽을 수 있을 것이다.

아이생각
www.ithinkbook.co.kr

DIGITAL BOOKS
www.digitalbooks.co.kr

J&jj 제이앤제이제이
www.jnjj.co.kr

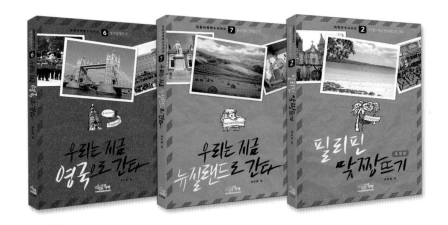

성공어학연수 가이드 시리즈

어학연수에 꼭 필요한 알찬 정보만을 선별해
독자 여러분을 성공적인 연수로 이끌어 드립니다.

www.ithinkbook.co.kr

테마★로 만나는 인문학 여행 ②

터키에
먹으러
가자

1판 1쇄 인쇄 2015년 8월 1일
1판 1쇄 발행 2015년 8월 5일

지 은 이 정남희
발 행 인 이미옥
발 행 처 J&jj
정   가 17,000원
등 록 일 2014년 5월 2일
등록번호 220-90-18139
주   소 (04987) 서울 광진구 능동로 32길 159
전화번호 (02)447-3157~8
팩스번호 (02)447-3159

ISBN 979-11-955295-4-4 (03910)
J-15-03